刘鸿勇 著

粤北乳源过山瑶勉语研究

岭南文化丛书

主编 左鹏军

文化艺术出版社
Culture and Art Publishing House

图书在版编目（CIP）数据

粤北乳源过山瑶勉语研究／刘鸿勇著. ——北京：
文化艺术出版社，2015.12
（岭南文化丛书／左鹏军主编）
ISBN 978－7－5039－6083－3

Ⅰ.①粤…　Ⅱ.①刘…　Ⅲ.①瑶语－方言研究－广东省
Ⅳ.①H251.7

中国版本图书馆 CIP 数据核字（2015）第 298445 号

粤北乳源过山瑶勉语研究
（岭南文化丛书）

丛书主编　左鹏军
著　　者　刘鸿勇
责任编辑　王　红
装帧设计　李　鹏　马夕雯
出版发行　文化艺术出版社
地　　址　北京市东城区东四八条 52 号　100700
网　　址　www.whyscbs.com
电子邮箱　whysbooks@263.net
电　　话　（010）84057666（总编室）　84057667（办公室）
　　　　　84057691－84057699（发行部）
传　　真　（010）84057660（总编室）　84057670（办公室）
　　　　　84057690（发行部）
经　　销　新华书店
印　　刷　国英印务有限公司
版　　次　2016 年 1 月第 1 版
　　　　　2016 年 1 月第 1 次印刷
开　　本　700 毫米×1000 毫米　1/16
印　　张　15
字　　数　240 千字
书　　号　ISBN 978－7－5039－6083－3
定　　价　35.80 元

总序

近现代以来的中国人文学术虽然不是最受重视、最受关注的领域，却经常带有几分敏感而微妙的色彩。在许多情况下，人文学术领域的喜怒哀乐、晦明风雨，经常传递和反映着其他人文社会科学领域乃至整个国家文化学术的升沉起伏、阴晴圆缺。作为中华文化整体格局中特色突出、个性鲜明、价值独特的区域文化形态之一的岭南文化，也自是如此。

人文学术意义上的岭南文化不仅是一个区域性的物质文化概念，而且是一个具有形态学价值的精神文化概念，是岭南地区精神品质与文化内涵的概括表述。这种精神品质和文化内涵往往也是文化传统中最为深邃、最有价值、最有生命力的部分。对岭南文化精神品格的深层开掘，把握其内在特质的深刻与精微，正是文化研究的重要目标。岭南文化历史底蕴的探寻和确认，既是对岭南历史传统的回顾、体认和激活，也是使岭南文化这一概念不断获得学理价值和丰厚内涵的重要条件。

随着20世纪初以来现代意义上的世界观念、中国观念及其内部地域文化观念的逐步形成，“岭南”作为中国文化整体格局中一种独特的区域文化的观念得到迅速发展。“岭学”、“粤学”、“南学”等名称的提出和运用，就是这种地域文化意识崛起的重要标志。岭南文化研究在20世纪20年代至40年代取得一批具有开创精神和奠基意义的成果之后，随着中国政治局势、思想文化的剧烈动荡、深刻变迁而经历了诸多坎坷曲折，其间留下了许多既令人难忘又使人难堪，既使人庆幸又令人痛苦的经验和教训。另一次比较兴盛的时期则要等到四十多年以后才出现。20世纪70年代末80年代初开始的新时期以来，包括岭南文化在内的地域文化研究的状态、处境和影响也总是与具体的社会文化环境、传统的学术政治观念息息相关，从一个独特角度反映着当代中国的人文学术变迁。20世纪80年代前中期，在枯木逢春、百废待兴的文化氛围中，在学术界如饥似渴、争分夺秒的时代精神感召下，岭南文化研究曾出现过一次繁荣发展的机会，也产生了一批成果，其中有一些至今仍不失其重要的学术价值并有可能取得一席学术史地位。随着其后发生的那次中国社会政治、文化学术的重大转向及其造成的深远影响，岭南文化研究逐渐失去了繁荣发展的动力，仿佛进入了一个有气无力、似断似续的冷落期或休眠期。这种情况持续了十年左右，到新旧世纪之交发生了明显的改变。随着新世纪的到来，学术文化界在反思回顾、瞭望前瞻共生的语境下又一次兴起了对地域文化的关注，其中当然包括岭南文化研究，而且由于岭南地区在近现代中国政治史、文化史上发挥的特殊作用和具有的独特地位，岭南文化研究仍然处于相当活跃、备受关注、颇有影响的状态之中。

在许多学术领域中，观念、立场与方法往往会产生根本性的作用，可能对整个学术活动产生决定性的影响。岭南文化研究也不能例外。因此，我们有必要深入思考并认真解决岭南文化研究中的基本观念问题，以图寻求和建立科学通达的文化立场，确立并运用恰当的研究方法，在学术追求与现实关怀两个维度上推进岭南文化研究的进展。基于这样的认识，以下一些关系就是值得特别注意的。

一、乡邦情怀与通达视野

文化总是以具体的方式而不是以抽象的方式而存在和呈现的。从根本上说，每一个人都是一定的具体的乡邦文化的产物和载体，其存在方式都是具体而独特的文化语境的反映。因此，当任何一个研究者进入任何一个文化研究领域时，其自身的独特性和具体性都必定会被带入其思维活动和学术活动当中，这是一种不可忽视也不必超越的必然。当带着这种特殊性或局限性进入自己所生存的文化语境的研究之中时，人人都具有的这种情愫就极其容易转化成一种强烈的以情感共鸣和文化认同为主要特征的乡邦情怀，并在其学术活动中或隐或显地表现出来。

岭南文化研究亦自是如此。无论是否是岭南人，无论是否生长于岭南，也无论与岭南文化是何种关系，一旦将岭南文化作为一个研究对象，就首先需要一种乡邦情怀，一种了解之同情，一种文化家园意识，并生发出明显的内心体认和感同身受。这不仅仅是相关专业知识的积累，更重要的是一种情感态度、一种思考方式。这是走近并走进岭南文化的情感基础和必要修养，也应当是进行岭南文化研究时必须具备的素质之一。若无这种情感接近和内心体验，恐难真正进入岭南文化的深层体认，也难以把握岭南文化的精微之处，也就无法进入真正的学术意义上的岭南文化研究。

然而，只有这种乡邦情怀尚不能满足学术意义上的岭南文化研究的要求，在此基础上建立并获得的通达视野和开放心态也同样重要。这不是一般意义上的学术态度，而是岭南文化的变革历程和存在形态对研究者提出的学术与情感要求。岭南文化从来就不是一种自足独立的文化形态，尽管有着自己诸多的鲜明特性、区域特征，但它总是在中国文化传统中生存、发展与变革的一种区域文化，它的命运总是与整个中国文化的命运密切相关、息息相通。因此，不宜脱离与中华文化的深厚背景和深刻关联，过分强调岭南文化的某些个别性或特殊性。

因此，探究岭南文化的特质，必须以整个中华文化为背景，甚至应当具备一定的世界文化视野，以获得广阔的文化参照和深邃的文化情怀。因为自明清特别是近代以来，岭南已经与西方产生了愈来愈深刻的文化关联，这种关联后来逐渐扩展到整个中国。要把握岭南文化的形成过程、内部构成要素及其相互关系，只从其内部进行考察是无法解决全部问题的；还应当从其外部入手，如岭南文化与其他区域文化的关系，乃至与中华文化、世界文化的关联，在联系比较中确定岭南文化的特质，准确认识岭南文化的精神品格。

在目前的岭南文化研究中，尤当强调通达视野与开放心态的建立，减少狭隘观念和封闭心态，避免急功近利、急于求成和主观随意、缺乏学理性的做法。不可出于某种现实动机，轻易地将许多区域文化的共同性当作某一地区文化的独特性予以片面夸大，形成明显的非学术、伪科学的判断或似是而非的认识。学术研究中必须遵守的认识的科学性原则与结论的可靠性原则在岭南文化研究中也同样适用。

因此，如何在研究活动中恰当地处理身在“岭南之内”与“岭南以外”

的关系，如何恰当地处理“自我”叙述与“他者”叙述的关系，将“自我认同”与“他者认同”结合起来，并顺利实现它们之间的必要交叉和自由转换，对于岭南文化来说向来非常重要，而在当下尤其如此。

二、感性体悟与理性精神

与其他地域文化研究一样，岭南文化研究中同样需要确立恰当的学术角度和价值立场，以激活优良传统、融通历史与现实、整合物质文化与精神文化为途径，以创造新文化、寻求新发展的综合性文化建设理想为目标。既需要感性体悟，又需要理性精神，并力争实现二者的密切结合和自然交融。这是通过学术研究进而实现岭南文化传承与延续、转换与创造的应有的文化情怀和精神追求。

感性体悟主要是指岭南文化研究中的深入体验、深切感受、自觉融入，其体验方式主要表现为在具体的学术活动和文化生活中保持一种热诚参与的情绪、真挚火热的激情，和由此带来的发自内心深处的对于岭南文化的感动。这种感性体悟看似自由随意，有时甚至显得有些虚无缥缈，实际上却往往是基于生活经验和情感体验而生发的对于一种具体文化形式的感知与亲近。这种妙手偶得式的内心感受和情绪体验对于学术研究来说相当重要，不可或缺。

同样重要的是理性精神。这主要是强调在岭南文化研究中要保持清醒客观、严肃冷峻的态度，保持激浊扬清、自由超越的批判意识，进而确立独立与超然的学术立场和以人文精神与现代意识为主体的文化品格。这就要求研究者在学术活动和文化体验中始终清醒地认识和分辨岭南文化的优点与缺点、成就与不足、精华与糟粕，对研究对象采取基于理性分析与学术判断的通变、扬弃的自由立场，保持客观冷静的态度、激浊扬清的文化观念和以当代人文精神为主体的主体意识。这种学术立场和精神品质在岭南文化研究中异常重要。一方面需要深入体验、深切感受、自觉融入，需要热诚、激情与感动；一方面需要保持清醒、冷静和理性，保持必要的自由立场和超然态度。这是实现岭南文化传承与延续、转换与创造的应有的文化情怀。

从学术研究的角度来看，感性体悟和理性精神不唯不相矛盾，且相辅相成。二者实际上是从不同角度、不同层面上赋予岭南文化研究以生机与活力，共同构成了岭南文化研究的双翼。它们映衬着对方，彰显着对方，造就了对方，也成就了自己，完善了自己。在具体的岭南文化研究中，能否处理好二者的关系，将它们密切结合起来，实现它们之间的自然交融和适时转换，是衡量研究水平和学术境界的重要标志。

从目前岭南文化研究的总体情况来看，更应当加强基于科学态度和理性精神的文化批判意识，因为这是岭南文化研究界多年来明显缺乏的。某些研究者或出于乡土深情和狭隘之见，或出于思维定势和学术习惯，对岭南文化采取的态度有轻易认同和过多肯定的倾向，缺少了本应具有的清醒的分辨能力、冷峻的批判意识和超然物外的独立情怀，而对岭南文化中某些明显的局限性、某些精神缺失也未能采取理性分析、学理批判的态度。这不仅明显限制了岭南文化研究的进展和深度，也大大影响了岭南文化精神传统的深入分析和现代建构。这种情况如不能被清醒认识并得到尽快改变，必将愈来愈深刻地影响岭南文化研究的进展和现代岭南文化精神的建构。

扩大一点范围来看，在以往和当下的许多区域文化研究中，经常不同程度地存在格局狭小、态度轻率、赞之过多、誉之失当的倾向，往往缺少原本非常重要、不可或缺的文化批判意识、科学分析、理性思考精神。实际上，理性精神和批判意识的缺失，既影响对文化局限性的清醒认识，又会影响全局性的学术判断，也就不可能真正发现和认识优秀的文化精神，必然极大地限制地域文化研究的整体水平和思想深度。

三、经济优先与文化本位

新时期以来，作为国家改革开放战略的试验区和最前沿，以广东为主体的岭南地区获得了跨越式发展，表现出明显的区域优势和示范价值，但同时也产生或暴露出一些颇为紧迫的深层次社会文化问题。岭南地区的社会进步、经济发展和文化建设必须面对和解决这些问题，必须从社会文化综合发展的高度去探寻如何在新环境、新要求、新目标下保证岭南地区社会文化的协调发展。从这个意义上说，岭南文化研究应当是在反思历史、认识现实和规划未来的高度上寻求新的经济增长、文化发展和社会和谐进步的重要举措。

当下的岭南文化研究是新时期以来岭南地区社会经济文化发展到一定阶

段的一种带有文化反思意味的回顾。既是对岭南文化传统的学术清理，又是对岭南文化现状的价值重估，也是具有文化自觉意味的对其未来发展的战略性思考和前瞻，重要的是在历史与现实的交汇点上寻找岭南文化研究最广阔的发展空间和最深厚的人文价值。如何实现历史文化传统的现代性转换，使深厚的文化积累成为现代文化建设与发展的精神动力；如何在现实社会经济发展与文化建设中保持已有的个性特色，使岭南走上健康和谐的综合发展之路，都是岭南文化研究的题中应有之义。

因此，如何保持岭南文化研究的“学术”品质和“文化”本位，就显得非常关键，有必要特别强调。岭南文化研究应当始终保持以追求真理性为特征的学术品质和以追求崇高精神为旨趣的文化本位，不可以因为其他任何因素、任何目的冲淡或消解这种根本性的精神追求。有必要指出，一些颇为流行的似是而非的观念对以学术理念和文化本位为基点的岭南文化研究造成了不良影响。多年来时有所闻的所谓“文化搭台，经济唱戏”之说即其一例。这种论调看似既重视文化也重视经济，实则是将“文化”永远置于“经济”的脚下，“文化”的根本性价值被瓦解和否定，而经常被作为一种装饰或点缀，落入任人打扮、随意驱使的境地。这种情况的存在，不仅颠倒了文化与经济的关系，而且必然使文化研究和建设陷于日益艰难、最终受到影响的，是社会结构的所有方面。这种由于非学术、非文化因素影响而明显有意冲淡和消解文化根本性地位与核心价值的观念与做法必须引起警觉并尽快改变。

四、即时效应与恒久价值

许多学术研究领域都有可能面临即时效应与恒久价值及二者的关系问题，许多研究者也经常碰到这种困惑。对即时效应和恒久价值之长短优劣做出清醒的认识并处理好二者间的关系，实现二者的统筹兼顾和适当转换，对岭南文化研究同样非常重要。多年来的岭南文化研究存在着过多强调时效性、现实性，而对更加重要的恒久性价值注意不够、认识不足。近年来，随着国家的全面发展与其他地区经济、文化的迅速崛起，岭南原有的得风气之先的优越性与优越感已如明日黄花。这种过多顾及眼前利益、即时效应而缺少应有的前瞻性、预见性而带来的问题已日益明显地表现出来。

文化研究的时效性较容易被认可，其重要性也似乎更容易被认识，特别是在以商业文化、利益导向为基础的社会环境和价值观念中更容易被认为合理、自然；其实通常较难被认识到、被广泛接受的长久性、可持续性价值才更加重要。比较理想的局面是在文化研究中将时效性与恒久性结合起来，从长久性着眼，从时效性入手，打通二者兼容互补、自由转换的通道，实现即时性与长久性的对接与双赢。因为真正学术意义上的文化研究和建设绝不可能一蹴而就、立竿见影，往往需要长时间的沉潜努力才有可能取得有恒久价值的成果；更不可急功近利，不可急躁求成，过于强调时效性必然伤害长久性的追求，也必然给学术研究造成根本性的伤害。

当下的岭南文化研究尤应注意寻求数量与质量、时效性与长久性、基础性与应用性、学术性与社会性的结合点，使它们有效地统一起来，保持岭南文化研究的持久活力与学术品格。从长远文化建设与社会发展战略的角度探寻和认识岭南文化研究的学理价值与当代意义，这是岭南文化及其研究获得历久弥新的生命力的重要保障。基于这样的认识，从历史与现实两个维度上思考和认识岭南文化的内涵及其意义，寻求岭南文化的历史底蕴与现实机缘的结合点，培育岭南文化的历史感和生命力，就显得非常必要。

近年来，时常可见因为过分关注即时效应或某种现实需要而忽略学理根据、忽视长久价值的观点或主张。这种假学术之名行非学术之实、以学术之法毁学术之理的做法极不可取。在岭南文化及相关领域中时常可见的那些违背常规常理的主观随意的突发奇想、一厢情愿经常会使学术研究受到直接损失，而那些无视客观现实、缺乏学理根据的大言欺世、哗众取宠和沽名钓誉，其危害又岂仅学术而已？

五、各施所长与融通互补

与中国文化中的其他区域文化一样，岭南文化也是一个复杂的综合性的体系；而且，愈是充分认识岭南文化的丰富性与复杂性，就愈有可能对其做出接近事实本相的研究和估价。因此，岭南文化研究必然涉及多个学术领域和学科门类，远非某一学科、某一机构、某些个人或团体所能完全胜任、包打天下，而需要众多学科、众多领域研究者的各施所长和融通互补，共同营造并保持岭南文化研究的良好局面和广阔前景。

这就首先要求研究者在具体的研究工作中根据自己的学科特点和学术习惯，充分发挥学术优长，各展个性优势，各显才华智慧，坚持独立的学术思考与自主的研究理路，秉持学术的本心，把握岭南文化的精髓，深入认识岭南文化与其他地域文化、与中国文化、与西方文化的关系，在宽广的学术平台上开展具有学术理想、具有广阔前途的岭南文化研究。多年来，岭南文化研究在历史学、方志学、哲学、文学、文献学、方言学、民俗学、地理学、经济学等人文社会科学领域做的工作较多，成绩也较为突出。除此以外，仍有广阔的学术空间有待开拓，多个学科门类需要加强，特别是弥补薄弱环节和填补空白领域，重视交叉学科和新兴学科的开发与建设，保持传统学科与新兴学科的协调发展。

实际上，学术界对岭南文化及其研究的理论思考和学术反思从未停止过，随着学术与时代的发展，这种回顾和探索必须不断深入，为相关研究提供足够的理论资源和方法论支持。近期有学者正式提出并进行较全面论述的“岭南学”概念，就是一种具有建设性和前瞻性的学术努力。这种努力所追求的，就是以以往的岭南文化研究为起点，以已有的相关研究成果为参照，并借鉴其他相关领域或学科的建设情况，着眼于当下建设与未来发展，全面提升岭南文化的研究水平，使之走上规范化、学科化的道路。这种努力反映了岭南文化的历史积累、现实状况和未来发展对学术界提出的必然要求，具有特别重要的学术意义和启示价值。有关研究者和学术文化部门应当承担起这种既有学术性又有普及性，既有理论性又有实践性的文化责任。

岭南文化研究是一项历史与现实相融通的综合性学术建设和文化建设工程，需要人文科学、社会科学乃至自然科学等多学科众多研究者的合理分工、通力合作、共同努力，也需要社会文化各界的积极参与和热情支持。应当特别加强总体规划与综合部署，加强学术界的深度合作，集中不同学科、不同领域、不同机构的学术优势，弥补个体化、单一化的学术方式带来的局限性，真正促进岭南文化研究保持高水平的持续发展，使岭南文化研究保持深度与广度、具体性与全面性、学理性与实用性的统一。

就目前的岭南文化研究而言，除当注意一般意义上的基础建设、人才培养、学科交叉互补、学术机构的协作联合之外，尤当强调岭南地区的研究者与国内其他地域文化圈的有关研究者（特别是与岭南地缘接近、与岭南文化关系较为直接的研究者）的交流与合作，与境外相关领域研究者的交流与合作。香港、澳门虽同属岭南文化区域，但由于历史与现实的诸多因素，其文化形态与学术习惯有明显的特殊性，有必要特别强调内地学者与港澳学术界的交流与合作，共同促进岭南文化研究的进展。台湾虽不能划入一般所说的岭南区域，但从历史上看，它与岭南文化的渊源非常深刻，可以说文化精神血脉相连。因此内地的岭南文化研究者有必要加强与台湾学术界的交流与合作，共同促进岭南文化研究的进展。学术乃天下之公器。在当下及今后，只有学术界的分工互补、共同努力，才有可能迎来岭南文化研究的新局面，取得无愧于时代的学术成绩。

总之，作为一种具有深厚历史传统、旺盛现实生命力和广阔未来前景的区域文化，岭南文化必然是渊深博大的；岭南文化及其个性品质、精神内涵也应当是开放变革、丰富发展的。因此，岭南文化研究就应当是一个不断适应时代文化建设需求，不断追求学理性、科学性、真理性的学术过程。清楚认识和准确把握这一点，追求岭南文化研究愈来愈广阔的学术空间、愈来愈高远的自由境界，是保持其旺盛生命力和恒久价值的重要条件。

在现代学术语境中成长进步、在世界文化背景下发展壮大的岭南文化研究，已经具有了一个多世纪的积累和经验。作为承前启后的研究者，既需要秉持以守正创新为基础、以追求超越发展为目标的学术立场，又需要怀有以人文精神为内核、以文明进步为理想的现实情怀。二者的有机结合、相互激发，方有可能结出更加丰硕的思想果实。

岭南文化研究是华南师范大学的学术传统和研究特色之一，早在20世纪30至40年代，就有多位学者从事岭南文献、文学、语言、历史、地理、方志、民俗等方面的研究。这一传统在艰难曲折的50年代至60年代以及热情洋溢的80年代以来的学者们身上得到传承和发扬。1986年成立了“华南师范大学岭南近现代思想文化研究中心”，取得了一批重要成果，促进了岭南文化研究的进展和多学科专业人才的培养。2005年，经广东省教育厅批准，广东省普通高校人文社会科学重点研究基地“华南师范大学岭南文化研究中心”正式成立，为岭南文化研究提供了更新更高的平台，努力将岭南文化研究提高到新水平。经过几代学人的不懈努力、薪火相传，华南师范大学的岭南文化研究形成了一定的研究特色和学术优势。2013 年，在“创新强校”背景下，学校又成立了“华南师范大学岭南文化传承发展与全媒体传播交叉学科创新平台”，继续开展多种形式的岭南文化研究。这套《岭南文化丛书》就是该平台组织策划的重要成果之一。希望这套丛书的出版，能够为岭南文化研究略尽绵薄之力，更希望与海内外同道切磋交流、取长补短，共同促进岭南文化及相关领域的学术进展。

岭南文化源远流长，生生不息；岭南文化千姿百态，色彩斑斓；岭南文化的思想内涵在多个历史转折的关键时期得到迸发呈现；岭南文化的精神品质在众多历史人物的道德功业文章中得到充分彰显。新视野、新追求、新目标之下的岭南文化研究庄严而艰巨，任重而道远。岭南学术界、文化界有责任首先担当起这一业在当今、功在后世的学术任务和时代使命，海内外同道是岭南文化研究的重要力量。我们愿意与海内外研究者一道，继续为更加高远的学术理想和精神目标而努力，去创造和迎接更加灿烂的学术春天。

左鹏军

乙未十月十八日于五羊城

目 录

绪 言

第一章 语 音

第二章 词 汇

绪 言

一、乳源瑶族自治县概况

瑶族是一个历史悠久的民族，人口众多，分布极广，遍布世界各地。根据高洪雷的介绍，瑶族的历史可以追溯到上古传说中的九黎部落，而濮族是参加周武王伐纣联军的十八蛮夷国之一，在大大小小的濮人建立的国家中，夜郎国是最著名的一个。① 从周赧王十七年（前298）楚国讨伐夜郎国开始，到汉成帝河平二年（前27）夜郎国被废，夜郎国存在了足足三个世纪。汉朝废掉夜郎国之后，在百濮之地设置了武陵郡、长沙郡、零陵郡、贵阳郡。到隋唐时期，因湘西与四川、贵州、湖北交界处五溪汇流，这部分人被称为“五溪蛮”。今日苗瑶语族的苗族、瑶族、畲族就是由武陵蛮、长沙蛮、零陵蛮、贵阳蛮分化而来的。高洪雷简要勾勒出瑶族的历史发展脉络图②如下。

表1 瑶族历史发展脉络图

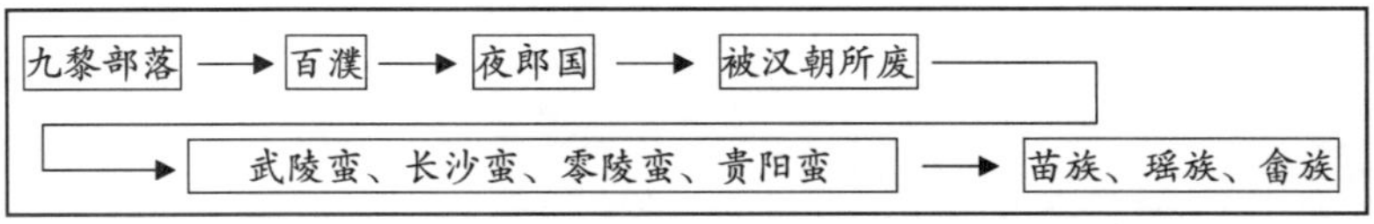

百濮的另外一支南迁到哀牢山，为中国境内孟高棉语民族的先民，发展成现在的佤族、布朗族和德昂族。李炳泽发现中国境内的孟高棉语和苗瑶语之间存在许多关系词③，这说明这些语言的先民在历史上存在比较亲密的关系。

---

① 高洪雷：《另一半中国史》，文化艺术出版社2012年版，第464页。

② 同①，第487页。

③ 李炳泽：《从苗瑶语和孟高棉语的关系词说濮人南迁》，《云南民族学院学报》（哲学社会科学版）1996年第1期，第85—87页。

乳江边的文昌塔

千年古刹云门山大觉禅寺

据李少梅的介绍，如今全世界瑶族人口300多万，大部分居住在我国境内。[①] 根据2003年出版的《中国民族年鉴》，我国境内瑶族人口达到263.74万，主要分布在广西、湖南、云南、广东、贵州、江西等地130多个县市。20世纪60—70年代，迁居东南亚各国的一部分瑶族群众远涉重洋来到美国的加利福尼亚州、华盛顿州、俄勒冈州等地，使得瑶族成为在全球分布范围很广的一个民族，但苗瑶语的大本营仍然在中国。[②]

乳源瑶族自称“优勉”，即他称的盘瑶或过山瑶。过山瑶占瑶族总人口的70%以上。瑶族人使用六种不同的语言，分别为勉语（瑶语支）、布努语、巴哼语、炯奈语、优诺语（苗语支）、拉珈语（水语支）。尽管在这个民族内部使用着六种不同的语言，在服饰、传说、习俗方面也存在或多或少的不同，但是他们有着共同的遭遇。在战乱频繁的年代里，他们长期颠沛流离，饱受统治阶级的欺凌、压榨和官兵的杀戮追剿。《清实录》[③] 详细列举了广东瑶族反抗清王朝的起义斗争和清王朝对少数民族政治上的统治和军事上征剿杀戮的史料。在斗争过程中，瑶族作为一个独立的民族，人民的民族意识和心理素质一步步加强。

乳源瑶族自治县位于广东省北部，是广东省三个少数民族自治县之一。乳源县城距离韶关市38公里，北邻湖南宜章，南界英德。全县地势由西北向东南倾斜，共由9个镇组成，西部有洛阳和大桥2镇，中部有必背、游溪、东坪、大布4镇，东部有桂头、一六、乳城3镇。全县总面积为2227平方公里。

据《乳源瑶族自治县概况》[④] 介绍，乳源于宋乾道三年（1167）划曲江县西境、乐昌县南境之地而设县，当时境内已有瑶族居住。新中国成立以前，乳源瑶区分属乐昌、曲江、乳源3个县管辖。1949年10月9日，中国人民解放军解放了乳源县城。1957年7月，韶边瑶族自治县成立，这便是乳源瑶族自治县的前身。根据《乳源瑶族自治县概况》的介绍，1963年6月29日，国务院第一三三次会议批准设立乳源瑶族自治县。同年10月1日，在乳城镇召开了庆祝乳源瑶族自治县成立大会，正式宣告乳源瑶族自治县的成立。乳源瑶族自治县

---

① 李少梅：《中国广东乳源瑶族与瑶语》，民族出版社2008年版。

② 李云兵：《20世纪以来的苗瑶语调查》，《民族翻译》2011年第1期，第72—80页。

③ 广东省民族宗教研究院与中国第一历史档案馆合编：《〈清实录〉与清档案中的广东少数民族史料汇编》，广东人民出版社2011年版。

④ 乳源瑶族自治县概况修订本编写组：《乳源瑶族自治县概况》，民族出版社2008年版。

的历史沿革可参看下表。

表2 乳源瑶族自治县沿革表①

时代		隶属	本县名称
夏、商、周		扬州	百粤地
春秋战国		楚国	
秦		南海郡	
西汉、东汉		南越国、荆州桂阳郡	曲江县地
三国		荆州始兴郡	曲江县地
西晋		广州始兴郡	曲江县地
东晋		荆州始兴郡	曲江县地
南朝	宋	湘州始兴郡	曲江县地
	齐	湘州始兴郡	曲江县地
	梁	衡州始兴郡	曲江、梁化县地
	陈	东衡州始兴郡	曲江、梁化县地
隋		广州总管韶州	曲江、乐昌县地
唐		岭南道韶州	曲江、乐昌县地
五代十国		南汉韶州	曲江、乐昌县地
宋（乾道三年）		广南东路韶州	乳源县
元		江西行省广东道韶州路	乳源县
明		广东布政司韶州府	乳源县
清		广东省韶州府	乳源县
民国		广东省岭南道 广东省第二区专员公署	乳源县
中华人民共和国	1949/1962	广东省北江专署 粤北行署、韶关专署	乳源县、曲江乳源县、 韶边瑶族自治县
	1963	韶关地区、韶关市	乳源瑶族自治县

① 乳源文物志编辑出版工作办公室：《乳源文物志》，广东人民出版社2007年版。

乳源是瑶族聚散地之一。唐代已经有瑶族先民在乳源聚居。到了明代逐渐形成“南岭无山不无瑶”的分布格局，当时居住在乳源的瑶族多于汉族。清代，瑶族遍布韶州府管属的曲江、乳源、乐昌三县，据《清实录》记载，此三县俱系“重山叠嶂，歧路崎岖之地，亘绵数千里，藏有‘瑶人’，散处于各州县深山坑谷之中，自种山田，不纳赋粮”①。现在，乳源瑶族集中居住在县境东北部山水相连的崇山峻岭之间，总面积420多平方公里，约占全县面积的20%。县境内旅游资源十分丰富，有国家级自然保护区南岭国家森林公园、广东最高峰石坑崆、广东大峡谷、广东第三大湖南水湖、千年古刹云门寺，此外还有众多的古老瑶寨、文物古迹等。

虽然乳源是一个瑶族自治县，但辖区中的瑶族人口明显少于汉族人口。2006年末，全县人口206933人，少数民族人口24028人，占全县人口的11.6%，其中瑶族人口占少数民族人口的90%以上，而客家人则占总人口的80%以上，全县通行客家话。从语言接触的角度来看，这是一种很有意思的现象。客家话作为汉语方言的一种，属于汉民族客家民系的语言，但是由于乳源处于客语区，结果导致客家话成为了跨瑶汉民族、跨汉族民系在韶关地区通行的高层语言。这个结果符合邹嘉彦、游汝杰关于语言竞争力的论述②，因为无论在政治竞争力、文化竞争力、经济竞争力、人口竞争力方面，乳源的客家话相对于瑶族勉语来讲，都是占强势的一方。语言接触的结果往往是占强势的一方取胜。语言竞争的结果会对一个民族的语言产生深远的影响，而其中最明显的结果往往表现在词汇方面。不同的民族在进行经济和文化交流时，语言中的某些词语会从一个民族流传到另一个民族中去，于是就产生了借词，借词是不同文化和语言交互影响的结果。在语言竞争中处于强势地位的语言会成为施惠语言，而弱势语言会成为受惠语言，并且大量地从施惠语言中引进新的词汇。这点在乳源勉语中表现得非常明显。乳源勉语中存在大量的客家话借词，基本上都是采用音译的方法借入，引进的客家话借词会受到乳源勉语声韵调的制约，导致读音与客家话原词的读音有所不同。

---

① 广东省民族宗教研究院与中国第一历史档案馆合编：《〈清实录〉与清档案中的广东少数民族史料汇编》，广东人民出版社2011年版。

② 邹嘉彦、游汝杰：《汉语与华人社会》，复旦大学出版社2001年版，第209页。

二、本课题研究的意义和价值

瑶语是全世界瑶族同胞使用的语言，按照中国及旅居海外华人学者的观点，瑶语是汉藏语系苗瑶语族瑶语支的代表语言。① 瑶语分为若干方言土语。本书讨论的是粤北韶关乳源过山瑶所使用的语言，属于勉语中的优勉方言。

瑶族勉语是目前国内外瑶族群众使用得最多、最广泛的语言，当前真正意义上的瑶语指的就是勉语。《瑶族语言简志》② 中将勉语划分为三种方言，即勉金方言、标交方言和藻敏方言。《瑶族勉语方言研究》③ 则将勉语分为勉方言、金门方言、标敏方言和藻敏方言这四种方言，勉方言下面又分为广滇土语、湘南土语、罗香土语、长坪土语这四个土语。“操勉话（即勉方言）的瑶族人数多，分布广，全国有瑶族居住的100多个县份里几乎都有说勉话的瑶族，中华人民共和国成立前他们很少来往，但习俗、语言变化不大，但就语言而言，除小部分在语音上有些变化，词汇稍有不同，通话稍有困难外，大部分都保持着相当大的一致性，可以随心所欲畅谈无阻。”④ 据《江华勉语研究》⑤ 介绍，广滇、罗香、长坪三个土语的韵母，不仅保留了古苗瑶语的一部分长短元音，而且塞音韵尾和鼻音韵尾保留得相当完整，但是湘南土语不仅长短元音的区别已经消失，而且塞音韵尾也都消失，只留下一点痕迹，鼻音韵尾也由三个简化成一个。而乳源勉语的情况则是鼻音韵尾齐全，但塞音韵尾中的［k］韵尾消失或弱化成喉塞音韵尾。这些情况表明，尽管同属一种方言，勉方言内部的语言仍然存在一定的差异。

乳源瑶族属于过山瑶，所使用的勉语属于苗瑶语族瑶语支勉方言广滇土语。乳源多数瑶族人会讲客家话，一部分还会讲普通话和广东话，这和乳源所处的地理位置有关。粤北是各种方言土语交会的熔炉，语言情况十分复杂。乳源县境内语言亦非常丰富，汉族70%的人口使用客家方言，其他人使用广东话、虱婆声（一种系属不明的语言）、船话（水上居民语言）、连滩话（福建话）、湖

---

① 王辅世：《苗瑶语的系属问题初探》，《民族语文》1986年第1期，第1—18页。
② 毛宗武、蒙朝吉、郑宗泽：《瑶族语言简志》，民族出版社1982年版。
③④ 毛宗武：《瑶族勉语方言研究》，民族出版社2004年版。
⑤ 郑宗泽：《江华勉语研究》，民族出版社2011年版。

南话等。

乳源瑶族的姓氏主要有赵、盘、邓、李、邝、冯、王、邵、黄、庞十个姓，其中赵、盘、邓三姓最多。瑶族人民自古就有以盘王为中心的祖宗崇拜。婚庆丧事、年节喜庆、拜王度诫，都要拜祭盘王。他们还信仰万物有灵，老树古藤、山石鸟兽都可成为膜拜的对象。盘王节是瑶族全民族的节日，时间为每年农历的十月十六日。盘王节原为民间拜祭盘王、唱盘王歌、跳盘王舞的节日，现在已经成为全世界瑶族人民交流思想感情、振奋民族精神的节日，规模宏大。

中国是开展苗瑶语族语言（Hmong - Mien/Miao - Yao）调查与研究最主要的国家。中国的民族语言学者从 20 世纪 50 年代开始就全面展开了对我国瑶族语言的普查工作。他们怀着满腔热忱，跋山涉水，足迹遍及南岭瑶山的山头村寨，在 20 世纪 80 年代初出版了《瑶族语言简志》，摸清了瑶族不是操单一语言的民族。根据李云兵的综述介绍，“从 50 年代到 80 年代，中国民族语言学界认为苗瑶语族有苗语、布努语、瑶语（勉语）、畲语 4 种语言。随着苗瑶语研究的不断深入和对语言的进一步认识，90 年代初，把原来划作布努语方言的巴哼话、唔奈话、优诺话、炯奈话看作 4 种新的语言，称为巴哼语、唔奈语、优诺语、炯奈语。由于对唔奈话是一种语言，还是一种方言有一定的分歧，故在《巴哼语研究》中暂时将它看作巴哼语的一个方言，现在看来还是列为一种独立的语言比较合适。2001 年陈其光指出，苗瑶语族还有一种新的语言，即巴那语（坝那语）。根据田野调查的结果，广西还应有一种新的苗瑶语，只是材料暂未公布。现在，苗瑶语族有苗语、布努语、巴哼语、唔奈语、优诺语、炯奈语、畲语、巴那语（坝那语）和瑶语（勉语）9 种语言，其中苗语、布努语、巴哼语、唔奈语、优诺语、炯奈语、畲语、巴那语（坝那语）属苗语支，瑶语（勉语）属瑶语支。”①

国内目前对苗瑶语族语言的研究更多集中在语音和形态词汇层面。② 语法的研究相对薄弱，国内系统地对勉语语法进行描写的文献仅有《瑶族语言简

---

① 李云兵：《20 世纪以来的苗瑶语调查》，《民族翻译》2011 年第 1 期，第 72—80 页。

② 孙叶林：《二十世纪以来瑶语（勉语）研究的回顾和展望》，《衡阳师范学院学报》2010 年第 5 期，第 110—116 页。

志》①、《瑶族勉语方言研究》②、《江华勉语研究》③ 等屈指可数的几部著作。《瑶族语言简志》以广西大坪江瑶语为方言调查点描述了勉语勉方言的语法；《瑶族勉语方言研究》以广西东山、石口、牛尾寨瑶语为方言点描述了勉语标敏方言的语法；《江华勉语研究》以湖南江华瑶族勉语为方言点描写了勉方言湘南土语。这些著作基于第一手的田野资料，对勉语的音系系统、词汇系统和语法系统做了开拓性的描写分析，为国内学者进一步深入研究勉语语法打下了一定的基础。

广东乳源作为世界过山瑶之乡，所使用的勉语与湖南、广西、云南、贵州以及境外的瑶语勉方言都能自由交流，是勉方言广滇土语在广东的主要代表方言点。以往对勉方言的语法描写主要是基于广西和湖南瑶族的方言点语料，因此对广东乳源勉语的深入调查研究对我们全面认识勉方言具有重要的语言学和类型学上的意义。另外，乳源处于客语方言区，词汇和语法受汉语客家方言影响甚大。因此，乳源勉语研究在句法学、语言类型学、语言接触和语法化方面具有较大的学术价值，对全面了解勉语方言语法具有比较重要的语言类型学方面的意义。

对广东乳源勉语的研究才刚刚开始，李少梅编写的《中国广东乳源瑶族与瑶语》④ 是国内第一本以广东乳源瑶族作为研究对象的专著。《中国广东乳源瑶族与瑶语》的语言部分编有乳源瑶语语音、日常词汇、句子、文选，但是缺乏对乳源瑶语语法的系统描述，不能不说是一个遗憾。

在国外，现在有部分瑶族居住在美国、法国、加拿大、澳大利亚，这使得西方学者开始关注起瑶族语言。在海外，勉语研究主要是 20 世纪 80 年代一批学者根据散居在海外的瑶族提供的语言材料而写成的语法或者介绍，其中最具有代表性的研究成果包括 Court C. A. 于 1985 年完成的博士论文《勉语（瑶语）语法基础》[*Fundamentals of Iu Mien* (*Yao*) *Grammar*]⑤；Solnit，D. B. 于 1985 年发表在法国《东方语言学期刊》(*Cahiers de Linguistique Asie Orientale*) 上的《标

---

① 毛宗武、蒙朝吉、郑宗泽：《瑶族语言简志》，民族出版社 1982 年版。

②③ 毛宗武：《瑶族勉语方言研究》，民族出版社 2004 年版。

④ 李少梅：《中国广东乳源瑶族与瑶语》，民族出版社 2008 年版。

⑤ Court，C. A.，*Fundamentals of Iu Mien* (*Yao*) *Grammar*，Ph. D. Dissertation. University of California，Berkeley，1985.

敏语介绍》①。国外苗瑶语研究的介绍可参考乐赛月②。国外苗瑶语研究大多还是语音和词汇方面的研究，没有深入研究各个语法专题，因此在积累了一系列的语言材料的基础上，针对勉语语法专题进一步深入展开研究是海内外勉语语法研究的一个趋势。

对少数民族语言的方言点进行深入研究，一方面有利于我们更全面地了解少数民族语言的结构特点，推动民族语言学科向纵深发展；另一方面丰富的民族语言资源可以进一步扩大我们的语言学视野，也能为理论语言学提供鲜活的样本材料。同时，广东乳源勉语语法研究具有民族学方面的价值，对维护民族团结、保护少数民族地区语言文化的生态多样性、让勉语在勉语社区更好地被传承等方面具有重要意义。

从语言学的角度来看，乳源勉语在以下几个方面具有比较重要的学术价值，值得今后深入研究。

（1）语音方面，如何处理乳源勉语音节结构中介音的问题。

（2）词汇方面，乳源勉语词汇中客家话借词在借入的时候是如何受到勉语制约的问题。

（3）句法方面，乳源勉语的三种不同的极性问句、两种不同的关系结构、表示“大、小”的两种不同说法、两套不同的数词这些问题都值得深入研究。

三、 本课题研究的缘起及简要过程

2009 年，我在香港中文大学完成博士、博士后研究工作之后，到华南师范大学外国语言文化学院任教。在香港中文大学读博期间，我通过田野调查的方法调查了凉山彝语的名词性短语结构作为我博士论文的主要部分。在调查的过程中，我慢慢体会到要调查少数民族语言中某一个语法现象，首先必须要对这种语言有全面的认识，包括语音、音系、词汇、语法、语用、文化。我很幸运

---

① Solnit, D. B., Introduction to the Biao Min Yao language. *Cahiers de Linguistique Asie Orientale*, Vol. 14, No. 2, 1985, p. 175—191.

② 乐赛月：《国外苗瑶语言研究介绍》，《民族语文》1996 年第 3 期，第 73—80 页。

的是，凉山彝语在国内的少数民族语言中，已经属于调查得比较全面的语言了。我只需要阅读相关文献，然后在田野调查的时候确认所阅读到的材料并加以延伸即可。这样的调查省时省力，但美中不足的是自己听音、记音的能力并没有得到很大的提高。正是因为有这样的遗憾，所以一直梦想着将来参加工作后，一定要调查一个别人还没有认真调查过的语言。来到广州工作之后，我在繁忙的教学工作之余，依然惦记着这样一个梦想。通过阅读国内的文献，我发现国内瑶语研究相对薄弱，而粤北就有两个瑶族自治县：连南和乳源。连南是八排瑶，而乳源是过山瑶，连南八排瑶是藻敏方言的代表点，而乳源由于地处客语区，当地的勉语受到客家话很大的影响，两个地方都很有特点。

为了能尽快对这两个地方的语言有一个初步的了解，我与在广州上大学的乳源籍瑶族学生赵霞取得了联系，从此开始接触到乳源勉语。经过一段时间的初步学习了解，我在2010年以《粤北少数民族语言调查》为题目成功申请到了两个科研项目：广东高校优秀青年创新人才培养计划（育苗工程）2010年度项目课题（WYM10072）以及广州市哲学社会科学发展“十一五”规划2010年度课题。有了项目的支持，我就利用几个暑假的时间，前往乳源做了几次调查。

2010年暑假第一次去乳源的时候，我主要调查了乳源勉语中的正反反复问句以及简单的词表。2011年暑假我和李胜勋博士一起前往乳源，调查了乳源勉语的音系。2012年暑假，我又调查了词汇和语法例句。

在调查的过程中，语音部分参考了毛宗武和李少梅的相关著作，由于两者的区别较大，所以音系部分最后的整理是基于词表的录音材料完成的。

词表的编制参考了毛宗武第四章中的“方言土语常用词汇对照”①。请的发音合作人是赵书养先生。赵先生1975年出生，在乳源民族中学教书。他小时候只会说瑶语，小学之后才慢慢开始学普通话和客家话。赵老师的老家是乳源县东坪镇单竹坑村。据赵老师的介绍，东坪镇和必背镇的瑶语在声调方面略有不同，但互相之间通话没有问题。因此，根据赵老师的口音，本书词表所记载的是东坪镇的乳源勉语发音。在调查词表的时候，我和赵老师每人手上都有一册词表，他读的时候，我们分别记音，然后互相核查。赵老师记音的方式是使用他刚刚学会的一套瑶文书写方式。乳源县2009年为了在瑶区学校开展瑶汉双语

① 毛宗武：《瑶族勉语方言研究》，民族出版社2004年版。

教学，保护、传承和发展瑶族文化，开设了首期瑶语培训班，由中央民族大学中国少数民族语言研究所主任李少梅老师担任授课教师。李少梅老师为乳源瑶语设计了一套瑶文，该套瑶文基于广西瑶语的读音，在有些地方与乳源瑶语的读音并不完全吻合。赵老师作为乳源民族中学的代表参加了这次培训班，并学会了使用这套瑶文。我主要是根据赵老师对每个词的读音，用国际音标记下每个词的发音。在核查完读音之后，我会请赵老师对着录音机将每个词读两遍。书稿词汇部分的整理是基于这些录音材料的。当然，这些宝贵的录音材料对于音系的整理也起到了至关重要的作用。

语法部分按照词类进行调查。每个例句的转写都与发音合作人一起完成并由发音合作人最终确认。本书重点调查了名词性结构、数词系统、比较句、连谓结构、疑问句等。

文章的最后有四个附录，附录一为《施瓦迪士百词表》，根据勉语的实际情况，对词表作了细微的调整。附录二为乳源勉语常用词语，按照国际音标排序。为了方便查询，这些常用词语重新按照汉语拼音做了排序，作为附录三列在书后。附录四是两则长篇语料。这些材料都请发音人录了音，而材料的转写和整理最终都基于这些录音材料。本书最终的结构按照音系、词汇、语法进行编排，这样排的好处是能从整体上对乳源勉语有个完整的描写。

由于时间有限，很多有价值的现象没来得及详细调查。例如，在语音方面，同音字表没有来得及完成。在词汇方面，乳源勉语中客家话借词所遵循的音系规则，语言接触过程中词语的替换规律，这些都是很有价值的研究问题，但也没来得及调查。在语法方面，体貌助词没有详细调查，句尾语气词也没来得及做详细的调查，这些遗憾只能期待在后续的研究中一点一点地补充完成。

第一章　语　音

一、 音节结构

乳源勉语的音节结构为：CGVX，其中 C 代表音节首辅音（onset），G 代表介音（glide），V 代表核心元音（vowel），X 代表音节末辅音（coda）或者双元音中的第二个元音。关于乳源勉语的音节结构，目前的文献有两种不同的看法。毛宗武将介音处理成了鄂化声母特征,① 因此他的分析相当于［（CG）（VC）］。按照这样的分析，乳源勉语共有 76 个声母，37 个韵母。李少梅的分析为［C（GVC）］，她将介音划为韵母部分。② 按照这样的分析，乳源勉语的声母数量大大减少，只有 30 个声母，但韵母的数量达到 93 个之多。目前找不到证据能证明这两种方法中的哪一种分析方法更准确。为了处理乳源勉语音节结构中的介音问题，本书借鉴 Van de Weijer & Zhang 提出的 X－杠音节结构来讨论乳源勉语的声母和韵母。③ 按照他们的观点，介音既不属于声母，也不属于韵母，而是处于声母和韵母中间的位置。

表 1　音节结构

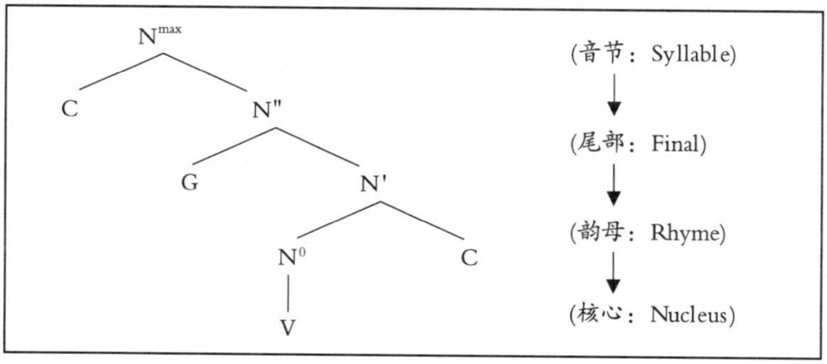

（引自 Van de Weijer & Zhang 2008）

---

① 毛宗武：《瑶族勉语方言研究》，民族出版社 2004 年版。

② 李少梅：《中国广东乳源瑶族与瑶语》，民族出版社 2008 年版。

③ Van de Weijer，J. and Zhang，J，An X－bar approach to the syllable structure of Mandarin. *Lingua*，2008，p. 1416－1428.

表 1 表示的是：核心元音和韵尾合并构成韵母（rhyme），其中元音是韵母的核心（head），韵尾为它的补足语（complement），韵母为以元音为核心投射而成的小短语。介音为该小短语的附加语（adjunct），构成一个以元音为核心的短语，称其为音节的尾部（final）。生成的短语有一个指定语（specifier），即音节首辅音（onset）。音节的尾部与首辅音两者合并构成一个完整的音节。

按照这样的音节结构来描写乳源勉语，整个音节结构变成以元音为核心的投射单位，该投射单位具有一个补足语、一个附加语和一个指定语。以前把音节结构分为声母和韵母的二分法，现在就变成了三分法，具有了三个层次。这样，就很好地规避了在音节结构中处理介音位置这个棘手的问题。在下面的讨论中，我们将按照表 1 所示的音节结构来逐一介绍乳源勉语的音节成分。

二、音节首辅音

乳源勉语的音节首辅音（onset）共有 30 个，如下表所示。

表 2 乳源勉语的音节首辅音

	爆破音			破擦音			鼻音		摩擦音	边音		滑音
双唇音	p	p^{h}	b				m̥	m	f			w
齿龈音	t	t^{h}	d	ts	ts^{h}	dz	n̥	n	s	ɬ	l	
硬腭音	c	c^{h}	ɟ				ɲ̊	ɲ				j
软腭音	k	k^{h}	g				ŋ̊	ŋ	h			

表 3 声母例字表

序号	国际音标	瑶文字母	例字（瑶文）	国际音标	汉义
1	p	b	baeqv	pæʔ^{5}	北
2	p^{h}	p	piem	p^{h}iem^{33}	肺
3	b	mb	mbungv	buŋ^{53}	骨头
4	m̥	hm	hmeiv	m̥ei^{53}	米
5	m	m	mouc	məu^{21}	云
6	f	f	fai	fai^{33}	沙
7	ts	z	zah	tsa^{31}	茶

（续表）

序号	国际音标	瑶文字母	例字（瑶文）	国际音标	汉义
8	ts^{h}	c	ciamv	ts^{h}iam^{53}	血
9	dz	nz	nziac	dzia^{21}	风
10	s	s	sorng	sɔŋ^{33}	霜
11	t	d	doux	təu^{35}	火
12	t^{h}	t	tic	t^{h}i^{21}	跑
13	d	nd	ndaux	dau^{35}	地
14	n̥	hn	hnangc	n̥aŋ^{21}	饭
15	n	n	naic	nai^{21}	问
16	ɬ	hl	hlac	ɬa^{21}	月亮
17	l	l	lorngh	lɔŋ^{31}	天
18	c	j	jieqv	cieʔ^{5}	笑
19	c^{h}	q	qietv	c^{h}iet^{5}	恨
20	ɟ	nj	njuv	ɟu^{53}	糍粑
21	ɲ̥	hny	hnyiangc	ɲ̥iaŋ^{21}	年
22	ɲ	ny	nyih	ɲi^{31}	鹅
23	k	g	gaeng	kæŋ^{33}	虫
24	k^{h}	k	kuotv	k^{h}uɔt^{5}	洞
25	g	nq	nqanx	gan^{35}	茅草
26	ŋ̊	hng	hngerngc	ŋ̊əŋ^{21}	笨
27	ŋ	ng	ngerngh	ŋəŋ^{31}	牛
28	h	h	houc	həu^{21}	芋头
29	y	j	yorngh	jɔŋ^{31}	羊
30	w	w	werm	wəm^{33}	水

关于乳源勉语音节首辅音的小结：

1. 按照发音部位来看，乳源勉语有双唇音、齿龈音、硬腭音、软腭音，其中比较有特色的是硬腭音，发音部位和汉语普通话中［tɕ］的发音部位完全不同，不能记为［tɕ］、［tɕ^{h}］、［dʑ］。

2. 按照发音方式来看，乳源勉语有爆破音、破擦音、摩擦音、鼻音。其中爆破音有清浊之分，另外清音又有送气和不送气之分，这三类音之间有区分意义的功能，能找到最小区别对，是三类独立的音素（phoneme）。例如：

daic	tai^{21}	死
taic	t^hai^{21}	飞

jienh	$cien^{31}$	勤劳的
qienh	c^hien^{31}	件（事情）

3. 从附录二我们可以发现在这三类爆破音中，送气的清音的数量远远少于浊音和不送气的清音。

4. 鼻音包括四套，对应四个不同的发音部位，分别为双唇鼻音、齿龈鼻音、硬腭鼻音、软腭鼻音，每个部位的鼻音分为清浊，一共8个鼻音。

5. 鼻音［m］和［m̥］可以单独成为音节。例如：

hmx	$\mathring{m}^{35}$	五
mv	m^{53}	不

6. 齿龈摩擦音分清浊，两者之间有区分意义的功能，能找到最小区别对，是两个独立的音素（phoneme）。例如：

lu	lu^{33}	和
hlu	ɬu^{33}	大

7. 乳源勉语允许音节中存在零声母。虽然乳源勉语中有两个滑音［j］和［w］，但除非受到音节结构的制约，一般不使用这两个半元音作为音节首辅音。例如，元音［i］和［u］可以单独成一个音节，前面不需要加滑音。音节［ia］中的［i］会处理成介音，此时会认为音节前有一个零声母。如果在［i］或［u］的后面，音节带有鼻音韵尾或者塞音韵尾，或者音节中的元音是双元音，这时候，我们会将［i］和［u］处理成音节首辅音［j］和［w］，例如［jɔŋ^{31}］和［wəm^{33}］，在这种带有复杂韵母的音节里，我们认为滑音［j］和［w］充当了音节首辅音。

三、音节的尾部

这里所讨论的音节尾是指音节结构中除音节首辅音之外的其他成分，包括介音以及韵母成分。乳源勉语中的介音包括［i］和［u］。当它们前面没有出现音节首辅音的时候，它们似乎就处在了音节最前面的位置了。按照表 1 所示的音节结构，这时候我们可以有两种分析方法。第一，认为介音由 G 位置向上移动到了 C 位置，因此直接充当了音节首辅音。第二，认为介音还是处于 G 位置，并没有向上移动，此时可以认为 C 位置上有一个零形式的声母。我们采取第二种分析方法，因为它最大限度地简化了音节生成的过程，并且保持了整个音节结构的系统性。例如，［ia^{21}］“抓”的音节结构可以用下图表示。

表 4　［ia^{21}］“抓”的音节结构

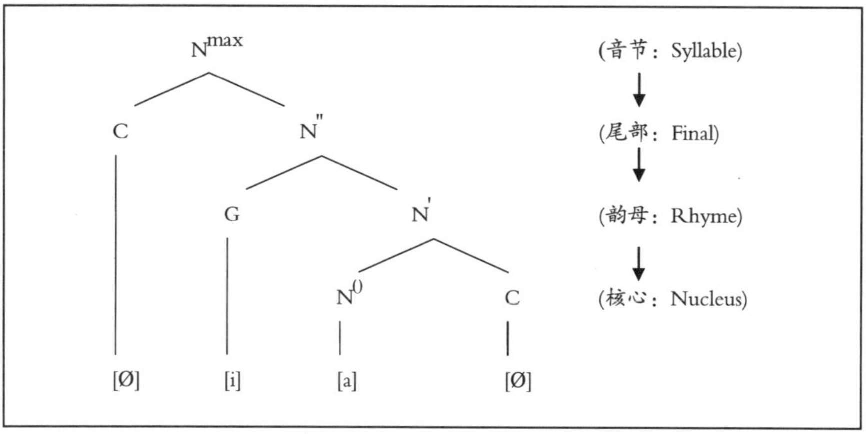

乳源勉语的核心元音有以下 7 个，其中有 2 个前元音，2 个中元音，3 个后元音，分别如下表所示。

表 5　乳源勉语的核心元音

	前元音	中元音	后元音
高	i		u
中	e	ə	ɔ
低		æ	a

表6　乳源勉语的核心元音例词

序号	国际音标	瑶文	例字（瑶文）	国际音标	汉义
1	i	i	i	i^{33}	我
2	e	e	nje	$ɟe^{33}$	着
3	ə	er	nderx	$də^{35}$	豆
4	æ	ae	jae	$cæ^{33}$	鸡
5	u	u	bu	pu^{33}	三
6	ɔ	or	orv	$ɔ^{53}$	肉
7	a	a	ndav	da^{53}	长

乳源勉语中的双元音有4个，分别为：［ai］、［ei］、［au］、［əu］，由单元音按照以下方式组成。

表7　乳源勉语中的双元音

<table>
<tr><th></th><th>前元音</th><th>中元音</th><th>后元音</th></tr>
<tr><td>高</td><td colspan="3" rowspan="3">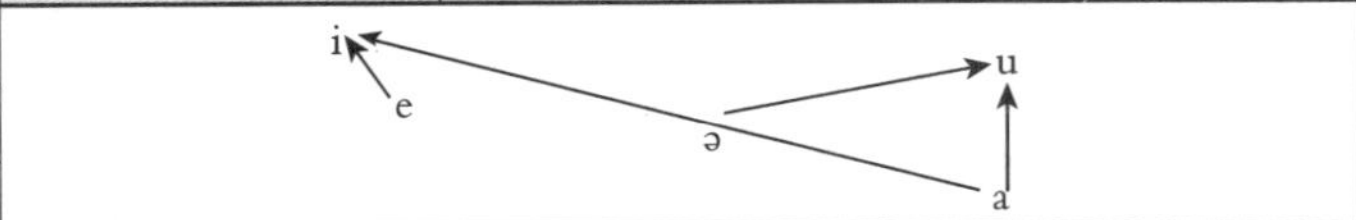
</td></tr>
<tr><td>中</td></tr>
<tr><td>低</td></tr>
</table>

表8　乳源勉语的双元音例词

序号	国际音标	瑶文	例字（瑶文）	国际音标	汉义
1	ai	ai	naic	nai^{21}	问
2	ei	ei	dueiv	$tuei^{53}$	尾巴
3	au	au	nzauv	$dzau^{53}$	盐
4	əu	ou	houc	$həu^{21}$	芋头

乳源勉语保留了完整的鼻音韵尾［m］、［n］、［ŋ］；塞音韵尾包括［p］、［t］、［ʔ］，但是没有［k］韵尾。鼻音韵尾和塞音韵尾只能与单元音组合，不能出现在双元音的后面。

表9　乳源勉语中的鼻音韵尾与塞音韵尾

	m	n	ŋ	p	t	ʔ
a	am	an	aŋ	ap	at	aʔ
ɔ	ɔm	ɔn	ɔŋ	ɔp	ɔt	ɔʔ
ə	əm	ən	əŋ	əp	ət	əʔ

（续表）

	m	n	ŋ	p	t	ʔ
e					et	
u		un	uŋ		ut	uʔ
i		in	iŋ		it	iʔ
æ			æŋ			æʔ

表 10 乳源勉语中的鼻音韵尾与塞音韵尾例词

序号	国际音标	瑶文字母	例字（瑶文）	国际音标	汉义
1	am	am	hnam	n̥am^{33}	潮湿
2	an	an	canh	ts^{h}an^{31}	丑
3	aŋ	ang	cangv	ts^{h}aŋ^{53}	船
4	ap	ap	lapc	lap^{2}	斗笠
5	at	at	ndatv	dat^{5}	翅
6	aʔ	aq	zaqv	tsaʔ^{5}	梳子
7	ɔm	orm	lorng ndormx	lɔŋ^{33} dɔm^{35}	早餐
8	ɔn	on	caengc ndonc	ts^{h}æŋ^{21} dɔn^{21}	顶杠
9	ɔŋ	orng	lorngh	lɔŋ^{31}	缝
10	ɔp	orp	hlorpv	ɬɔp^{5}	抱
11	ɔt	ot	cotv luqc	ts^{h}ɔt^{5} luʔ^{2}	发洪水
12	ɔʔ	orq	horqh	hɔʔ^{3}	很
13	əm	erm	werm	wəm^{33}	水
14	ən	ern	zau bernv	tsau^{33} pən^{53}	脚板
15	əŋ	erng	derng	təŋ^{33}	东
16	əp	erp	hnerp	n̥əp^{33}	咳嗽
17	ət	ert	lertc	lət^{2}	用
18	əʔ	erq	herqh	həʔ^{3}	窄
19	et	et	zetv	tset^{5}	节
20	un	un	junv	cun^{53}	冷
21	uŋ	ung	mung	muŋ^{33}	痛
22	ut	ut	tutv	t^{h}ut^{5}	脱

（续表）

序号	国际音标	瑶文字母	例字（瑶文）	国际音标	汉义
23	uʔ	uq	suqv	suʔ^{5}	凉鞋
24	in	in	cin	ts^{h}in^{33}	千
25	iŋ	ing	mbingx	biŋ^{35}	猴子
26	it	it	jitv mbuonc	cit^{5} buɔn^{21}	结冰
27	iʔ	iq	siqv	siʔ^{5}	女儿
28	æŋ	aeng	nzaengh	dzæŋ^{31}	案板
29	æŋ	aeq	baeqh	pæʔ^{3}	白

单元音［a］、［ɔ］、［ə］后能接所有的鼻音和塞音韵尾，但是［e］、［u］、［i］、［æ］后不能接所有的鼻音和塞音韵尾。从鼻音韵尾来看，［m］能接在5个单元音之后，而［n］和［ŋ］都能接在6个单元音之后。从塞音韵尾来看，［p］最不活跃，只能接在4个单元音之后；［t］次之，能接在5个单元音之后；而［ʔ］能接在7个单元音之后。

乳源勉语的介音［i］和［u］可以和单元音组合，也可以和双元音组合。与双元音组合之后，后面不能再接韵尾。但是介音与单元音组合之后，后面还能再接鼻音或塞音韵尾。

表11　乳源勉语中介音与元音的组合

	a	ɔ	ə	e	u	i	æ	ai	ei	au	əu
i	ia	iɔ		ie	iu		iæ	iai	iei	iau	iəu
u	ua					ui	uæ	uai	uei		

介音［i］除了不能与［ə］组合之外，能与其他所有的单元音和双元音组合；而介音［u］不能与［ɔ］、［e］、［ə］以及［au］和［əu］组合。

表12　乳源勉语中介音与元音的组合例词

序号	国际音标	瑶文字母	例字（瑶文）	国际音标	汉义
1	ia	ia	nziac	dzia^{21}	风
2	iɔ	ior	mbiorv	biɔ^{53}	遮
3	ie	ie	yieh	jie^{31}	呀

（续）

序号	国际音标	瑶文字母	例字（瑶文）	国际音标	汉义
4	iu	iu	njiuv	ɟiu^{53}	糍粑
5	iæ	iae	jiae	ciæ^{33}	腰
6	iai	iai	mbiaic	biai^{21}	竹笋
7	iei	iei	biei	piei^{33}	四
8	iau	iau	biauc	piau^{21}	走
9	iəu	iou	siouc	siəu^{21}	烟
10	ua	ua	gua	kua^{33}	瓜
11	ui	ui	buih	pui^{31}	陪
12	uæ	uae	ndiuc guaeh	diu^{21} kuæ^{31}	丢掉
13	uai	uai	fan nduaih	fan^{33} duai^{31}	番薯
14	uei	uei	nzueic	dzuei^{21}	漂亮

当介音与单元音组合之后，后面能再接鼻音或塞音韵尾。与介音［i］组合最频繁的是［ʔ］。

表 13　乳源勉语中的介音［i］与鼻音与塞音韵尾的组合关系

	m	n	ŋ	p	t	ʔ
ia	iam		iaŋ	iap	iat	iaʔ
ie	iem	ien		iep	iet	ieʔ
iɔ			iɔŋ			iɔʔ
iu		iun			iut	iuʔ
iæ						iæʔ

从表 13 我们发现，介音［i］与鼻音与塞音韵尾的组合中存在这样的一个关系：

（1）如果介音［i］能和［m］韵尾组合，那它也一定能和［p］韵尾组合；

（2）如果介音［i］能和［n］韵尾组合，那它也一定能和［t］韵尾组合；

（3）如果介音［i］能和［ŋ］韵尾组合，那它也一定能和［ʔ］韵尾组合。

但是反过来就不成立了，我们发现：

（1）如果介音［i］能和［t］韵尾组合，那它不一定能和［n］韵尾组合；

（2）如果介音［i］能和［ʔ］韵尾组合，那它不一定能和［ŋ］韵尾组合。

表 14 乳源勉语中的介音 [i] 与鼻音与塞音韵尾的组合关系的例词

序号	国际音标	瑶文	例字（瑶文）	国际音标	汉义
1	iam	iam	ciamv	$ts^{h}iam^{53}$	血
2	iaŋ	iang	siang	$siaŋ^{33}$	新
3	iap	iap	mbiapc	$biap^{2}$	扇子
4	iat	iat	mbiath	$biat^{3}$	辣
5	iaʔ	iaq	qiaqv	$c^{h}iaʔ^{5}$	力
6	iem	iem	jiemh	$ciem^{31}$	手镯
7	ien	ien	yienv	$jien^{53}$	碗
8	iep	iep	jiepv	$ciep^{5}$	蝗虫
9	iet	iet	qietv	$c^{h}iet^{5}$	恨
10	ieʔ	ieq	cieqv	$ts^{h}ieʔ^{5}$	七
11	iɔŋ	iorng	siorng	$siɔŋ^{33}$	箱
12	iɔʔ	iorq	jiorqc	$ciɔʔ^{2}$	胖
13	iun	iun	piun	$p^{h}iun^{33}$	抚摸
14	iut	iut	mbiuth zorng	$biut^{3}$ $tsɔŋ^{33}$	鼻子
15	iuʔ	iuq	mbiuqc	$biuʔ^{2}$	雨
16	iæʔ	iaeq	biaeqv	$piæʔ^{5}$	喷

相对于介音 [i]，介音 [u] 能带的韵尾数量很少。与介音 [u] 组合最频繁的是 [ŋ] 韵尾。介音 [u] 不能与 [m] 韵尾和 [p] 韵尾组合。

表 15 乳源勉语中的介音 [u] 与鼻音与塞音韵尾的组合关系

	m	n	ŋ	p	t	ʔ
ua		uan	uaŋ		uat	uaʔ
ui		uin	uiŋ			
uæ			uæŋ			
uə			uəŋ			
ue		uen			uet	
uɔ		uɔn			uɔt	

从表 15 我们发现，介音 [u] 与鼻音与塞音韵尾的组合中存在这样的一个关系：

(1) 如果介音 [u] 能和 [t] 韵尾组合，那它也一定能和 [n] 韵尾组合；

(2) 如果介音 [u] 能和 [ʔ] 韵尾组合，那它也一定能和 [ŋ] 韵尾组合。

但是反过来就不成立了，我们发现：

(1) 如果介音 [u] 能和 [n] 韵尾组合，那它不一定能和 [t] 韵尾组合；

(2) 如果介音［u］能和［ŋ］韵尾组合，那它不一定能和［ʔ］韵尾组合。

表16 乳源勉语中的介音［u］与鼻音与塞音韵尾的组合关系的例词

序号	国际音标	瑶文	例字（瑶文）	国际音标	汉义
1	uan	uan	duan	$tuan^{33}$	儿子
2	uaŋ	uang	nyuangh	$ɲuaŋ^{31}$	银
3	uat	uat	guath	$kuat^{3}$	刮
4	uaʔ	uaq	muaqc	$muaʔ^{2}$	望
5	uin	uin	huinx	$huin^{35}$	转
6	uiŋ	uing	guingh	$kuiŋ^{31}$	轮
7	uæŋ	uaeng	guaengv	$kuæŋ^{53}$	梗
8	uəŋ	uerng	suerng	$suəŋ^{33}$	河流
9	uen	uen	bu juenh	pu^{33} $cuen^{31}$	拳头
10	uet	uet	nquetc	$guet^{2}$	县
11	un	uon	muonh	$muɔn^{31}$	头晕
12	uɔt	uot	puotv ndaux	$p^{h}uɔt^{5}$ dau^{35}	扫地

关于乳源勉语音节尾的小结：

1. 乳源勉语音节尾包括介音以及韵母。韵母可以是单元音或者双元音。乳源勉语没有三元音。当韵母是单元音的时候，可以带鼻音韵尾或者塞音韵尾，但是双元音不能带鼻音韵尾或者塞音韵尾。

2. 乳源勉语中的双元音有4个：［ai］、［ei］、［au］、［əu］，没有［ia］、［ie］、［ua］、［uə］，这是因为一方面［a，e，ə］的响度高于［i，u］，而响度越高的音必须占据音节的中心位置；另一方面，如果把［ia］、［ie］、［ua］、［uə］看成双元音，那它们的后面就不能再接鼻音韵尾或者塞音韵尾，但实际的情况是，我们发现［ia］、［ie］、［ua］、［uə］的后面可以带鼻音韵尾或者塞音韵尾，例如：

ciamv	$ts^{h}iam^{53}$	血	duan	$tuan^{33}$	儿子
siang	$siaŋ^{33}$	新	nyuangh	$ɲuaŋ^{31}$	银
mbiapc	$biap^{2}$	扇子	guath	$kuat^{3}$	刮
mbiath	$biat^{3}$	辣	muaqc	$muaʔ^{2}$	望
qiaqv	$c^{h}iaʔ^{5}$	力	suerng	$suəŋ^{33}$	河流

3. 鼻音韵尾中的［ŋ］分布比［m］和［n］更广；而塞音韵尾中［ʔ］的分布比［p］和［t］更广。并且［m］和［p］都只能出现在［a］、［ɔ］、［ə］之后，不能出现在前元音或高元音［e］、［i］、［u］、［æ］的后面。［n］和［t］不能出现在［æ］之后，而［ŋ］和［ʔ］不能出现在［e］之后。

4. 介音［i］除了不能与［ə］组合之外，能与其他所有的单元音和双元音组合；而介音［u］不能与［ɔ］、［e］、［ə］以及［au］和［əu］组合。

5. 当介音与单元音组合之后，后面能再接鼻音或塞音韵尾。与介音［i］组合最频繁的是［ʔ］。相对于介音［i］，介音［u］能带的韵尾数量很少。与介音［u］组合最频繁的是［ŋ］韵尾。介音［u］不能与［m］韵尾和［p］韵尾组合。

四、调类与调值

乳源勉语有 8 个调类，包括 5 个舒声调，3 个入声调，举例如下。

表 17　乳源勉语中的声调调值表

	调类	调值	调号	瑶文	国际音标	汉字
舒声调	1	33	无	ba	pa^{33}	疤
	2	31	h	bah	pa^{31}	耙
	3	53	v	bav	pa^{53}	扶
	4	35	x	bax	pa^{35}	跑
	5	21	c	bac	pa^{21}	唱
入声调	6	5	v	baqv	$paʔ^{5}$	刺
	7	3	h	baeqh	$pæʔ^{3}$	白
	8	2	c	baqc	$paʔ^{2}$	卜

乳源勉语声调的特点：

1. 与瑶族勉语江底话的声调系统相比较，我们发现乳源勉语的声调系统与之有工整的对应关系。除了将第 6 调归入入声调第 5 调或第 8 调之外（阳去归阴去或阳入），其他的调类都一一对应。根据陈其光，在贵州毕节大南山苗话和湖南泸溪洞头寨苗话中“偷”都是阳去调，但是在乳源勉语中“偷”的声调为阳入，读为 net^{2}。“死”在贵州毕节大南山苗话和湖南泸溪洞头寨苗话中都是阳去调，但是在乳源勉语中“死”的声调为阴去。① 根据毛宗武的词表，江底的阳去字在乳源勉语中有些读为阳入字，② 例如“雨”读为 biuʔ^{2}；有些读为阴去字，例如“笋”读为 biai^{21}。

2. 入声调只和塞音韵尾同时出现。当发生变调的时候，特别是在构成复合词需要变调的时候，如果第一个音节是一个入声调，当变调为［33］调的时候，它的塞音韵尾也会一起脱落，这是因为［33］调作为一个舒声调，不能和塞音韵尾同现。

3. 无调号的音节的调值为［^{33}］；调号 v 、h 和 c 如果在［p］、［t］、［ʔ］塞音韵尾后调值分别标注为［^{5}］、［^{3}］和［^{2}］；如果调号 v、h 和 c 在其他韵尾后调值分别标注为［^{53}］、［^{31}］和［^{21}］。

表 18 《施瓦迪士百词表》中不同声调的例词

	调值	调号	瑶文	国际音标	汉字
舒声调	33（阴平）	无	hlu	ɬu^{33}	大
			werm	wəm^{33}	水
			maeng	mæŋ^{33}	绿
	31（阳平）	h	mueih	muei^{31}	你
			mienh	mien^{31}	人
			nyah	ɲa^{31}	牙齿
	53（阴上）	v	suaiv	suai^{53}	灰
			juernv	cuən^{53}	冷
			buernv	puən^{53}	满
	35（阳上）	x	mbiaux	biau^{35}	鱼
			bux	pu^{35}	手
			doux	təu^{35}	火
	21（阴去）	c	faic	fai^{21}	小
			ndiangc	diaŋ^{21}	树
			hlac	ɬa^{21}	月亮

① 陈其光：《苗瑶语族语言的几种调变》，《民族语文》1989 年第 5 期，第 8—14 页。
② 毛宗武：《瑶族勉语方言研究》，民族出版社 2004 年版。

（续表）

	调值	调号	瑶文	国际音标	汉字
入声调	5（阴入）	v	serqv	$sə?^{5}$	杀
			siqv	$si?^{5}$	红
			nderpv	$dəp^{5}$	皮肤
	3（中入）	h	baeqh	$pæ?^{3}$	白
			norqh	$nɔ?^{3}$	鸟
			mbieth	$biet^{3}$	舌头
	2（阳入）	c	merpc	$məp^{2}$	云
			mbietc	$biet^{2}$	舌
			ngaqc	$ŋa?^{2}$	咬

五、声调的变化

和许多苗瑶语一样，乳源勉语中的变调包括构词变调和构形变调。卢治常讨论过勉语标敏方言中的构词变调和构形变调。他将复合词中的变调称为构词变调，将由于重叠而发生的变调称为构形变调。① 在乳源勉语中同样有构词变调和构形变调。

当两个单音节名词性词根构成 NN 式复合词的时候，不管第一个名词性词根原来的声调是什么，都需要变成 33 调，我们可以把这个变调过程总结为：$N^{x}N^{y}\rightarrow N^{33}N^{y}$，例如：

（1）	a	nzuih	$dzui^{31}$	嘴
		nzui meic	$dzui^{33}$ mei^{21}	嘴唇
	b	doux	$təu^{35}$	火
		dou mbieth	$təu^{33}$ $biet^{3}$	火苗
		dou tanc	$təu^{33}$ $t^{h}an^{21}$	火炭

① 卢治常：《瑶族勉语标敏的构词变调与构形变调》，《民族语文》1985 年第 6 期，第 16—19 页。

“嘴”作为一个词单独使用的时候，为［31］调，但当它作为一个词根与另外一个名词性词根组合成复合词的时候，［31］调变为［33］调。同样的道理，“火”作为一个词单独使用的时候，为［35］调，但当它作为一个词根与另外一个名词性词根组合成复合词的时候，［35］调变为［33］调。

当一个单音节名词性词根与一个单音节形容词性词根构成 NA 式复合词的时候，其中的名词性词根的声调需要变成 33 调，我们可以把这个变调过程总结为：$N^{x}A^{y} \rightarrow N^{33}A^{y}$，例如：

(2)	a.	gerngh	$kəŋ^{31}$	山
		gerng huan	$kəŋ^{33}$ $huan^{33}$	荒山
	b.	div	ti^{53}	酒
		di gam	ti^{33} kam^{33}	甜酒

“山”作为一个词单独使用的时候，为［31］调，但当它作为一个词根与另外一个形容词性词根组合成复合词的时候，［31］调变为［33］调。同样的道理，“酒”作为一个词单独使用的时候，为［53］调，但当它作为一个词根与另外一个形容词性词根组合成复合词的时候，［53］调变为［33］调。

在下面的例子中，“油”作为一个词单独使用的时候，为［31］调。当构成“油茶”的时候，“油”作为第一个词根出现在词根“茶”的前面，此时按照 $N^{x}N^{y} \rightarrow N^{33}N^{y}$ 的规律进行变调。当构成“油菜”的时候，“油”是作为第二个词根出现在词根“菜”的后面，此时不能按照 $N^{x}N^{y} \rightarrow N^{33}N^{y}$ 的规律进行变调，在复合词“油菜”中，“油”的声调仍然为［31］调。而“菜”本身的声调就是 33 调，所以即使经过 $N^{x}N^{y} \rightarrow N^{33}N^{y}$ 的操作，声调也不会发生变化。

(3)	youh	$jəu^{31}$	油
	you zah	$jəu^{33}$ tsa^{31}	油茶
	lai youh	lai^{33} $jəu^{31}$	油菜

乳源勉语中的量词可以重叠，用来表示“每 X”的意思，此时，第一个音节需要变成［33］调。例如：

（4） a. yien yienv （碗碗/每碗）

$jien^{33}$ $jien^{53}$

b. muon muonx （晚晚/每晚）

muɔn^{33} muɔn^{35}

c. norm norm （个个/每个）

nɔm^{33} nɔm^{33}

d. hnuai hnuai （天天/每天）

n̥uai^{33} n̥uai^{33}

e. hnyiang hnyiangc （年年/每年）

ɲ̥iaŋ^{33} ɲ̥iaŋ^{21}

f. dau dauh （人人/每人）

tau^{33} tau^{31}

g. luon luonh （次次/每次）

luɔn^{33} luɔn^{31}

在乳源勉语中存在大量的三音节的ABB重叠式状态形容词，中间的B不管原来是什么调，必须变成［33］调。我们把这个变调过程总结为：$A^xB^yB^y \rightarrow A^xB^{33}B^y$。

表19 ABB重叠式状态形容词例词

a. $A^xB^yB^{31} \rightarrow A^xB^{33}B^{31}$	maeng nziou nziouh	mæŋ^{33} dziəu^{33} dziəu^{31}	绿油油
	in ndi ndih	in^{33} di^{33} di^{31}	苦嗖嗖
	juerng nziou nziouh	cuəŋ^{33} dziəu^{33} dziəu^{31}	冷飕飕
b. $A^xB^yB^{35} \rightarrow A^xB^{33}B^{35}$	yang nzing nzingx	jaŋ^{33} dziŋ^{33} dziŋ^{35}	黄灿灿
	baeqh zai zaix	pæʔ^{3} tsai^{33} tsai^{35}	白皑皑
	yang nzing nzingx	jaŋ^{33} dziŋ^{33} dziŋ^{35}	黄灿灿
	jorm huon huonx	cɔm^{33} huɔn^{33} huɔn^{35}	热烘烘
	mbiath la lax	biat^{3} la^{33} la^{35}	辣乎乎
c. $A^xB^yB^{21} \rightarrow A^xB^{33}B^{21}$	si nzan nzanc	si^{33} dzan^{33} dzan^{21}	红艳艳
	siqc nzan nzanc	siʔ^{2} dzan^{33} dzan^{21}	红艳艳

（续表）

d. $A^xB^yB^{33} \to A^xB^{33}B^{33}$	lai nziem nziemv	lai^{33} dziem^{33} dziem^{33}	锋利利
	njiang dorng dorng	ɟiaŋ^{33} tɔŋ^{33} tɔŋ^{33}	亮晶晶
	jiqv ma ma	ciʔ^{5} ma^{33} ma^{33}	黑乎乎
	njuqh nui nui	ɟuʔ^{3} nui^{33} nui^{33}	浑浊浊
e. $A^xB^yB^{53} \to A^xB^{33}B^{53}$	namc hli hliv	nam^{21} ɬi^{33} ɬi^{53}	凉飕飕

如果 B 的声调是入声，由于［33］调不出现在塞音韵尾之后，在变调的时候，塞音韵尾也会随着变调而脱落。

除了在名词性复合词和重叠式状态形容词中，受变调规律的制约，会发生变调之外，乳源勉语中还有一条和句法构式相关的变调规律。在乳源勉语中存在“V－不－V”型正反问句的形式，其中的否定词可以脱落，但是在这一过程中，否定词的声调［53］会替换掉前一个动词的声调。胡晓东基于白午苗话的语料，将这条变调规律总结为：$S1^x a^{55} S2^x \to S1^{55} S2^x$。① 乳源勉语中的否定词 mv 为［53］调，因此，这条变调规律在乳源勉语中表现为：$V^x m^{53} V^x \to V^{53} V^x$，如果是入声，则会由阴入变为阳入。

表 20　重叠式正反问句中的谓词举例

a.（2→5）	nyietc	mv	nyietc	→	nyietv	nyietc	（吃不吃）
	ɲiet^{2}	m^{53}	ɲiet^{2}		ɲiet^{5}	ɲiet^{2}	
b.（33→53）	zei	mv	zei	→	zeiv	zei	（是不是）
	tsei^{33}	m^{53}	tsei^{33}		tsei^{53}	tsei^{33}	
c.（31→53）	mingh	mv	mingh	→	mingv	mingh	（去不去）
	miŋ^{31}	m^{53}	miŋ^{31}		miŋ^{53}	miŋ^{31}	
d.（35→53）	biaux	mv	biaux	→	biauv	biaux	（逃不逃）
	piau^{33}	m^{53}	piau^{33}		piau^{53}	piau^{35}	

① 胡晓东：《白午苗话的反复问句》，《民族语文》2008 年第 2 期，第 61—64 页。

六、音位配列制约

元音和辅音组合成音节，组合的过程受到音位配列制约。Matisoff 在他著名的拉祜语法中就提到汉藏语的音系研究应该从考察音节（syllable）开始。[①] Coupe 在描写 Ao 语的时候直接从音节结构入手，这些都说明音节结构在汉藏语音系研究中的核心地位。[②] 乳源勉语的音节层级结构在本章的开头部分已经介绍，现在我们可以将其线性结构归纳为下表中的（1）和（2）。

表 21　乳源勉语的音节的线性结构

(1)	(C1)	+	(G)	+	V1‿V2			T
(2)	(C1)	+	(G)	+	V1	+	(C2)	T

其中：

C1：表示音节首辅音，有些音节没有首辅音，直接以元音开头。

G：表示音节中有可能会出现的介音［i］或［u］。

V1：主要元音，在整个音节中属于响度最大的音（sonority peak）。

V1V2：双元音。

C2：鼻音韵尾或塞音韵尾。

T：作用在整个音节上的声调，乳源勉语共有 8 个声调。

我们发现乳源勉语的音节结构完全符合响度层级（Sonority Hierarchy），其中元音占据该层级的顶部，然后依次是滑音、边音、鼻音、摩擦音、爆破音。在音节结构中，响度越高的音越处于音节的中心位置。[③]

---

① Matisoff, James A. *The Grammar of Lahu*. Berkeley and Los Angeles: University of California Press, 1973, p. 1.

② Coup, A. R. *A phonetic and phonological description of Ao: a Tibeto – Burman language of Nagaland, North – east India*. Research School of Pacific and Asian Studies: The Australian National University, 2003.

③ Selkirk, Elisabeth. On the major class features and syllable theory. In Mark Aronoff and Richard T. Oehrle (eds.) *Language sound structure: studies in phonology dedicated to Morris Halle by his teacher and students*. Cambridge: The MIT Press, 1984, p. 107 – 136.

我们先来看双元音。在乳源勉语中只有四个双元音［ai］、［ei］、［au］、［əu］，如果我们把乳源勉语的双元音看成是由两个元音组合而成的复合元音的话，那其中的 V2 是［i］或［u］，V1 的响度明显大于 V2。

乳源勉语中复合辅音只有破擦音［ts］、［ts^h］、［dz］，同样是符合响度层级的排列，即摩擦音更接近音节的中心位置，并没有出现英语中［st］这样的例外情况。

乳源勉语中的音位配列除了受到响度层级的制约之外，也受到音节结构的制约，其中表现最明显的就是双元音的后面不能出现韵尾。也就是说，在乳源勉语的音节结构中，简单元音后面可以接塞音或者鼻音韵尾构成韵母，但是双元音后面不能再加任何的韵尾。以《施瓦迪士百词表》中的双元音［ei］为例，它能构成以下音节：

(3)	a. 出现在介音［u］之后：		
	mueih	muei^{31}	你
	zueix	tsuei^{35}	坐
	b. 出现在介音［i］之后：		
	biei	piei^{33}	羽毛
	c. 单独做韵母：		
	nyeiv	ɲei^{53}	爪
	hleic	ɬei^{21}	星星

而下面的这些音节都不可能在乳源勉语中出现：

（1）双元音的后面出现鼻音韵尾：*［feim］，*［fein］，*［feiŋ］；

（2）双元音的后面出现塞音韵尾：*［feip］，*［feit］，*［feiʔ］；

（3）双元音的前面有介音，后面有韵尾：

a. *［i］+［ei］+｛m，n，ŋ｝

b. *［i］+［ei］+｛p，t，ʔ｝

c. *［u］+［ei］+｛m，n，ŋ｝

d. *［u］+［ei］+｛p，t，ʔ｝

关于音节首辅音和元音之间的组合，我们发现：

（1）送气的［c^{h}］只能和［i］和［u］组合，但是不送气的［c］和浊音［ɟ］能和更多的元音组合；

（2）［k］、［k^{h}］、［g］都不能和［i］组合；

（3）［ɲ］只能和［i］组合构成以下音节：［ɲi］、［ɲia］、［ɲiet］、［ɲiŋ］；而［ɲ̥］只能构成［ɲ̥iaŋ］。

关于介音和鼻音韵尾以及塞音韵尾的组合，我们发现：

（1）与介音［i］组合最频繁的是塞音韵尾［ʔ］；

（2）与介音［u］组合最频繁的是鼻音韵尾［ŋ］；

（3）介音［u］不能和［m］韵尾、［p］韵尾组合。

七、韵尾的脱落

在乳源勉语中，带塞音韵尾的音节只能是入声调，不能是［33］调。因此，在构成复合词的时候，如果名词性词根带塞音韵尾，为了保障［33］调的存在，塞音韵尾需要脱落。例如：

(4)	a.	bu nduqv	pu^{33} duʔ^{5}	手指
		bu ndu nyeix	pu^{33} du^{33} ɲei^{35}	大拇指
	b.	suqv	suʔ^{5}	凉鞋
		su hlatv	su^{33} ɬat^{5}	拖鞋

同样的道理，在 ABB 重叠式状态形容词中，如果 B 带塞音韵尾，由于［33］调不出现在塞音韵尾之后，因此在变调的时候，塞音韵尾也会随着变调而脱落。例如：

(5)	a.	mau mer merqv	mau^{33} mə^{33} məʔ^{5}	软绵绵
	b.	sui li liqv	sui^{33} li^{33} liʔ^{5}	酸溜溜

除了在名词性复合词和重叠式状态形容词中，塞音韵尾由于变调规律的制约发生脱落之外，在下面这种情况下，鼻音韵尾［m］也会脱落。如果乳源勉语中“V－不－V”型正反问句中动词带鼻音韵尾［m］，经过 $V^{x}m^{53}V^{x} \rightarrow V^{53}V^{x}$ 变调之后，动词原本的鼻音韵尾［m］会脱落。例如在下面的句子（b）中，第一个 iem^{33} 变成了 ie^{53}，不仅声调变了，鼻音韵尾［m］也已经脱落。

（6） a. Mueih yiem mv yiem biauv?
$muei^{31}$ $jiem^{33}$ m^{53} $jiem^{33}$ $piau^{53}$?
你 在 不 在 家
你在不在家?

b. Mueih yiev yiem biauv?
$muei^{31}$ jie^{53} $jiem^{33}$ $piau^{53}$?
你 在 在 家
你在不在家?

之所以这样，是因为乳源勉语的否定词也是［m］，如果保留了动词的［m］韵尾，在口语中就很难分清该极性问句到底是“V－不－V”型还是“VV”型正反问句。

八、瑶文与国际音标对照表

1. 音节首辅音对照表（共计30个）

序号	瑶文字母	国际音标	瑶文（例词）	国际音标	汉义
1	b	p	baeqv	$pæʔ^{5}$	北
2	p	p^{h}	piem	$p^{h}iem^{33}$	肺
3	mb	b	mbungv	$buŋ^{53}$	骨头
4	hm	m̥	hmeiv	$m̥ei^{53}$	米
5	m	m	mouc	$məu^{21}$	云
6	f	f	fai	fai^{33}	沙
7	z	ts	zah	tsa^{31}	茶
8	c	ts^{h}	ciamv	$ts^{h}iam^{53}$	血

（续表）

序号	瑶文字母	国际音标	瑶文（例词）	国际音标	汉义
9	nz	dz	nziac	$dzia^{21}$	风
10	s	s	sorng	$sɔŋ^{33}$	霜
11	d	t	doux	$təu^{35}$	火
12	t	t^h	tic	t^hi^{21}	跑
13	nd	d	ndaux	dau^{35}	地
14	hn	n̥	hnangc	$n̥aŋ^{21}$	饭
15	n	n	naic	nai^{21}	问
16	hl	ɬ	hlac	$ɬa^{21}$	月亮
17	l	l	lorngh	$lɔŋ^{31}$	天
18	j	c	jieqv	$cieʔ^{5}$	笑
19	q	c^h	qietv	c^hiet^{5}	恨
20	nj	ɟ	njuv	$ɟu^{53}$	糍粑
21	hny	ɲ̥	hnyiangc	$ɲ̥iaŋ^{21}$	年
22	ny	ɲ	nyih	$ɲi^{31}$	鹅
23	g	k	gaeng	$kæŋ^{33}$	虫
24	k	k^h	kuotv	$k^huɔt^{5}$	洞
25	nq	g	nqanx	gan^{35}	茅草
26	hng	ŋ̊	hngerngc	$ŋ̊əŋ^{21}$	笨
27	ng	ŋ	ngerngh	$ŋəŋ^{31}$	牛
28	h	h	houc	$həu^{21}$	芋头
29	y	j	yorngh	$jɔŋ^{31}$	羊
30	w	w	werm	$wəm^{33}$	水

2. 音节尾对照表（共计 82 个）

序号	瑶文字母	国际音标	瑶文（例词）	国际音标	汉义
1	i	i	i	i^{33}	我
2	e	e	nje	$ɟe^{33}$	着
3	er	ə	nderx	$də^{35}$	豆

（续表）

序号	瑶文字母	国际音标	瑶文（例词）	国际音标	汉义
4	ae	æ	jae	cæ^{33}	鸡
5	u	u	bu	pu^{33}	三
6	or	ɔ	orv	ɔ^{53}	肉
7	a	a	ndav	da^{53}	长
8	ai	ai	naic	nai^{21}	问
9	ei	ei	dueiv	tuei^{53}	尾巴
10	au	au	nzauv	dzau^{53}	盐
11	ou	əu	houc	həu^{21}	芋头
12	am	am	hnam	n̥am^{33}	潮湿
13	an	an	canh	tsʰan^{31}	丑
14	ang	aŋ	cangv	tsʰaŋ^{53}	船
15	ap	ap	lapc	lap^{2}	斗笠
16	at	at	ndatv	dat^{5}	翅
17	aq	aʔ	zaqv	tsaʔ^{5}	梳子
18	orm	ɔm	lorng ndormx	lɔŋ^{33} dɔm^{35}	早餐
19	on	ɔn	caengc ndonc	tsʰæŋ^{21} dɔn^{21}	顶杠
20	orng	ɔŋ	lorngh	lɔŋ^{31}	缝
21	orp	ɔp	hlorpv	ɬɔp^{5}	抱
22	ort	ɔt	cortv luqc	tsʰɔt^{5} luʔ^{2}	发洪水
23	orq	ɔʔ	horqh	hɔʔ^{3}	很
24	erm	əm	werm	wəm^{33}	水
25	ern	ən	zau bernv	tsau^{33} pən^{53}	脚板
26	erng	əŋ	derng	təŋ^{33}	东
27	erp	əp	hnerph	n̥əp^{3}	咳嗽
28	ert	ət	lertc	lət^{2}	用
29	erq	əʔ	herqh	həʔ^{3}	窄
30	et	et	zetv	tset^{5}	节
31	un	un	junv	cun^{53}	冷
32	ung	uŋ	mung	muŋ^{33}	痛

（续表）

序号	瑶文字母	国际音标	瑶文（例词）	国际音标	汉义
33	ut	ut	tutv	t^{h}ut^{5}	脱
34	uq	uʔ	suqv	suʔ^{5}	凉鞋
35	in	in	cin	ts^{h}in^{33}	千
36	ing	iŋ	mbingx	biŋ^{35}	猴子
37	it	it	jitv mbuonc	cit^{5} buɔn^{21}	结冰
38	iq	iʔ	siqv	siʔ^{5}	女儿
39	aeng	æŋ	nzaengh	dzæŋ^{31}	案板
40	aeq	æʔ	baeqh	pæʔ^{3}	白
41	ia	ia	nziac	dzia^{21}	风
42	ior	iɔ	mbiorv	biɔ^{53}	遮
43	ie	ie	yieh	jie^{31}	呀
44	iu	iu	njiuv	ɟiu^{53}	糍粑
45	iae	iæ	jiae	ciæ^{33}	腰
46	iai	iai	mbiaic	biai^{21}	竹笋
47	iei	iei	biei	piei^{33}	四
48	iau	iau	biauc	piau^{21}	走
49	iou	iəu	siouc	siəu^{21}	烟
50	ua	ua	nqua hav	gua^{33} ha^{53}	后面
51	ui	ui	buih	pui^{31}	陪
52	uae	uæ	ndiuc guaeh	diu^{21} kuæ^{31}	丢掉
53	uai	uai	fan nduaih	fan^{33} duai^{31}	番薯
54	uei	uei	nzueic	dzuei^{21}	漂亮
55	iam	iam	ciamv	ts^{h}iam^{53}	血
56	iang	iaŋ	siang	siaŋ^{33}	新
57	iap	iap	mbiapc	biap^{2}	扇子
58	iat	iat	mbiath	biat^{3}	辣
59	iaq	iaʔ	qiaqv	c^{h}iaʔ^{5}	力
60	iem	iem	jiemh	ciem^{31}	手镯
61	ien	ien	yienv	jien^{53}	碗

（续表）

序号	瑶文字母	国际音标	瑶文（例词）	国际音标	汉义
62	iep	iep	jiepv	ciep^{5}	蝗虫
63	iet	iet	qietv	c^{h}iet^{5}	恨
64	ieq	ieʔ	cieqv	ts^{h}ieʔ^{5}	七
65	iorng	iɔŋ	siorng	siɔŋ^{33}	箱
66	iorq	iɔŋ	jiorqc	ciɔʔ^{2}	胖
67	iun	iun	piun	p^{h}iun^{33}	抚摸
68	iut	iut	mbiuth zorng	biut^{3} tsɔŋ^{33}	鼻子
69	iuq	iuʔ	mbiuqc	biuʔ^{2}	雨
70	iaeq	iæʔ	biaeqv	piæʔ^{5}	喷
71	uan	uan	duan	tuan^{33}	儿子
72	uang	uaŋ	nyuangh	ɲuaŋ^{31}	银
73	uat	uat	guath	kuat^{3}	刮
74	uaq	uaʔ	muaqc	muaʔ^{2}	望
75	uin	uin	huinx	huin^{35}	转
76	uing	uiŋ	guingh	kuiŋ^{31}	轮
77	uaeng	uæŋ	guaengv	kuæŋ^{53}	梗
78	uerng	uəŋ	suerng	suəŋ^{33}	河流
79	uen	uen	bu juenh	pu^{33} cuen^{31}	拳头
80	uet	uet	nquetc	guet^{2}	县
81	uon	un	muonh	muɔn^{31}	头晕
82	uot	uɒ	puotv ndaux	p^{h}uət^{5} dau^{35}	扫地

第二章 词 汇

一、乳源勉语词汇的特点

语言的基本单位为语素，指的是最小的音义结合体。不同类型的语素按照一定的形态规则在词库中形成词，词与词通过一定的句法运算构成短语，进而组成句子。

语言中音义结合的最小单位是语素，有些语素能单独成词，而有些语素需要和别的语素组合成词。一般认为，由一个语素组成的是单纯词，由两个或两个以上的语素组成的词是合成词。最常见的合成词包括由词缀和词根构成的派生词以及由两个词根构成的复合词。单纯词可以从构成它的音节特征划分类型，合成词可以从构成它的语素之间的关系划分类型。从词语结构来看，乳源勉语有以下两个特点。

1. 词语的单音节性。基本词汇中单音节词占绝大多数。这与现代汉语中词语的双音节化情况完全不同。毛宗武也提到勉语的基本词汇多半是单音节，并且有的单音节的名词具有比较强的再生能力，能作为词根语素与其他的语素组合成合成词。①

2. 词缀较少，用派生法构成的词少，有大量的通过复合法构成的复合词。复合词的内部语义关系复杂。

二、单音节单纯词

单纯词可以由一个音节构成，我们称为“单音节单纯词”。如果一个单纯词包含多个音节，我们则称为“多音节单纯词”，多音节单纯词在乳源勉语中数量较少，大部分是单音节单纯词。刘玉兰在考察泰国勉语的时候，也指出泰

① 毛宗武：《瑶族勉语方言研究》，民族出版社2004年版，第184页。

国勉语也是以单音节词为主，有少数多音节词。[①]

表1　单音节单纯词举例

乳源勉语	国际音标	汉语	乳源勉语	国际音标	汉语
lorngh	lɔŋ^{31}	天	yorngh	jɔŋ^{31}	羊
ndaux	dau^{35}	地	lerngh	ləŋ^{31}	龙
hlac	ɬa^{21}	月亮	touc	tʰəu^{21}	兔
hleic	ɬei^{21}	星星	jai	cai^{33}	鸡
siouc	siəu^{21}	烟	apv	ap^{5}	鸭
mouc	məu^{21}	云	nyih	ɲi^{31}	鹅
nziac	dzia^{21}	风	dongx	tɔŋ^{35}	猪
mbiuqc	biuʔ^{2}	雨	gaeng	kæŋ^{33}	虫
mbuonc	buɔn^{21}	雪	nziv	dzi^{53}	松鼠
sorng	sɔŋ^{33}	霜	jiepv	ciep^{5}	蝗虫
fai	fai^{33}	沙	mbingx	biŋ^{35}	猴子
suerng	suəŋ^{33}	河流	nax	na^{35}	老鼠
ndaih	dai^{31}	海	laic	lai^{21}	穿山甲
werm	wəm^{33}	水	mu	mu^{33}	跳蚤
kortv	kʰɔt^{5}	洞	saqv	saʔ^{5}	蜈蚣
ling	liŋ^{33}	田	nzongx	dzɔŋ^{35}	蚯蚓
ni	ni^{33}	泥土	ciouv	tsʰiəu^{53}	蚂蚁
jau	cau^{33}	路	damv	tam^{53}	虱子
jiouh	ciəu^{31}	桥	mbiax	bia^{35}	蚂蟥
zouv	tsəu^{53}	坟墓	dueiv	tuei^{53}	尾巴
huix	hui^{35}	石灰	ndiangc	diaŋ^{21}	树
jerm	cəm^{33}	金	hlauv	ɬau^{53}	竹子
nyuangh	ɲuaŋ^{31}	银	mbiaic	biai^{21}	竹笋
derngh	təŋ^{31}	铜	jou	cəu^{33}	菌
hliqv	ɬiʔ^{5}	铁	nying	ɲiŋ^{33}	种子
muaic	muai^{21}	煤	biangh	piaŋ^{31}	花

① 刘玉兰：《泰国勉语参考语法》，博士学位论文，中央民族大学，2012年。

（续表）

乳源勉语	国际音标	汉语	乳源勉语	国际音标	汉语
derng	təŋ^{33}	东	miv	mi^{53}	草
namh	nam^{31}	南	nqanx	gan^{35}	茅草
fai	fai^{33}	西	hmeiv	m̥ei^{53}	米
baeqv	pæʔ^{5}	北	saqv	saʔ^{5}	芝麻
hnyiangc	ɲ̥iaŋ^{21}	年	lai	lai^{33}	菜
hlac	ɬa^{21}	月	gua	kua^{33}	黄瓜
hnuai	n̥uai^{33}	天	jih	ci^{31}	茄子
mbiaux	biau^{35}	鱼	njuv	ɟu^{53}	糍粑
juei	cuei^{33}	螺	zah	tsa^{31}	茶
gueiv	kuei^{53}	蜗牛	youh	jəu^{31}	油
duc	tu^{21}	鳖	nzauv	dzau^{53}	盐
nang	naŋ^{33}	蛇	sorng	sɔŋ^{33}	姜
norqh	nɔʔ^{3}	鸟	hnangc	n̥aŋ^{21}	米饭
ngerngh	ŋəŋ^{31}	牛	zuqv	tsuʔ^{5}	粥
max	ma^{35}	马	zanv	tsan^{53}	杯
houc	həu^{21}	芋头	mbiaph	biap^{3}	扇子
orv	ɔ^{53}	肉	caeng	ts^{h}æŋ^{33}	锅
jauc	cau^{21}	蛋	nzaengh	dzæŋ^{31}	案板
derph	təp^{3}	豆子	terngv	t^{h}əŋ^{53}	桶
sin	sin^{33}	身体	yienv	jien^{53}	碗
hmien	m̥ien^{33}	脸	zerpc	tsəp^{2}	筷子
mbiorqh	biɔʔ^{3}	鼻涕	couc	ts^{h}əu^{21}	床
nzuih	dzui^{31}	嘴巴	zaqv	tsaʔ^{5}	梳子
sorng	sɔŋ^{33}	胡须	njiv	ɟi^{53}	剪子
nyiah	ɲia^{31}	牙齿	lui	lui^{33}	衣服
mbieth	biet^{3}	舌头	morqc	mɔʔ^{2}	帽子
jang	caŋ^{33}	脖子	heih	hei^{31}	鞋子
bux	pu^{35}	手	suqv	suʔ^{5}	凉鞋
jaiv	cai^{53}	腰	houc	həu^{21}	裤子
hlan	ɬan^{33}	肝	nzorngx	dzɔŋ^{35}	歌

（续表）

乳源勉语	国际音标	汉语	乳源勉语	国际音标	汉语
mbuqh	buʔ^{3}	胃	waqc	waʔ^{2}	话
jangh	caŋ^{31}	肠	qic	cʰiˑ^{21}	声音
piem	pʰiem^{33}	肺	mbuc	bu^{21}	名字
fin	fin^{33}	心脏	mbeic	beiˑ^{21}	梦
nderpv	dəp^{5}	皮肤	souc	səu^{21}	数目
mborngv	bɔŋ^{53}	骨头	ci	tsʰiˑ^{33}	车
haqc	haʔ^{2}	汗	cangv	tsʰaŋ^{53}	船
hax	ha^{35}	痰	lapc	lap^{2}	斗笠
ciamv	tsʰiam^{53}	血	siang	siaŋ^{33}	米筛
daic	tai^{21}	死	fanc	fan^{21}	伞
huqh	huʔ^{3}	伤	tic	tʰiˑ^{21}	跑
sietv	siet^{5}	痒	piqv	pʰiʔ^{5}	劈
morng	mɔŋ^{33}	痛	heic	hei^{21}	派
baengc	pæŋ^{21}	病	buih	pui^{31}	陪
amc	am^{21}	肿	maix	maiˑ^{35}	买
muonh	muɔn^{31}	头晕	maic	maiˑ^{21}	卖
luv	lu^{53}	呕吐	taic	tʰai^{21}	飞
hnerph	n̥əp^{3}	咳嗽	bav	pa^{53}	扶
ba	pa^{33}	伤疤	lorngh	lɔŋ^{31}	缝
zeic	tsei^{21}	痣	naic	nai^{21}	问
mienh	mien^{31}	瑶族	muaqc	muaʔ^{2}	望
jienc	cien^{21}	汉族	muqv	muʔ^{5}	挖
mueih	muei^{31}	你	hnermx	n̥əm^{35}	闻
nin	nin^{33}	他	ngamv	ŋam^{53}	蹲
bungh	puŋ^{31}	房间	zuqv	tsuʔ^{5}	等待
gaengh	kæŋ^{31}	门	kaqv	kʰaʔ^{5}	喊
forv	fɔ^{53}	锁	biauc	piau^{21}	逃跑
naqv	naʔ^{5}	吞	luanh	luan^{31}	凉快
jingv	ciŋ^{53}	挑选	junv	cun^{53}	冷

（续表）

乳源勉语	国际音标	汉语
muerngc	muəŋ^{21}	听
netc	net^{2}	偷
luv	lu^{53}	吐
zuix	tsui^{35}	坐
biauc	piau^{21}	走
mingh	miŋ^{31}	去
zouc	tsəu^{21}	做
bingc	piŋ^{21}	藏
caiv	ts^{h}ai^{53}	踩
maeqv	mæʔ^{5}	撕
fungc	fuŋ^{21}	算
forngc	fɔŋ^{21}	送
zorngv	tsɔŋ^{53}	准许
gav	ka^{53}	借
mbuc	bu^{21}	教
maih	mai^{31}	有
lertc	lət^{2}	用
zuih	tsui^{31}	跟
nyermv	ɲəm^{53}	哭
jieqv	cieʔ^{5}	笑
qietv	c^{h}iet^{5}	恨
gaic	kai^{21}	欺骗
baeqh	pæʔ^{3}	白
buonv	puɔn^{53}	满
beiv	pei^{53}	饱
nzueic	dzuei^{21}	漂亮
ndav	da^{53}	长
nanv	nan^{53}	短
hlu	ɬu^{33}	大
faic	fai^{21}	小
jorng	cɔŋ^{33}	热
mbiath	biat^{3}	辣
zaqh	tsaʔ^{3}	直
herngx	həŋ^{35}	轻
hniv	n̥i^{53}	重
jiangv	ciaŋ^{53}	宽
herqh	həʔ^{3}	窄
canh	ts^{h}an^{31}	丑
zuic	tsui^{21}	臭
zaih	tsai^{31}	迟
hnam	n̥am^{33}	潮湿
kaix	k^{h}ai^{35}	干燥
mau	mau^{33}	软
nyaeqc	ɲæʔ^{2}	硬
gu	ku^{33}	远
fav	fa^{53}	近
siang	siaŋ^{33}	新
lux	lu^{35}	旧
jienh	cien^{31}	勤劳的
lueic	luei^{21}	懒惰的
juaic	cuai^{21}	贵的
hlang	ɬaŋ^{33}	高
aiv	ai^{53}	矮
jaeqc	cæʔ^{2}	瘦
hux	hu^{35}	厚
biqh	piʔ^{3}	薄
yietv	jiet^{5}	一
i	i^{33}	二
bu	pu^{33}	三
biei	piei^{33}	四

（续表）

乳源勉语	国际音标	汉语		乳源勉语	国际音标	汉语
hlang	ɬaŋ^{33}	高		bia	pia^{33}	五
aiv	aiː^{53}	低		juqv	cuʔ^{5}	六
camv	ts^{h}am^{53}	多		siqc	siʔ^{2}	七
zuh	tsu^{31}	少		hieth	hiet^{3}	八
nziouv	dziəu^{53}	早		nduh	du^{31}	九
anc	an^{21}	晚		zieph	tsiep^{3}	十
sui	suiː^{33}	酸		baeqv	pæʔ^{5}	百
gam	kam^{33}	甜		cin	ts^{h}iːn^{33}	千
nzertc	dzət^{2}	干净		wanc	wan^{21}	万
satv	sat^{5}	吝啬		dauh	tau^{31}	个
guc	ku^{21}	老		juan	cuan^{33}	斤
lorngc	lɔŋ^{21}	嫩				

三、多音节单纯词

乳源勉语中的多音节单纯词数量很少，基本上都是名词。例如：

表2　多音节单纯词举例

乳源勉语	国际音标	汉语		乳源勉语	国际音标	汉语
hanh dangh	han^{31} taŋ^{31}	刚才		morng nyaeh	mɔŋ^{33} ɲæ^{31}	蚊子
njac fai	ɟa^{21} fai^{33}	什么		fan zai	fan^{33} tsaiː^{33}	玉米
lai baqh	laiː^{33} paʔ^{3}	萝卜		fa saengv .	fa^{33} sæŋ^{53}	花生
njing nquaix	ɟiŋ^{33} guai^{35}	螃蟹		la zi	la^{33} tsi^{33}	辣椒
bu biei	pu^{33} piei^{33}	头发		bor li	pɔ^{33} li^{33}	玻璃
njing nqorngv	ɟiŋ^{33} gɔŋ^{53}	蜻蜓		ma lamh	ma^{33} lam^{31}	猫
sa ban	sa^{33} pan^{33}	蝴蝶		fei ei	feiː^{33} ei^{33}	蓑衣

四、派生式合成词

派生词缀附着在词根上，帮助词根组成派生词。乳源勉语中的派生词缀包括复数代词后缀 -mbu，小称后缀 -duan，大称前缀 derm -，方位词后缀 -maengc 和 -horngc，序数词前缀 dei -，表示日期的前缀 saeng -，等等。现分别举例如下：

表3 派生词例词

派生词缀	勉语例词	国际音标	汉义
a. -mbu	I mbu	i^{33} bu^{33}	我们
	muei mbu	muei^{33} bu^{33}	你们
	nin mbu	nin^{33} bu^{33}	他们
b. -duan	suerng duan	suəŋ^{33} tuan^{33}	小溪
	ngerngh duan	ŋəŋ^{31} tuan^{33}	小牛
c. derm -	derm sienh	təm^{33} sien^{31}	老虎
	derm jiangv	təm^{33} ciaŋ^{53}	老鹰
d. -maengc	uv nder luaic maengc	u^{53} də^{33} luai^{21} mæŋ^{21}	上面
	uv ndiv maengc	u^{53} di^{53} mæŋ^{21}	下面
	uv nyux maengc	u^{53} ɲu^{35} mæŋ^{21}	里面
	uv nguaic maengc	u^{53} ɲuai^{21} mæŋ^{21}	外面
e. -horngc	zaic horngc	tsai^{21} hɔŋ^{21}	左边
	mbietc horngc	biet^{2} hɔŋ^{21}	右边
f. dei -	dei yietv	tei^{33} jiet^{5}	第一
	dei nyiqc	tei^{33} ɲiʔ^{2}	第二
	dei fam	tei^{33} fam^{33}	第三
	dei feic	tei^{33} fei^{21}	第四
	dei hmx	tei^{33} m̥^{35}	第五
	dei luqh	tei^{33} luʔ^{3}	第六
	dei cieqv	tei^{33} ts^{h}ieʔ^{5}	第七
	dei berqv	tei^{33} pəʔ^{5}	第八
	dei juv	tei^{33} cu^{53}	第九

（续表）

派生词缀	勉语例词	国际音标	汉义
	dei zieph	tei^{33} tsiep^{3}	第十
g. saeng –	saeng yietv	sæŋ^{33} jiet^{5}	初一
	saeng nyiqc	sæŋ^{33} ɲiʔ^{2}	初二
	saeng fam	sæŋ^{33} fam^{33}	初三
	saeng feic	sæŋ^{33} fei^{21}	初四
	saeng hmx	sæŋ^{33} m̥^{35}	初五
	saeng luqh	sæŋ^{33} luʔ^{3}	初六
	saeng cieqv	sæŋ^{33} ts^{h}ieʔ^{5}	初七
	saeng berqv	sæŋ^{33} pəʔ^{5}	初八
	saeng juqv	sæŋ^{33} cuʔ^{5}	初九
	saeng zieph	sæŋ^{33} tsiep^{3}	初十

五、联合式复合词

复合是把两个或两个以上的词根成分组合成词的构词方式。朱德熙在谈到汉语复合词的时候，认为汉语复合词的组成成分之间的结构关系基本上和句法结构关系一致。① 句法结构关系有主谓、述宾、述补、偏正、联合等，绝大部分复合词也是按照这几类结构关系组成的。乳源勉语复合词的情况和汉语一样，也是按照这几类结构关系组成。

联合式复合词由两个意义上相关或者相反的语素对举组合而构成。一般而言，主要包括三类：（a）名词性语素 + 名词性语素；（b）动词性语素 + 动词性语素；（c）形容词性语素 + 形容词性语素。例如：

① 朱德熙：《语法讲义》，商务印书馆 1982 年版。

表 4　联合式复合词例词

a. 名词	lai hnangc	lai^{33} n̥aŋ^{21}	粮食
b. 动词	bih cuotv	pi^{31} ts^{h}uɔt^{5}	进出
	fac njitc	fa^{21} ɟit^{2}	上下
c. 形容词	hlu faic	ɬu^{33} fai^{21}	大小
	hlang aiv	ɬaŋ^{33} ai^{53}	高矮
	guc lorngc	ku^{21} lɔŋ^{21}	老少

六、偏正式复合词

乳源勉语中的偏正式复合词包括两类：前偏后正式复合词和前正后偏式复合词，前一种情况是修饰成分在被修饰成分之前；后一种情况是修饰成分在被修饰成分之后。在下面的例子中，下面画线的语素是核心语素。为什么在乳源勉语中“黄豆”是前偏后正式复合词，而“绿豆”却是前正后偏式复合词？目前找不到任何规律。由于复合词的结构和句法结构是平行的，所以有时候不容易划清二者的界限。因此，有人根据前正后偏的构词形式是原始苗瑶语固有的修饰形式，将与之相反的前偏后正式复合词处理成名词性短语。不过，盘承乾、邓方贵指出，前偏后正式复合词虽然不是原始苗瑶语的构词形式，但是由于第一个语素也要发生变调，而这又符合苗瑶语的构词特点，因此在苗瑶语中也需要把它们处理成复合词。①

表 5　偏正式复合词例词

a. 前偏后正	yang derph	jaŋ^{33} təp^{3}	黄豆
	yang div	jaŋ^{33} ti^{53}	苦爽酒
	werm ling	wəm^{33} liŋ^{33}	水田
b. 前正后偏	der maeng	tə^{33} mæŋ^{33}	绿豆
	di gam	ti^{33} kam^{33}	甜酒
	ling hanx	liŋ^{33} han^{35}	旱田

① 盘承乾、邓方贵：《瑶语构词中的几个特点》，《广西民族大学学报》（哲学社会科学版）1985 年第 1 期，第 94—99 页。

（一）修饰成分在核心词根之前的情况

在这种情况下，修饰成分需要变调，不管充当修饰成分的语素原来的声调是什么，最后都要变成［33］调。例如“手”单独成词的时候念［pu^{35}］，但作为修饰语构成前偏后正式复合词的时候，需要变成［pu^{33}］。

表6　修饰成分在核心词根之前的复合词

修饰成分的性质	乳源勉语例词	国际音标	汉义
a. 形容词性语素	hi dungx	hi^{33} $tuŋ^{35}$	野猪
	hi lai	hi^{33} lai^{33}	野菜
	yang ngerngh	$jaŋ^{33}$ $ŋəŋ^{31}$	黄牛
b. 名词性语素	werm bunh	$wəm^{33}$ pun^{31}	水盆
	si ngerngh	si^{33} $ŋəŋ^{31}$	水牛
	bu sei	pu^{33} sei^{33}	手臂
	bu jang	pu^{33} $caŋ^{33}$	手腕
	bu sei quotv	pu^{33} sei^{33} $c^{h}uɔt^{5}$	手背
	bu juenh	pu^{33} $cuen^{31}$	拳头
	ngerng jorng	$ŋəŋ^{33}$ $cɔŋ^{33}$	牛角
	ma deih	ma^{33} tei^{31}	马蹄
c. 述宾结构	nzac hmien pac	dza^{21} $m̥ien^{33}$ $p^{h}a^{21}$	洗脸帕
	nzac hmien bunh	dza^{21} $m̥ien^{33}$ pun^{31}	洗脸盆
	gatv lai nzuqh	kat^{5} lai^{33} $dzuʔ^{3}$	切菜刀

（二）修饰成分在核心词根之后的情况

在这种情况下，核心词根需要变调，不管核心词根原来的声调是什么，最后都要变成［33］调。例如“牛”单独成词的时候念［$ŋəŋ^{31}$］，但作为核心词根构成前正后偏式复合词的时候，需要变成［$ŋəŋ^{33}$］。

表7　修饰成分在核心词根之后的复合词

修饰成分的性质	乳源勉语例词	国际音标	汉义
a. 形容词性语素	nang maeng	naŋ^{33} mæŋ^{33}	青蛇
	or joqc	ɔ^{33} cɔʔ^{2}	肥肉
	or jaeqc	ɔ^{33} cæʔ^{2}	瘦肉
	or laph	ɔ^{33} lap^{3}	腊肉
	lai maeng	lai^{33} mæŋ^{33}	青菜
	lai sui	lai^{33} sui^{33}	酸菜
	mbiai sui	biai^{33} sui^{33}	酸笋
b. 区别词语素	ngerng gouv	ŋəŋ^{33} kəu^{53}	公牛
	ngerng nyieix	ŋəŋ^{33} ɲiei^{35}	母牛
	ju gouv	cu^{33} kəu^{53}	公狗
	ju nyieix	cu^{33} ɲiei^{35}	母狗
c. 名词性语素	nang werm	naŋ^{33} wəm^{33}	水蛇
	werm nzuih	wəm^{33} dzui^{31}	口水

（三）核心名词在修饰成分之前和之后的情况

有些名词性语素作核心词根的时候，既可以在修饰成分之前，也可以在修饰成分之后。例如在下面的例词中，“牛”、“猪”、“菜”、“豆”、“酒”、“田”、“竹”作为复合词的核心词根，有时候在修饰成分之前，有时候在修饰成分之后。

表8　核心词根在修饰成分之前和之后

a. 核心词根在修饰成分之前	ngerng gouv	ŋəŋ^{33} kəu^{53}	公牛
	ngerng nyieix	ŋəŋ^{33} ɲiei^{35}	母牛
	dung nyieix	tuŋ^{33} ɲiei^{35}	母猪
	dung gern	tuŋ^{33} kən^{33}	公猪
	lai sui	lai^{33} sui^{33}	酸菜
	lai maeng	lai^{33} mæŋ^{33}	青菜
	der maeng	tə^{33} mæŋ^{33}	绿豆
	di gam	ti^{33} kam^{33}	甜酒
	ling hanx	liŋ^{33} han^{35}	旱田
	ling tei	liŋ^{33} tʰei^{33}	梯田
	hlau in	ɬau^{33} in^{33}	苦竹
	hlau duqh	ɬau^{33} tuʔ^{3}	金竹

（续表）

b. 核心词根在修饰成分之后	yang ngerngh	jaŋ^{33} ŋəŋ^{31}	黄牛
	hi dungx	hi^{33} tuŋ^{35}	野猪
	hi lai	hi^{33} lai^{33}	野菜
	yang derph	jaŋ^{33} təp^{3}	黄豆
	yang div	jaŋ^{33} ti^{53}	苦爽酒
	werm ling	wəm^{33} liŋ^{33}	水田
	ngerng jorng hlauv	ŋəŋ^{33} cɔŋ^{33} ɬaŋ^{53}	牛角竹

七、主谓式复合词

乳源勉语中的主谓式复合词数量很少，基本上不太采用这样的构词方式。主谓式复合词按照谓词语素的及物性分为两类，分别举例如下：

表9 主谓式复合词例词

a. 主谓式	mba hnuai cuotv	ba^{33} n̥uai^{33} tsʰuɒ^{5}	日出
	mba hnuai njiqc gernh	ba^{33} n̥uai^{33} ɟiʔ^{2} kən^{31}	日落
b. 主谓宾式	norqh nzorqh ndiangc	nɔʔ^{3} dzɔʔ^{3} diaŋ^{21}	啄木鸟（鸟啄木）
	muei ndam dorngh	muei^{33} dam^{33} tɔŋ^{33}	蜜蜂（蜂采蜜）

复合词中的名词性语素没有指涉性，属于典型的无指涉性成分（non－referential）。例如，"啄木鸟"由三个语素构成"鸟"＋"啄"＋"木"，之所以不会被理解为一个完整的句子，是因为其中的"鸟"和"木"都不具有指涉性，不能充当动词的论元。从语义上看，"鸟"＋"啄"＋"木"作为一个整体，具有体词性。对于"啄木鸟"和"蜜蜂"此类的复合词，能否将其处理成前正后偏式的偏正式的复合词呢？也就是说，能否将"啄木"看成是"鸟"的修饰语？这样的分析不能解释为什么"鸟"的声调没有发生，即"鸟"的读音没有从［nɔʔ^{31}］变成［nɔ^{33}］，因此，这样的分析并不能成立。

八、述宾式复合词

述宾式复合词也叫支配式复合词，由动词性语素加上名词性语素构成。乳源勉语中述宾式复合词基本上都是动词，可分为两类：一类是表示天气的动词，另一类是日常生活中的常用动词。例如：

表 10 述宾式复合词例词

a. 表示天气的动词	borngx mbux	pɔŋ^{33} bu^{35}	打雷
	jitv mbuonc	cit^{5} buɔn^{21}	结冰
	njic mbuonc	ɟi^{21} buɔn^{21}	下雪
c. 日常生活中的常用动词	herpv yien	həp^{5} jien^{33}	抽烟
	nzac sin	dza^{21} sin^{33}	冲凉
	bac nzongx	pa^{21} dzɔŋ^{35}	唱歌
	tic wuqc	t^{h}i^{21} wuʔ^{2}	跳舞
	cerngc biangh	ts^{h}əŋ^{21} piaŋ^{31}	绣花

九、述补式复合词

述补式复合词也叫补充式复合词。乳源勉语中述补式复合词基本上都是动词，最常用的述补式复合词可分为三类：一类是表示结果的述补式复合词；一类是表示可能的述补式复合词；一类是表示不可能的述补式复合词。表示结果的述补式复合词由一个动词性语素和一个形容词性语素复合而成；表示可能的述补式复合词由动词性语素“tuʔ^{5}”和另外一个动词性语素复合而成；表示不可能的述补式复合词由动词性语素“tuʔ^{5}”的否定形式加另外一个动词性语素复合而成。

表 11 述补式复合词例词

a. 表示结果	nzac nzerqc	dza^{21} dzəʔ^{2}	洗干净
	av nauv	a^{53} nau^{53}	折断
	nyietc beiv	ɲiet^{2} pei^{53}	吃饱

（续表）

b. 表示可能	nzah duqv	$dza^{31}tuʔ^{5}$	洗得
	muqv duqv	$muʔ^{5}$ $tuʔ^{5}$	挖得
	puei duqv	$p^{h}uei^{33}$ $tuʔ^{5}$	晒得
c. 表示不可能	nzah mv duqv	dza^{31} m^{53} $tuʔ^{5}$	洗不得
	muqv mv duqv	$muʔ^{5}$ m^{53} $tuʔ^{5}$	挖不得
	puei mv duqv	$p^{h}uei^{33}$ m^{53} $tuʔ^{5}$	晒不得

十、劳动生产词语

编号	勉文	国际音标	汉语
A001	laih	lai^{31}	犁
A002	bah	pa^{31}	耙
A003	ngerng nyaeqv	$ŋəŋ^{33}$ $ɲæʔ^{5}$	牛轭
A004	ngerng hlang	$ŋəŋ^{33}$ $ɬaŋ^{33}$	牛绳
A005	bouv	$pəu^{53}$	斧头
A006	zuqh	$tsuʔ^{3}$	凿
A007	nzuqh	$dzuʔ^{3}$	刀
A008	njouc	$ɟəu^{21}$	锯子
A009	fuqv	$fuʔ^{5}$	刨子
A010	linh	lin^{31}	镰刀
A011	porng	$p^{h}ɔŋ^{33}$	锄头
A012	hli zueih	$ɬi^{33}$ $tsuei^{31}$	铁锤
A013	cerngc	$ts^{h}əŋ^{21}$	枪
A014	laih	lai^{31}	箩筐
A015	ndiang muerngx	$diaŋ^{33}$ $muəŋ^{35}$	扁担
A016	zerng hlang	$tsəŋ^{33}$ $ɬaŋ^{33}$	棕绳
A017	mbiau dic	$biau^{33}$ ti^{21}	渔钩
A018	mbiau ndingx	$biau^{33}$ $diŋ^{35}$	渔篓
A019	morngx	$mɔŋ^{35}$	渔网

（续表）

编号	勉文	国际音标	汉语
A020	luic lingh	lui^{21} liŋ^{31}	耕田
A021	baeng yuang	pæŋ^{33} juaŋ^{33}	拔秧
A022	luic hlongv	lui^{21} ɬɔŋ^{53}	耕山
A023	zuerngc fan zai	tsuəŋ^{21} fan^{33} tsai^{33}	种玉米
A024	zuerngc ndiangc	tsuəŋ^{21} diaŋ^{21}	种树
A025	zuerngc hlauv	tsuəŋ^{21} ɬau^{53}	种竹
A026	maeqv fan zai	mæʔ^{5} fan^{33} tsai^{33}	掰玉米
A027	guaic ndiangc	kuai^{21} diaŋ^{21}	砍树
A028	njouc ndiangc	ɟəu^{21} diaŋ^{21}	锯木头
A029	zuerngc lai	tsuəŋ^{21} lai^{33}	种菜
A030	yungx dungx	juŋ^{35} tuŋ^{35}	养猪
A031	jaeqv dung miv	cæʔ^{5} tuŋ^{33} mi^{53}	摘猪草
A032	yungx ngerngh	juŋ^{35} ŋəŋ^{31}	养牛
A033	yungx jai	juŋ^{35} cai^{33}	养鸡
A034	yungx apv	juŋ^{35} ap^{5}	养鸭
A035	yungx juv	juŋ^{35} cu^{53}	养狗
A036	mbath mbiaux	bat^{3} biau^{35}	钓鱼

十一、生活常用词语

编号	勉文	国际音标	汉语
B001	biauv	piau^{53}	房屋
B002	lih	li^{31}	寮
B003	bungh	puŋ^{31}	房间
B004	zouv nyieqc bungh	tsəu^{53} ɲieʔ^{2} puŋ^{31}	厨房
B005	nqai fuh	gai^{33} fu^{31}	厕所
B006	gaengh	kæŋ^{31}	门
B007	gaeng cerng	kæŋ^{33} ts^{h}əŋ^{33}	窗

（续表）

编号	勉文	国际音标	汉语
B008	forv	$fɔ^{53}$	锁
B009	for zeih	$fɔ^{33}$ $tsei^{31}$	钥匙
B010	dangc	$taŋ^{21}$	凳子
B011	za fuh	tsa^{33} fu^{31}	茶壶
B012	zanv	$tsan^{53}$	杯
B013	mbiaph	$biap^{3}$	扇子
B014	caeng	$ts^{h}æŋ^{33}$	锅
B015	gatv lai nzuqh	kat^{5} lai^{33} $dzuʔ^{3}$	菜刀
B016	nzaengh	$dzæŋ^{31}$	案板
B017	terngv	$t^{h}əŋ^{53}$	桶
B018	yienv	$jien^{53}$	碗
B019	zerpc	$tsəp^{2}$	筷子
B020	couc	$ts^{h}əu^{21}$	床
B021	lui gueic	lui^{33} $kuei^{21}$	衣柜
B022	zaqv	$tsaʔ^{5}$	梳子
B023	njiv	$ɟi^{53}$	剪子
B024	nzac hmien pac	dza^{21} $m̥ien^{33}$ $p^{h}a^{21}$	毛巾
B025	nzac hmien bunh	dza^{21} $m̥ien^{33}$ pun^{31}	洗脸盆
B026	nya ji	$ɲa^{33}$ ci^{33}	牙膏
B027	nya catv	$ɲa^{33}$ $ts^{h}at^{5}$	牙刷
B028	werm bunh	$wəm^{33}$ pun^{31}	水盆
B029	lui	lui^{33}	衣服
B030	muqc	$muʔ^{2}$	帽子
B031	mui nqorng pac	mui^{33} $gɔŋ^{33}$ $p^{h}a^{21}$	头帕
B032	lorng baeng	$lɔŋ^{33}$ $pæŋ^{33}$	绑腿
B033	nyi zueic	$ɲi^{33}$ $tsuei^{21}$	耳环
B034	jiemh	$ciem^{31}$	手镯
B035	heih	hei^{31}	鞋子
B036	suqv	$suʔ^{5}$	凉鞋

（续表）

编号	勉文	国际音标	汉语
B037	su hlatv	su^{33} ɬat^{5}	拖鞋
B038	houc	həu^{21}	裤子
B039	hou hlang	həu^{33} ɬaŋ^{33}	裤带
B040	ci	tsʰi^{33}	车
B041	dan ci	tan^{33} tsʰi^{33}	自行车
B042	cangv	tsʰaŋ^{53}	船
B043	tienh derng	tʰien^{31} təŋ^{33}	电灯
B044	fei ei	fei^{33} ei^{33}	蓑衣
B045	lapc	lap^{2}	斗笠
B046	siang	siaŋ^{33}	米筛
B047	fanc	fan^{21}	伞
B048	zouv hnangc	tsəu^{53} n̥aŋ^{21}	煮饭
B049	zouv zuqv	tsəu^{53} tsuʔ^{5}	煲粥
B050	cav lai	tsʰa^{53} lai^{33}	炒菜
B051	natc div	nat^{2} ti^{53}	酿酒
B052	morqc der bouc	mɔʔ^{2} tə^{33} pəu^{21}	磨豆腐
B033	zouc njuv	tsəu^{21} ɟu^{53}	做糍粑
B054	bei nju juei	pei^{33} ɟu^{33} cuei^{33}	包粽子
B055	daic dungx	tai^{21} tuŋ^{35}	杀猪
B056	daic jai	tai^{21} cai^{33}	杀鸡
B057	zouv werm mbueic	tsəu^{53} wəm^{33} buei^{21}	烧开水
B058	peic zah	pʰei^{21} tsa^{31}	泡茶
B059	nyietc hnangc	ɲiet^{2} n̥aŋ^{21}	吃饭
B060	lung ndormx	luŋ^{33} dɔm^{35}	早餐
B061	lung anc	luŋ^{33} an^{21}	中餐
B062	lung muerngx	luŋ^{33} muəŋ^{35}	晚餐
B063	nyietc lai	ɲiet^{2} lai^{33}	吃菜
B064	nyietc orv	ɲiet^{2} ɔ^{53}	吃肉
B065	herpv torng	həp^{5} tʰɔŋ^{33}	喝汤

（续表）

编号	勉文	国际音标	汉语
B066	herpv div	həp^{5} ti^{53}	喝酒
B067	herpv zah	həp^{5} tsa^{31}	喝茶
B068	herpv yien	həp^{5} jien^{33}	抽烟
B069	nzac sin	dza^{21} sin^{33}	冲凉
B070	nzac hmien	dza^{21} m̥ien^{33}	洗脸
B071	bueic mueic njormh	puei^{21} muei^{21} ɟɔm^{31}	睡觉
B072	ji sin	ci^{33} sin^{33}	起床
B073	catv nyorh	ts^{h}at^{5} ɲɔ^{31}	刷牙
B074	zuqv lui houc	tsuʔ^{5} lui^{33} həu^{21}	穿衣服
B075	nzac suerngc	dza^{21} suəŋ^{21}	洗被子
B076	pui lui houc	p^{h}ui^{33} lui^{33} həu^{21}	晒衣服
B077	nzac yienv	dza^{21} jien^{53}	洗碗
B078	puertv ndaux	p^{h}uət^{5} dau^{35}	扫地
B079	sutv dih	sut^{5} ti^{31}	抹桌子
B080	ndamx werm	dam^{35} wəm^{33}	挑水
B081	njamh fuh jueiv	ɟam^{31} fu^{31} cuei^{53}	背小孩
B082	kuai gaengh	k^{h}uai^{33} kæŋ^{31}	开门
B083	guern gaengh	kuən^{33} kæŋ^{31}	关门
B084	sun gaengh	sun^{33} kæŋ^{31}	闩门
B085	forv gaengh	fɔ^{53} kæŋ^{31}	锁门
B086	duqc sou	tuʔ^{2} səu^{33}	读书
B087	fiv nzatc	fi^{53} dzat^{2}	写字
B088	muangc bor zeiv	muaŋ^{21} pɔ^{33} tsei^{53}	看报纸
B089	bac nzorngx	pa^{21} dzɔŋ^{35}	唱歌
B090	tic wuqc	t^{h}iː^{21} wuʔ^{2}	跳舞
B091	mborqv nzux	bɔʔ^{5} dzu^{35}	打鼓
B092	borng zei baih	pɔŋ^{33} tsei^{33} pai^{31}	打纸牌
B093	zorqv jieih	tsɔʔ^{5} ciei^{31}	下棋
B094	caengc ndonc	tshæŋ^{21} dɔn^{21}	顶杠

（续表）

编号	勉文	国际音标	汉语
B095	biemv fan diqh	piem^{53} fan^{33} tiʔ^{3}	吹唢呐
B096	ziouh werm	tsiəu^{31} wəm^{33}	游水
B097	hnangc	n̥aŋ^{21}	米饭
B098	zuqv	tsuʔ^{5}	粥
B099	fan nduaih	fan^{33} duai^{31}	番薯
B100	herpc	həp^{2}	芋头
B101	fan zai	fan^{33} tsai^{33}	玉米
B102	orv	ɔ^{53}	肉
B103	jauc	cau^{21}	蛋
B104	mbiaux	biau^{35}	鱼
B105	lai maeng	lai^{33} mæŋ^{33}	青菜
B106	lai sui	lai^{33} sui^{33}	酸菜
B107	mbiai sui	biai^{33} sui^{33}	酸笋
B108	derpc	təp^{2}	豆
B109	gua	kua^{33}	黄瓜
B110	hi lai	hi^{33} lai^{33}	野菜
B111	youc	jəu^{21}	油
B112	nzauv	dzau^{53}	盐
B113	la zi	la^{33} tsi^{33}	辣椒
B114	sorng	sɔŋ^{33}	姜
B115	div	ti^{53}	酒
B116	di gam	ti^{33} kam^{33}	甜酒
B117	yang div	jaŋ^{33} ti^{53}	苦爽酒
B118	zah	tsa^{31}	茶
B119	werm mbueic	wəm^{33} buei^{21}	开水

十二、称呼称谓词语

编号	勉文	国际音标	汉语
C001	i	i^{33}	我
C002	i mbu	i^{33} bu^{33}	我们
C003	mbu	bu^{33}	咱们
C004	dau dauh	tau^{33} tau^{31}	大家
C005	mueih	$muei^{31}$	你
C006	nin	nin^{33}	他
C007	herng	$hə\eta^{33}$	爷爷
C008	ma guc	ma^{33} ku^{21}	奶奶
C009	da da	ta^{33} ta^{33}	外公
C010	da guc	ta^{33} ku^{21}	外婆
C011	youx	$jəu^{35}$	父亲
C012	nzix	dzi^{35}	母亲
C013	bae baeqv	$pæ^{33}$ $pæʔ^{5}$	伯伯
C014	jiu jiuh	ciu^{33} ciu^{31}	伯母
C015	you youx	$jəu^{33}$ $jəu^{35}$	叔叔
C016	nzi nzix	dzi^{33} dzi^{35}	婶婶
C017	gorc	$kɔ^{21}$	哥哥
C018	nyam	$ɲam^{33}$	嫂子
C019	you faic	$jəu^{33}$ fai^{21}	弟弟
C020	dei nzix	tei^{33} dzi^{35}	弟媳
C021	dorqc	$tɔʔ^{2}$	姐姐
C022	weiv	wei^{53}	姐夫
C023	muqc	$muʔ^{2}$	妹妹
C024	dei njix	tei^{33} $ɟi^{35}$	妹夫
C025	duan	$tuan^{33}$	儿子
C026	siqv	$siʔ^{5}$	女儿
C027	fun	fun^{33}	孙子
C028	fun	fun^{33}	侄子
C029	siqv fun	$siʔ^{5}$ fun^{33}	孙女
C030	siqv fun	$siʔ^{5}$ fun^{33}	侄女

十三、自然现象词语

编号	勉文	国际音标	汉语
D001	lorngh	lɔŋ^{31}	天
D002	ndaux	dau^{35}	地
D003	doux	təu^{35}	火
D004	mba hnuai	ba^{33} n̥uai^{33}	太阳
D005	hlac	ɬa^{21}	月亮
D006	hleic	ɬei^{21}	星星
D007	lorng jorng	lɔŋ^{33} cɔŋ^{33}	彩虹
D008	mba hnuai cuotv	ba^{33} n̥uai^{33} ts^{h}uɔt^{5}	日出
D009	mba hnuai njiqc gernh	ba^{33}n̥uai^{33} ɟiʔ^{2} kən^{31}	日落
D010	ni	ni^{33}	泥土
D011	yang naih	jaŋ^{33} nai^{31}	黄土
D012	ji dauh	ci^{33} tau^{31}	山头
D013	ji dauh ningv	ci^{33} tau^{31} niŋ^{53}	山顶
D014	ji dauh hnic	ci^{33} tau^{31} n̥i^{21}	山坳
D015	ndiang gernh	diaŋ^{33} kən^{31}	森林
D016	lau bieiv	lau^{33} piei^{53}	石头
D017	fai	fai^{33}	沙
D018	suerng	suəŋ^{33}	溪
D019	ndaih	dai^{31}	海
D020	mouc	məu^{21}	云
D021	mbiorng suiv	biɔŋ^{33} sui^{53}	露水
D022	jitv mbuonc	cit^{5} buɔn^{21}	结冰
D023	njic mbuonc	ɟi^{21} buɔn^{21}	下雪
D024	borngx mbux	pɔŋ^{35} bu^{35}	打雷
D025	mbu letc	bu^{33} let^{2}	闪电
D026	huotv nziac	huɔt^{5} dzia^{21}	刮风
D027	duih mbiuqc	tui^{31} biuʔ^{2}	下雨

十四、动植物名称词

编号	勉文	国际音标	汉语
E001	fan zai	fan^{33} tsai^{33}	玉米
E002	fan nduaih	fan^{33} duai^{31}	番薯
E003	ma ling nduaih	ma^{33} liŋ^{33} duai^{31}	马铃薯
E004	ndiang nduaih	diaŋ^{33} duai^{31}	木薯
E005	gua	kua^{33}	黄瓜
E006	jiorng gua	ciɔŋ^{33} kua^{33}	南瓜
E007	derng gua	təŋ^{33} kua^{33}	冬瓜
E008	jih	ci^{31}	茄子
E009	feic gueic derpc	fei^{21} kuei^{21} təp^{2}	四季豆
E010	yang derpc	jaŋ^{33} təp^{2}	黄豆
E011	lai ceic	lai^{33} ts^{h}ei^{21}	水瓜
E012	lai cei lorngh	lai^{33} ts^{h}ei^{33} lɔŋ^{31}	丝瓜
E013	lai baeqh	lai^{33} pæʔ^{3}	白菜
E014	lai baqh	lai^{33} paʔ^{3}	萝卜
E015	lai nyormh	lai^{33} ɲɔm^{31}	韭菜
E016	lai maeng njingv	lai^{33} mæŋ^{33} ɟiŋ^{53}	芥菜
E017	lai youh	lai^{33} jəu^{31}	油菜
E018	you zah	jəu^{33} tsa^{31}	油茶
E019	mba hnuai yangc	ba^{33} n̥uai^{33} jaŋ^{21}	向日葵
E020	tou muqh ndiangc	t^{h}əu^{33} muʔ^{3} diaŋ^{21}	红豆杉
E021	bu muqh ndiangc	pu^{33} muʔ^{3} diaŋ^{21}	枫树
E022	derm hlauv	təm^{33} ɬau^{53}	毛竹
E023	hlau in	ɬau^{33} in^{33}	苦竹
E024	hlau duqc	ɬau^{33} tuʔ^{2}	金竹
E025	ngerng jorng hlauv	ŋəŋ^{33} cɔŋ^{33} ɬau^{53}	牛角竹
E026	biou zuei	piəu^{33} tsuei^{33}	板栗

（续表）

编号	勉文	国际音标	汉语
E027	biou nax	piəu^{33} na^{35}	酸枣
E028	biou nzinh	piəu^{33} dzin^{31}	山楂
E029	jai	cai^{33}	鸡
E030	jai gorngc	cai^{33} kɔŋ^{21}	公鸡
E031	jai nyieix	cai^{33} ɲiei^{35}	母鸡
E032	jai duan	cai^{33} tuan^{33}	小鸡
E033	apv	ap^{5}	鸭
E034	werm apv	wəm^{33} ap^{5}	水鸭
E035	nyih	ɲi^{31}	鹅
E036	baeqc gerpv	pæʔ^{2} kəp^{5}	鸽子
E037	ngerngh	ŋəŋ^{31}	牛
E038	dungx	tuŋ^{35}	猪
E039	dung nyieix	tuŋ^{33} ɲiei^{35}	母猪
E040	dung gern	tuŋ^{33} kən^{33}	公猪
E041	juv	cu^{53}	狗
E042	yorngh	jɔŋ^{31}	羊
E043	touc	t^{h}əu^{21}	兔
E044	mbu hinc	bu^{33} hin^{21}	燕子
E045	mba mbuix	ba^{33} bui^{35}	蝙蝠
E046	mbingx	biŋ^{35}	猴子
E047	derm sienh	təm^{33} sien^{31}	老虎
E048	hi dungx	hi^{33} tuŋ^{35}	野猪
E049	ndi mauh	di^{33} mau^{31}	狐狸
E050	laic	lai^{21}	穿山甲
E051	nax	na^{35}	老鼠
E052	nang	naŋ^{33}	蛇
E053	nang maeng	naŋ^{33} mæŋ^{33}	青蛇
E054	nang werm	naŋ^{33} wəm^{33}	水蛇
E055	duc	tu^{21}	鳖

（续表）

编号	勉文	国际音标	汉语
E056	ling jai	liŋ^{33} cai^{33}	田鸡
E057	muei ndam dorngh	muei^{33} dam^{33} tɔŋ^{31}	蜜蜂
E058	njing nqorngv	ɟiŋ^{33} gɔŋ^{53}	蜻蜓
E059	sa ban	sa^{33} pan^{33}	蝴蝶
E060	ciouv	ts^{h}iəu^{53}	蚂蚁
E061	morng nyaeh	mɔŋ^{33} ɲæ^{31}	蚊子
E062	mu	mu^{33}	跳蚤
E063	gueiv	kuei^{53}	蜗牛
E064	nzorngx	dzɔŋ^{35}	蚯蚓
E065	qia gorqc	c^{h}ia^{33} kɔʔ^{2}	虾
E066	njing nquaix	ɟiŋ^{33} guai^{35}	螃蟹
E067	mbiau njaix	biau^{33} ɟai^{35}	石斑鱼
E068	ban yieth	pan^{33} jiet^{3}	飞蛾
E069	juei	cuei^{33}	螺
E070	norqh nzorqh ndiangc	nɔʔ^{3} dzɔʔ^{3} diaŋ^{21}	啄木鸟

十五、身体部位词语

编号	勉文	国际音标	汉语
F001	sin	sin^{33}	身体
F002	muei nqorngv	muei^{33} gɔŋ^{53}	头
F003	bu biei	pu^{33} piei^{33}	头发
F004	hmien	m̥ien^{33}	脸
F005	mien beih	m̥ien^{33} pei^{31}	脸皮
F006	muei norngh	muei^{33} nɔŋ^{31}	耳朵
F007	mbiutc zorng	biut^{2} tsɔŋ^{33}	鼻梁
F008	muei zing	muei^{33} tsiŋ^{33}	眼睛
F009	muei biei	muei^{33} piei^{33}	眉毛

（续表）

编号	勉文	国际音标	汉语
F010	nzuih	$dzui^{31}$	嘴巴
F011	nzui meic	$dzui^{33}$ mei^{21}	嘴唇
F012	nyiah	$ɲia^{31}$	牙齿
F013	mbieth	$biet^{3}$	舌头
F014	jang	$caŋ^{33}$	脖子
F015	jang huh	$caŋ^{33}$ hu^{31}	喉咙
F016	mba dauh	ba^{33} tau^{31}	肩膀
F017	bux	pu^{35}	手
F018	bu sei	pu^{33} sei^{33}	手臂
F019	bu sei quotv	pu^{33} sei^{33} $c^{h}uɔt^{5}$	手肘
F020	bu jang	pu^{33} $caŋ^{33}$	手腕
F021	bu zuangv	pu^{33} $tsuaŋ^{53}$	手掌
F022	bu nduqv	pu^{33} $duʔ^{5}$	手指
F023	bu ndu nyeix	pu^{33} du^{33} $ɲei^{35}$	大拇指
F024	bu ndu duan	pu^{33} du^{33} $tuan^{33}$	小指
F025	jaiv	cai^{53}	腰
F026	nqai kuertv	gai^{33} $k^{h}uət^{5}$	屁股
F027	nqai kuer muernh	gai^{33} $k^{h}uə^{33}$ $muən^{31}$	肛门
F028	zau zuih	$tsau^{33}$ $tsui^{31}$	大腿
F029	zau nyaeng mborqc	$tsau^{33}$ $ɲæŋ^{33}$ $bɔʔ^{2}$	膝盖
F030	zau nyaengc	$tsau^{33}$ $ɲæŋ^{21}$	小腿
F031	zau bernv	$tsau^{33}$ $pən^{53}$	脚板
F032	zau nduqv	$tsau^{33}$ $duʔ^{5}$	脚趾
F033	hlan	$ɬan^{33}$	肝
F034	mbuqh	$buʔ^{3}$	胃
F035	jangh	$caŋ^{31}$	肠
F036	piem	$p^{h}iem^{33}$	肺

十六、数量序号词语

编号	勉文	国际音标	汉语
G001	yieth	jiet^{3}	一
G002	i	i^{33}	二
G003	bu	pu^{33}	三
G004	biei	piei^{33}	四
G005	bia	pia^{33}	五
G006	juqv	cuʔ^{5}	六
G007	siqc	siʔ^{2}	七
G008	hietc	hiet^{2}	八
G009	nduc	du^{2}	九
G010	ziepc	tsiep^{2}	十
G011	ziepc yietv	tsiep^{2} jiet^{5}	十一
G012	nyiqc ziepc nyiqc	ɲiʔ^{2} tsiep^{2} ɲiʔ^{2}	二十二
G013	fa ziepc fam	fa^{33} tsiep^{2} fam^{33}	三十三
G014	feic ziepc feic	fei^{21} tsiep^{2} fei^{21}	四十四
G015	hmx ziepc hmx	m̥^{35} tsiep^{2} m̥^{35}	五十五
G016	luqh ziepc luqh	luʔ^{3} tsiep^{2} luʔ^{3}	六十六
G017	cieqv ziepc cieqv	ts^{h}ieʔ^{5} tsiep^{2} ts^{h}ieʔ^{5}	七十七
G018	berqv ziepc berqv	pəʔ^{5} tsiep^{2} pəʔ^{5}	八十八
G019	juv ziepc juv	cu^{53} tsiep^{2} cu^{53}	九十九
G020	baeqv	pæʔ^{5}	百
G021	cin	ts^{h}in^{33}	千
G022	wanc	wan^{21}	万
G023	dei yietv	tei^{33} jiet^{5}	第一
G024	dei nyiqc	tei^{33} ɲiʔ^{2}	第二
G025	dei fam	tei^{33} fam^{33}	第三
G026	dei feic	tei^{33} fei^{21}	第四
G027	dei hmx	tei^{33} m̥^{35}	第五

（续表）

编号	勉文	国际音标	汉语
G028	dei luqh	tei³³ luʔ³	第六
G029	dei ceiqv	tei³³ tsʰieʔ⁵	第七
G030	dei berqv	tei³³ pəʔ⁵	第八
G031	dei juv	tei³³ cu⁵³	第九
G032	dei ziepc	tei³³ tsiep²	第十
G033	juan	cuan³³	斤
G034	lorngx	lɔŋ³⁵	两
G035	moux	məu³⁵	亩
G036	dauh	tau³¹	个

十七、性质属性词语

编号	勉文	国际音标	汉语
H001	hnam	n̥am³³	潮湿
H002	kaix	kʰai³⁵	干燥
H003	hlu	ɬu³³	大
H004	lux	lu³⁵	旧
H005	ndux	du³⁵	深
H006	hux	hu³⁵	厚
H007	kuv	kʰu⁵³	好
H008	gu	ku³³	远
H009	beiv	pei⁵³	饱
H010	gam	kam³³	甜
H011	cou	tsʰəu³³	粗
H012	mau	mau³³	软
H013	nyermx	ɲəm³⁵	生的
H014	jorm	cɔm³³	热
H015	nauc	nau²¹	多

（续表）

编号	勉文	国际音标	汉语
H016	in	in^{33}	苦
H017	baeqc	$pæʔ^{2}$	白
H018	jiqv	$ciʔ^{5}$	黑
H019	sui	sui^{33}	酸
H020	nzaih	$dzai^{31}$	咸
H021	nzaih ni niqv	$dzai^{31}$ ni^{33} $niʔ^{5}$	咸乎乎
H022	maeng nziou nziouh	$mæŋ^{33}$ $dziəu^{33}$ $dziəu^{31}$	绿油油
H023	in ndi ndih	in^{33} di^{33} di^{31}	苦嗖嗖
H024	juerng nziou nziouh	$cuəŋ^{33}$ $dziəu^{33}$ $dziəu^{31}$	冷飕飕
H025	yang nzing nzingx	$jaŋ^{33}$ $dziŋ^{33}$ $dziŋ^{35}$	黄灿灿
H026	baeqh zai zaix	$pæʔ^{3}$ $tsai^{33}$ $tsai^{35}$	白皑皑
H027	yang nzing nzingx	$jaŋ^{33}$ $dziŋ^{33}$ $dziŋ^{35}$	黄灿灿
H028	jorm huon huonx	$cɔm^{33}$ $huɔn^{33}$ $huɔn^{35}$	热烘烘
H029	mbiath la lax	$biat^{3}$ la^{33} la^{35}	辣乎乎
H030	si nzan nzanc	si^{33} $dzan^{33}$ $dzan^{21}$	红艳艳
H031	siqc nzan nzanc	$siʔ^{2}$ $dzan^{33}$ $dzan^{21}$	红艳艳
H032	lai nziem nziemv	lai^{33} $dziem^{33}$ $dziem^{33}$	锋利利
H033	njiang dorng dorng	$ɟiaŋ^{33}$ $tɔŋ^{33}$ $tɔŋ^{33}$	亮晶晶
H034	jiqv ma ma	$ciʔ^{5}$ ma^{33} ma^{33}	黑乎乎
H035	njuqh nui nui	$ɟuʔ^{3}$ nui^{33} nui^{33}	浑浊浊
H036	namc hli hliv	nam^{21} $ɬi^{33}$ $ɬi^{53}$	凉飕飕

十八、专有名词词语

I001	Ba Buic	pa^{33} pui^{21}	必背（地名）
I002	Gorng Haengx	$kɔŋ^{33}$ $hæŋ^{35}$	公坑（地名）
I003	You Kai	$jəu^{33}$ $k^{h}ai^{33}$	游溪（地名）
I004	I Nyuonh	i^{33} $ɲuɔn^{31}$	乳源（地名）

（续表）

I005	Kuei Dauh	$k^{h}uei^{33}$ tau^{31}	桂头（地名）
I006	Lu Ciang	lu^{33} $ts^{h}iaŋ^{33}$	乐昌（地名）
I007	Derm Jiouh	$təm^{33}$ $ciəu^{31}$	大桥（地名）
I008	Si Ziou	si^{33} $tsiəu^{33}$	韶关（地名）
I009	Jiang Derng	$ciaŋ^{33}$ $təŋ^{33}$	广东（地名）
I010	Tin Jerm	$t^{h}in^{33}$ $cəm^{33}$	天金（人名）
I011	Tin Nyuangh	$t^{h}in^{33}$ $ɲuaŋ^{31}$	天银（人名）
I012	Tin Liemh	$t^{h}in^{33}$ $liem^{31}$	天林（人名）
I013	Tin Merngh	$t^{h}in^{33}$ $məŋ^{31}$	天明（人名）

第三章 语 法

一、短语结构

1．X－杠理论

语言最基本的音义结合单位为语素。不同类型的语素按照一定的形态规则在词库中成词，词通过句法运算构成短语。句法运算指的是词形成短语的过程，这是生成句法学研究的核心问题。

词组成短语的过程在句法学中称为投射，单个的词都需要投射成短语。名词要投射成名词短语；动词要投射成动词短语；形容词要投射成形容词短语。任何词一旦从词库中被挑选出来进入句法运算，那它就必须投射成短语。在生成句法学中，短语即最大的语法单位。一个句子也是以功能词为核心投射而成的短语。

在乳源勉语中存在以下词类：（1）实词词类：名词、动词、形容词、副词；（2）虚词词类：数词、量词、限定词、介词、连词、助词、标句词。这些词类都需要投射成短语才能充当句法成分。每个短语都必须包含一个中心词（head），短语以中心词命名。例如，名词短语必须包含一个名词，此名词即为该名词短语的中心词。20 世纪 70 年代开始，Chomsky（1970）和 Jackendoff（1972）在短语结构规则的基础上提出了著名的 X－杠理论（X－bar theory），并且 Chomsky（1995）在最简方案的理论框架下对 X－杠理论进行了重大修改，提出了光杆短语结构理论。尽管如此，X－杠理论由于其操作的简便性，目前仍然在句法分析中广泛使用。根据邓思颖（2003）的介绍，X－杠理论主要包括下面的内容①。

内容 1：每个短语 XP 必须包含一个中心词 X；而每个中心词必须投射成，而且只能投射成一个短语。

---

① 邓思颖：《汉语方言语法的参数理论》，北京大学出版社 2003 年版。

内容 2：中心词可以带另外一个短语做它的补足语，中心词与补足语在层次结构上处于同一层。

内容 3：中心词可以被另外一个短语修饰，该修饰语短语是中心词的指定语，处于中心词的上一层次。

X－杠理论的主要内容可以表示为下面的树形图。作为中心词的 X 可以为任何词类，以 X 为核心投射而成的短语为 XP，在这个投射过程中，X 会选择另外一个短语充当 X 的补足语，同时整个 XP 会有一个修饰语 ZP 处于指定语的位置。一个短语允许多个修饰语的存在，因此在（1）所示的树形图中，也允许多个指定语的存在。在此，我们并没有区分指定语和附加语。如果一个短语有多个修饰语的时候，我们可以在结构上作一个区分，将处于最顶层的附加语称为指定语，而将位于指定语下面的附加语仍然称为附加语。

（1）

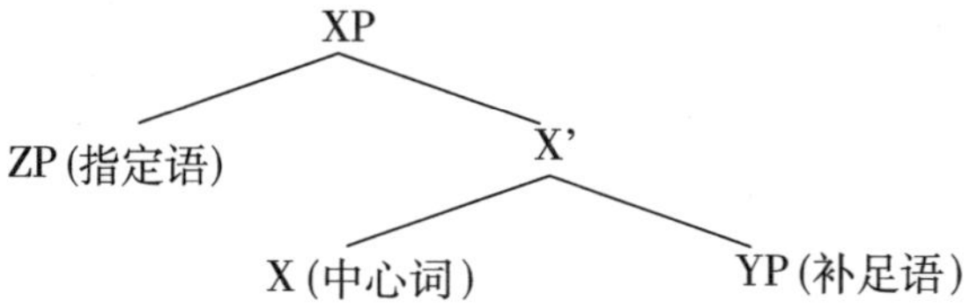

下面我们来看一个简单的例子。乳源勉语中的动词 herpvc“喝”可以带数量短语 yieth yienv torng（一碗汤）做它的补足语；而介词 yiem“在”可以带由名词 biauv“家”投射而成的名词短语做介词“在”的补足语；整个介词短语“在家”做动词短语“喝一碗汤”的指定语。

（2）	I	yiem	biauv	herpv	yieth	yienv	torng
	i^{33}	jiem^{33}	piau^{53}	həp^{5}	jiet^{3}	jien^{53}	t^{h}ɔŋ^{33}
	我	在	家	喝	一	碗	汤
	我在家喝一碗汤						

（3）

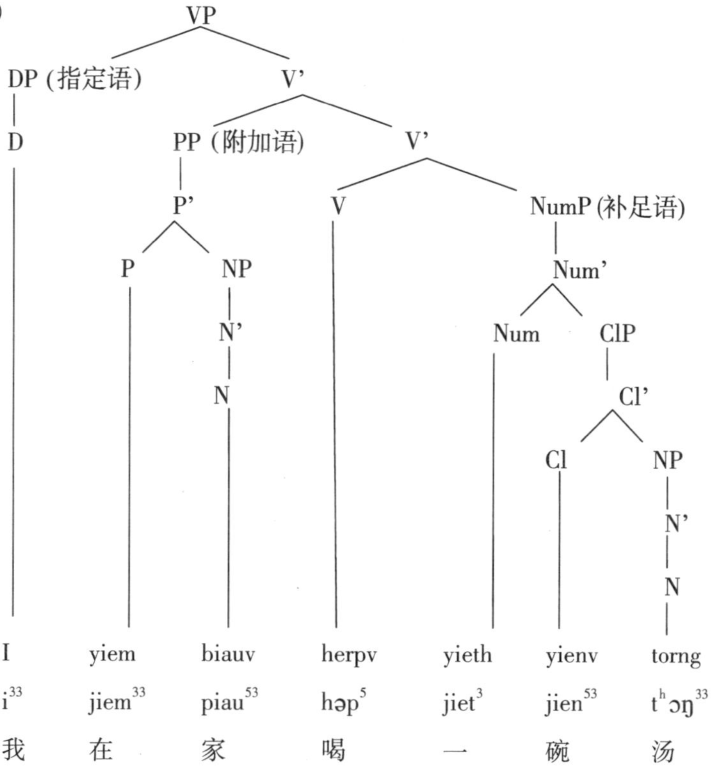

我们知道“在家喝一碗汤”是一个动词短语，那么在这个动词短语下面的“喝一碗汤”是什么呢？如果我们将它也标注成 VP，那么动词“喝”就是两个动词短语的中心词了。这违背了每个短语 XP 必须包含一个中心词 X；而每个中心词必须投射成，而且只能投射成一个短语的规定。为了避免一个中心词投射成多个短语的问题，不得不将（3）中的“喝一碗汤”处理为 V'（V 杠：V－bar）成分，这就是 X－杠理论的由来。X－杠理论中的中心词 X 可以为任何词类，也就是说，所有的短语结构规则可以全部简化为 X－杠理论。为了汉语叙述方便，我们参考邓思颖（2003）将 X－bar 成分称为小短语。一个短语只能有一个指定语和一个补足语，但是可以有多个附加语。X－杠理论的主要内容可归纳为以下几点：

（4）a. 中心词是词，补足语、指定语、附加语都是短语。

b. 中心词和补足语组成一个小短语。如无补足语，中心词自己投射成小短语。

c. 小短语能跟附加语组成上一级的小短语。

d. 小短语能跟指定语组成短语。

e. 词和词只能组成合成词，并不能直接组成短语。

有了 X－杠理论，不管什么词性的词，我们都能使用同样的方法进行投射。在句法投射的时候，有两个问题需要注意。第一，关于格指派的问题；第二，关于双宾语结构的问题。

最常见的格是主格和宾格。一般而言，主语带主格，宾语带宾格。在早期的生成语法文献中，主格由表示时态的功能范畴 T 向指示语位置指派，而宾格由及物动词向补足语位置指派。在后期的文献中，格指派基本上统一成了向指定语位置指派。在这种情况下，宾语的位置就由补足语的位置挪到了指定语的位置，而动词的补足语的位置留给了不需要格的补语成分或者不需要格的宾语从句。这样做的好处是树形图能将不同的语法关系清晰地表现出来。例如，主谓结构中，主语处于体助词短语的指定语位置；述宾结构中，宾语处于动词短语的指定语位置；述补结构中，补语处于动词短语的补足语位置；偏正短语中，作为修饰语的形容词短语或副词短语处于附加语或指定语的位置。

另外一个就是双宾语的问题，当有两个宾语成分的时候，该怎么办？这个时候就需要轻动词（light verb）帮忙了。轻动词实际上是和事件相关的一个功能范畴，表达的语法意义主要是和动词的词汇体相关的意义，例如状态的持续、状态的变化、动作的持续、动作结果的出现、动作的致使义、动作的频率，等等。轻动词选择动词短语作为它的补足语，从而产生动词嵌套结构。用动词嵌套结构来分析乳源勉语中的双宾语结构的具体操作在动词短语部分会详细论述。

2. 乳源勉语的基本类型学特点

乳源勉语是 SVO 的语言，句子的基本语序为：主语＋述语＋宾语。一部分形容词定语是前置的，而另一部分形容词定语是后置的，即这些形容词修饰名词的时候出现在被修饰的名词后面，如果将这些形容词放在核心名词的前面则需要使用结构助词“的”，构成“形容词＋的＋名词”这样的结构。副词作状语修饰动词或形容词时一般前置，但也有一些程度副词是后置的。补语在动词之后，如果补语是一个句子，则由补语助词引导。

体词性短语中，量词在名词短语的前面，数词在量词短语的前面，指示词在数词的前面。整个复杂名词性短语的语序为：指示词＋数词＋量词＋（形容词）+核心名词+（形容词）。和其他苗瑶语一样，乳源勉语也有两套不同的数词系统。第一套数词与其他苗瑶语言有亲属关系，而第二套数词是汉语借词。乳源勉语的定语从句需要使用结构助词“的”，构成“定语从句+的+核心词”的结构。根据核心词是光杆名词还是复杂名词短语，乳源勉语的定语从句会使用两个不同的结构助词“的”。

乳源勉语的动词多为单音节。宾语在动词之后。双宾语结构中，指人的间接宾语在指物的直接宾语之前。乳源勉语没有短被动句，长被动句标记来源于动词“给”。连动结构丰富。处所句和存在句具有相同的句式，句末都有表示静态持续的句尾助词。形容词的比较句有两种不同的句式。乳源勉语中的极性问句既有“V－不－V”的形式，也有“疑问语素+动词”的形式。

二、名词与名词短语

名词可以分为普通名词、专有名词、时间名词和方位名词。名词投射成名词短语之后可以承担多种语法功能，可以做句子的主语、宾语、表语和定语。

1. 名词短语作主语

光杆名词构成的名词短语可以作主语，语义上是定指（definite）的。例如：

（5）　a. Fujuiv　nzuonc　a.①

$fu^{33}cui^{53}$　$dzuɔn^{21}$　a^{33}

小孩　回来　了

小孩回来了。

b. juv　dai　hietv.

cu^{53}　tai^{33}　$hiet^{5}$

狗　死　了

狗死掉了。

作主语的名词不能光带一个量词，（6a）就是一个不合语法的句子。这和

① 虽然“hietv”和“a”都相当于汉语中的“了1”，但两者有区别，详细的区别见后面动补句式的讨论。

吴语和粤语中量词在主语的位置可以充当有定标记不同。乳源勉语的主语中倘若有量词出现，那就必须出现“有（一）”或在量词前出现指示词，分别表示不定指和定指，例如：

（6） a. ＊Dauh fu juiv nzuonc a.

tau^{31} fu^{33} cui^{53} dzuɔn^{21} a^{33}

个 小孩 回来 了

b. Maih (yieth) dauh fu juiv nzuonc a.

mai^{31} (jiet^{3}) tau^{31} fu^{33} cui^{53} dzuɔn^{21} a^{33}

有 （一） 个 小孩 回来 了

有（一）个小孩回来了。

c. Uv dauh fu juiv nzuonc a.

u^{53} tau^{31} fu^{33} cui^{53} dzuɔn^{21} a^{33}

那 个 小孩 回来 了

那个小孩回来了。

当句子的谓语动词为表示普遍特征的谓词时，主语位置上由光杆名词构成的名词短语往往具有类指意义。例如：

（7） a. Dungx yietv jorqc yietv lerngc.

tuŋ^{35} jiet^{5} cɔʔ^{2} jiet^{5} ləŋ^{21}

猪 越 肥 越 好

猪越肥越好。

b. Miv zaix maeng nyei.

mi^{53} tsai^{35} mæŋ^{33} ɲei^{33}

草 是 绿 的

草是绿的。

c. La zi zeix mbiath nyei.

la^{33} tsi^{33} tsei^{35} biat^{3} ɲei^{33}

辣椒 是 辣 的

辣椒是辣的。

2. 名词短语作表语

名词短语作表语时接在系动词后面，一起构成系表结构。作表语的名词短语没有指涉性。例如（8a）和（8b）的主语一个是单数，一个是复数，但是作表语的“蝴蝶”并没有表现出不同，这说明作表语的“蝴蝶”并不具体指单个或者多个蝴蝶，而是指向（单数和复数）主语所指称对象的共同属性。

（8）	a.	Uv	zeix	sa ban.
		u^{53}	tsei^{35}	sa^{33} pan^{33}.
		那	是	蝴蝶
		那是蝴蝶。		
	b.	Uv ndei	zeix	sa ban.
		u^{53} dei^{33}	tsei^{35}	sa^{33} pan^{33}.
		那些	是	蝴蝶
		那些是蝴蝶。		

名词短语亦可和量词合并，组成量词短语或者数量词短语充当表语。例如（9b）就是量词短语充当表语，而（9c）则是数词短语充当表语。

（9）	a.	I	zeix	you mienh.		
		i^{33}	tsei^{35}	jəu^{33} mien^{31}		
		我	是	瑶族		
		我是瑶族。				
	b.	I	zeix	dauh	you mienh.	
		i^{33}	tsei^{35}	tau^{31}	jəu^{33} mien^{31}	
		我	是	个	瑶族人	
		我是个瑶族人。				
	c.	I	zeix	yieth	dauh	you mienh.
		i^{33}	tsei^{35}	jiet^{3}	tau^{31}	jəu^{33} mien^{31}
		我	是	一	个	瑶族人
		我是一个瑶族人。				

通过使用名物化标记 nyei 构成的名词性短语亦可以做系动词的表语。例如：

（10）	Uv	buonv	sou	zeix	I	you faic	nyei.
	u^{53}	puɔn^{53}	səu^{33}	tsei^{35}	i^{33}	jəu^{33} fai^{21}	ɲei^{33}
	那	本	书	是	我	弟弟	的
	那本书是我弟弟的。						

3. 名词短语作宾语

由光杆名词构成的名词短语作宾语时，往往带有类指意义。例如：

（11）	a.	Derm sienh	nyietc	mienh.			
		təm^{33} sien^{31}	ɲiet^{2}	mien^{31}			
		老虎	吃	人			
		老虎吃人。					
	b.	Naiv	dauh	juv	mv	ngath	mienh.
		nai^{53}	tau^{31}	cu^{53}	m^{53}	ŋat^{3}	mien^{31}
		这	只	狗	不	咬	人
		这只狗不咬人。					

（11）中的宾语都是由光杆名词构成的名词短语，都不是指具体的个体，而是作为一个类别与其他生物区分。当宾语表示不定指的时候，名词短语需要和量词组合构成（数）量词短语。例如：

（12）	a.	I	maix	a	buonv	sou.
		i^{33}	mai^{35}	a^{33}	puɔn^{53}	səu^{33}
		我	买	了	本	书
		我买了本书。				
	b.	Uv	miv	maih	dih	nang.
		u^{53}	mi^{53}	mai^{31}	ti^{31}	naŋ^{33}
		那	草	有	条	蛇
		那草里有条蛇。				

c. Nin nderngc njie yieth norm siang muqc.
nin^{33} dəŋ^{21} ɟie^{33} jiet^{3} nɔm^{33} siaŋ^{33} muʔ^{2}
他 戴 着 一 顶 新 帽子
他戴着一顶新帽子。

d. I naic mueih yieth norm zatc.
i^{33} nai^{21} muei^{31} jiet^{3} nɔm^{33} tsat^{2}
我 问 你 一 件 事
我问你一件事。

例句（12a）和（12b）中的宾语都是量名短语，而（12c）和（12d）中的宾语是数词为“一”的数量名短语。作宾语的量名短语都可以在量词前面加上数词“一”。也就是说，（12a）和（12b）中的量名宾语前都可以加“一”，而（12c）和（12d）中的“一”也可以自由省略，不会对语义产生影响。

宾语是定指的时候，可以是光杆名词，也可以借助指示词。

4. 名词短语作定语

名词短语作领属性定语，需要加上名物化标记 nyei。领有者可加可不加量词，如果加量词，那么必须加指示词，使得领有者具有定指性，例如：

（13） a. Naiv dauh juv nyei duiv nauv hietv.
nai^{53} tau^{31} cu^{53} ɲei^{33} tui^{53} nau^{53} hiet^{5}
这 条 狗 的 尾巴 断 了
这条狗的尾巴断了。

b. Naiv qienc bungh nyei gaengh hux a yieth norm kuotv.
nai^{53} c^{h}ien^{21} puŋ^{31} ɲei^{33} kæŋ^{31} hu^{35} a^{33} jiet^{3} nɔm^{33} k^{h}uɔt^{5}.
这 间 房间 的 门 破 了 一 个 洞
这间房间的门破了一个洞。

c. Nzix nyei muei normh ndungx a.
dzi^{35} ɲei^{33} muei^{33}nɔm^{31} duŋ^{35} a^{33}.
妈妈 的 耳朵 聋 了
妈妈的耳朵聋了。

d. Dau dauh	nyei	derng fai	dau dauh	nyietc.
tau[33] tau[31]	ɲei[33]	təŋ[33] fai[33]	tau[33] tau[31]	ɲiet[2]
大家	的	东西	大家	吃

大家的东西大家吃。

例句（13a）、（13b）中的领有者受指量短语的修饰，具有很强的定指性。（13c）、（13d）的领有者分别是称谓名词和代词，同样具有很强的指涉性。

三、量词与量词短语

在乳源勉语中，和名词关系最密切的词类就是量词。由于乳源勉语没有专门的复数标记，因此需要使用量词来界定名词的所指。乳源勉语中的量词主要可以分为个体量词、度量量词、动量词。

量词与名词短语合并，组成量词短语；量词短语可以和数词合并，组成数词短语，结构分别如下：

（14）a. 量词与名词短语合并，组成量词短语：

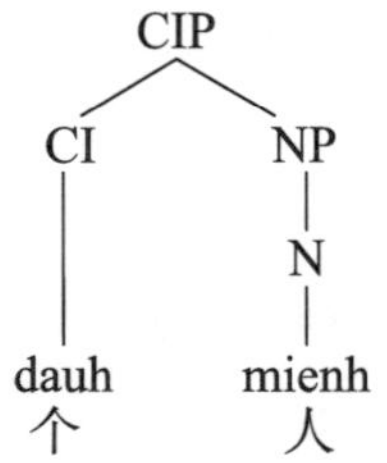

b. 数词与量词短语合并，组成数词短语：

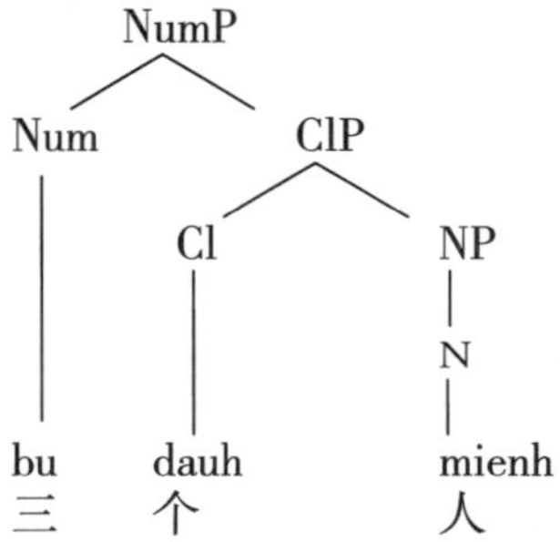

1. 名量词

名量词分为个体量词（sortal classifier）和度量量词（mensural classifier）①。个体量词表示的是名词形状、属性的量词；度量量词的作用主要用来对物质名词进行度量，分为度量衡量词和借用量词。个体量词的例子如下：

（15）	a.	yieth	dauh	mienh	（一个人）
		jiet^{3}	tau^{31}	mien^{31}	
	b.	yieth	dauh	dungx	（一头猪）
		jiet^{3}	tau^{31}	tuŋ^{35}	
	c.	yieth	qienh	zatc	（一件事）
		jiet^{3}	c^{h}ien^{31}	tsat^{2}	
	d.	yieth	norm	zatc	（一个事）
		jiet^{3}	nɔm^{33}	tsat^{2}	

度量量词能与大称前缀 derm－和小称后缀－duan 构成复合的度量量词，例如：

（16）	a.	I	herpv	a	yieth	yienv	torng.	
		i^{33}	həp^{5}	a^{33}	jiet^{3}	jien^{53}	t^{h}ɔŋ^{33}	
		我	喝	了	一	碗	汤	
		我喝了一碗汤。						
	b.	I	herpv	a	yieth	yien	duan	torng.
		i^{33}	həp^{5}	a^{33}	jiet^{3}	jien^{33}	tuan^{33}	t^{h}ɔŋ^{33}
		我	喝	了	一	碗	小称	汤
		我喝了一小碗汤。						
	c.	I	herpv	a	yieth	derm	yienv	torng.
		i^{33}	həp^{5}	a^{33}	jiet^{3}	təm^{33}	jien^{53}	t^{h}ɔŋ^{33}
		我	喝	了	一	大称	碗	汤
		我喝了一大碗汤。						

① 关于汉语中 mensural classifier 的讨论可参看 Liu, Hongyong, Lexicalization of Mensural Classifiers in Chinese. *Linguistics*, Vol. 50, No. 5, 2012, p.. 929－954. 和 Li, Xuping, *Numeral Classifiers in Chinese: the Syntax－Semantics Interface*, Berlin & New York: Walter de Gruyter, 2013。

2. 动量词

动量词的作用是用来修饰动作持续的时间或进行的频率，可以分为：（1）专用的动量词，例如（17）至（19）中表示动作频率的“下、趟、次、回”以及表示时间的“年、天”；（2）借用名词构成的动量词，例如（20a）和（20b）中的“巴掌、脚”。

(17)	a.	tic	bu	dangh	（踢三下）
		t^{h}i:^{21}	pu^{33}	taŋ^{31}	
	b.	mingh	bia	luonh	（去五趟）
		miŋ^{31}	pia^{33}	luɔn^{31}	

(18)	a.	Nin	mingh	a	bu	luonh	Baeqh Jing.
		nin^{33}	miŋ^{31}	a^{33}	pu^{33}	luɔn^{31}	pæʔ^{3} ciŋ^{33}
		他	去	了	三	次	北京
		他去了三次北京。					

b.	Nin	yieth	luonh	Baeqh Jing	du	mvjingv	mingh.
	nin^{33}	jiet^{3}	luɔn^{31}	pæʔ^{3} ciŋ^{33}	tu^{33}	m^{53}ciŋ^{53}	miŋ^{31}
	他	一	次	北京	都	没	去
	他一次北京都没去。						

表示时间的动量词也可称为时量词。时量词从语义上来看，表示动作持续的时间，但是从结构上看，却是修饰后边的名词。例如，（19a）中的“三年”从语义上看是修饰“学英语”的，但是从结构上看，是修饰“英语”的。所以在（19b）中我们看到“一天英语”可以作为一个句子成分移动到谓语动词的左边。

(19)	a.	Nin	huqh	a	bu	hnyiangc	ying yi.
		nin^{33}	huʔ^{3}	a^{33}	pu^{33}	n̥iaŋ^{21}	jiŋ^{33} ji^{33}
		他	学	了	三	年	英语
		他学了三年英语。					

b.	Nin	yieth	hnuai	ying yi	du	mv jingv	huqh	jic.
	nin^{33}	jiet^{3}	n̥uai^{33}	jiŋ^{33} ji^{33}	tu^{33}	m^{53} ciŋ^{53}	huʔ^{3}	ci^{21}
	他	一	天	英语	都	没	学	过

他一天英语都没学过。

有时候普通名词也可被借用为动量词，例如：

(20)	a.	I	mborqv	a	nin	yieth	bu zuangv.
		i^{33}	bɔʔ^{5}	a^{33}	nin^{33}	jiet^{3}	pu^{33} tsuaŋ^{53}
		我	打	了	他	一	巴掌

我打了他一巴掌。

b.	Nin	tix	a	I	yieth	zauc.
	nin^{33}	thi^{35}	a^{33}	i^{33}	jiet^{3}	tsau^{21}
	他	踢	了	我	一	脚

他踢了我一脚。

这样构成的动量词也能与大称前缀 derm - 和小称后缀 - duan 构成复合的度量量词。

(21)	a.	Nin	tix	a	I	yieth	derm	zauc.
		nin^{33}	tʰi^{35}	a^{33}	i^{33}	jiet^{3}	təm^{33}	tsau^{21}
		他	踢	了	我	一	大称	脚

他踢了我一大脚。

b.	Nin	mborqv	a	I	yieth	derm	bu zuangv.
	nin^{33}	bɔʔ^{5}	a^{33}	i^{33}	jiet^{3}	təm^{33}	pu^{33}tsuaŋ^{53}
	他	打	了	我	一	大称	巴掌

他打了我一大巴掌。

c.	Naiv	yienv	torng	I	herpv	a	yieth	derm	ac.
	nai^{53}	jien^{53}	tʰɔŋ^{33}	i^{33}	həp^{5}	a^{33}	jiet^{3}	təm^{33}	a^{21}
	这	碗	汤	我	喝	了	一	大称	口

这碗汤，我喝了一大口。

乳源勉语中，动量词短语可以出现在宾语的前面，也可以出现在宾语的后面。如果动量词短语出现在宾语的前面，那句子的信息焦点就在宾语上；如果动量词短语出现在宾语的后面，那句子的信息焦点就落在动量词短语上了。例如，在例句（22a）中，数量短语“一眼”出现在宾语“那个姑娘”的前面，而在例句（22c）中，数量短语“一眼”出现在宾语“那个姑娘”的后面。这两句话的区别在于句子的信息焦点不同。（22a）的信息焦点是“那个姑娘”，而（22c）的信息焦点是“一眼”。具体的句法树形图如（22b）和（22d）所示。在（22b）中“一眼”位于动词短语附加语的位置，但在（22d）中，“一眼”是动词补足语的位置。宾语“那个姑娘”位于动词指定语的位置，获取宾格。

（22） a. Nin muaqh a yieth mueic uv dauh siqv.
nin^{33} muaʔ^{3} a^{33} jiet^{3} muei^{21} u^{53} tau^{31} siʔ^{5}
他 看 了 一 眼 那 个 姑娘
他看了一眼那个姑娘。

b.

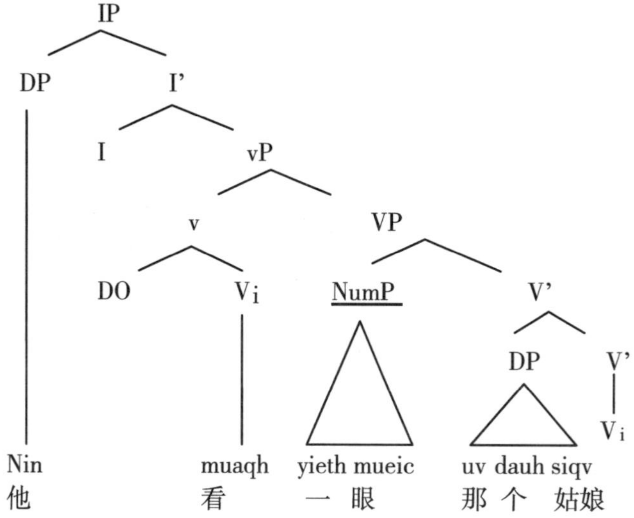

c. Nin muaqh a uv dauh siqv yieth mueic.
nin^{33} muaʔ^{3} a^{33} u^{53} tau^{31} siʔ^{5} jiet^{3} muei^{21}
他 看 了 那 个 姑娘 一 眼
他看了那个姑娘一眼。

d.

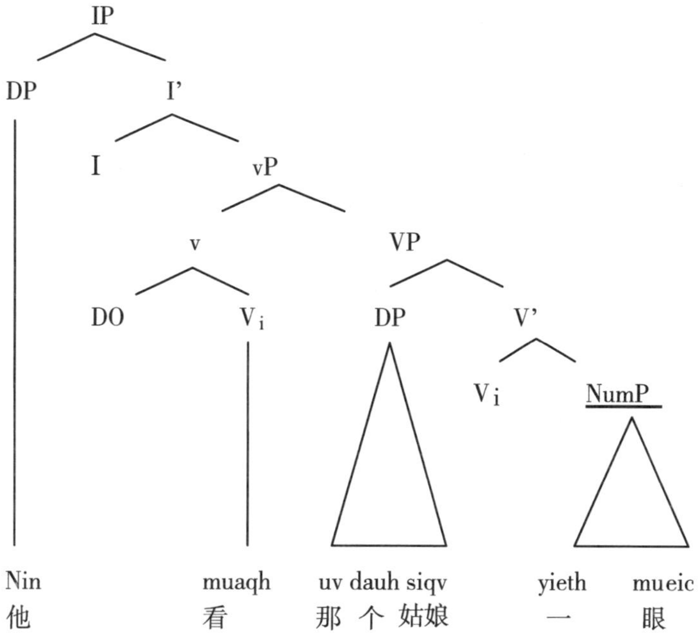

3. 量词的重叠

量词可以重叠，表示“每 X”的意思（第一个音节需要变成［33］调）。例如：

(23)	a.	yien	yienv	b.	muon	muonx
		jien^{33}	jien^{53}		muɔn^{33}	muɔn^{35}
		碗	碗		晚	晚
		每碗			每晚	
	c.	norm	norm	d.	dau	dauh
		nɔm^{33}	nɔm^{33}		tau^{33}	tau^{31}
		个	个		个	个
		每个			每个（人）	
	e.	hnuai	hnuai	f.	hnyiang	hnyiangc
		n̥uai^{33}	n̥uai^{33}		ɲ̊iaŋ^{33}	ɲ̊iaŋ^{21}
		天	天		年	年
		每天			每年	

g. luon luonh
luɔn^{33} luɔn^{31}
次 次
每次

4. 量词后核心名词的省略

当量词后面的核心名词的语义在上下文中有明显的指向时可以省略，例如：

（24） a. Hlu uv norm mueih nyietc， faic uv norm I nyietc.
ɬu^{33} u^{53} nɔm^{33} muei^{31} ɲiet^{2} fai^{21} u^{53} nm^{33} i^{33} ɲiet^{2}
大 那 个 你 吃 小 那 个 我 吃
那个大的（苹果）你吃，那个小的（苹果）我吃。

b. Uv dungh zuih lerngc nyei zeix nin biauv.
u^{53} tuŋ^{31} tsui^{31} ləŋ^{21} ɲei^{33} tsei^{35} nin^{33} piau^{53}
那 栋 最 好看 的 是 他 家
那栋最好看的（房子）是他家。

四、数词与数词短语

乳源勉语中有两套不同的数词，分别用于“十以内”的基数词和序数词。第一套数词与其他苗瑶语言有亲属关系，语音上对应关系明显。

表 1 乳源勉语的第一套数词

基数词	国际音标	汉义
yieth	jiet^{3}	一
i	i^{33}	二
bu	pu^{33}	三
biei	piei^{33}	四
bia	pia^{33}	五
juqv	cuʔ^{5}	六
siqc	siʔ^{2}	七

（续表）

基数词	国际音标	汉义
hietc	$hiet^{2}$	八
nduh	du^{31}	九
ziepc	$tsiep^{2}$	十

表2　乳源勉语的第二套数词

序数词	国际音标	汉义
dei yietv	tei^{33} $jiet^{5}$	第一
dei nyiqc	tei^{33} $ɲiʔ^{2}$	第二
dei fam	tei^{33} fam^{33}	第三
dei feic	tei^{33} fei^{21}	第四
dei hmx	tei^{33} $m̥^{35}$	第五
dei luqc	tei^{33} $luʔ^{2}$	第六
dei cieqv	tei^{33} $ts^{h}iep^{5}$	第七
dei berqv	tei^{33} $pəʔ^{5}$	第八
dei juv	tei^{33} cu^{53}	第九
dei ziepc	tei^{33} $tsiep^{2}$	第十

乳源勉语中，数字“十”只有一个，在两套数词中都是 ziepc。和量词搭配使用时，需要使用第一套数词。例如 bia dauh mienh（五个人）。

第一套数词用于十以内的计数。十位以上的合成数词需要用第二套数词。基数词和序数词形式上是一样的。例如：

表3　基数词和序数词例词

数词	国际音标	汉义
nyiqc ziepc nyiqc	$ɲiʔ^{2}$ $tsiep^{2}$ $ɲiʔ^{2}$	二十二
nyiqc ziepc nyiqc	$ɲiʔ^{2}$ $tsiep^{2}$ $ɲiʔ^{2}$	第二十二
fa ziepc fam	fa^{33} $tsiep^{2}$ fam^{33}	第三十三
feic ziepc feic	fei^{21} $tsiep^{2}$ fei^{21}	第四十四
hmx ziepc hmx	$m̥^{35}$ $tsiep^{2}$ $m̥^{35}$	第五十五

（续表）

数词	国际音标	汉义
luqc ziepc luqc	luʔ^{2} tsiep^{2} luʔ^{2}	第六十六
cieqv ziepc cieqv	ts^{h}ieʔ^{5} tsiep^{2} ts^{h}ieʔ^{5}	第七十七
berqv ziepc berqv	pəʔ^{5} tsiep^{2} pəʔ^{5}	第八十八
juv ziepc juv	cu^{53} tsiep^{2} cu^{53}	第九十九

数词“二十”中的“二”必须要用 nyiqc，不能用 i，如果“二十”后面还有个数，那也需要使用 nyiqc，例如 nyiqc ziepc fam［ɲiʔ^{2} tsiep^{2} fam^{33}］（二十三）。

表 4　基数词例词

数词	国际音标	汉义
ziepc yietv	tsiep^{2} jiet^{5}	十一
ziepc nyiqc	tsiep^{2} ɲiʔ^{2}	十二
ziepc fam	tsiep^{2} fam^{33}	十三
ziepc feic	tsiep^{2} fei^{21}	十四
ziepc hmx	tsiep^{2} m̥^{35}	十五
ziepc luqc	tsiep^{2} luʔ^{2}	十六
ziepc cieqv	tsiep^{2} ts^{h}ieʔ^{5}	十七
ziepc berqv	tsiep^{2} pəʔ^{5}	十八
ziepc juv	tsiep^{2} cu^{53}	十九
nyiqc ziepc	ɲiɲ^{2} tsiep^{2}	二十
nyiqc ziepc yietv	ɲiʔ^{2} tsiep^{2} jiet^{5}	二十一
nyiqc ziepc nyiqc	ɲiʔ^{2} tsiep^{2} ɲiʔ^{2}	二十二
nyiqc ziepc fam	ɲiʔ^{2} tsiep^{2} fam^{33}	二十三
nyiqc ziepc feic	ɲiʔ^{2} tsiep^{2} fei^{21}	二十四
nyiqc ziepc hmx	ɲiʔ^{2} tsiep^{2} m̥^{35}	二十五
nyiqc ziepc luqc	ɲiʔ^{2} tsiep^{2} luʔ^{2}	二十六
nyiqc ziepc cieqv	ɲiʔ^{2} tsiep^{2} ts^{h}ieʔ^{5}	二十七
nyiqc ziepc berqv	ɲiʔ^{2} tsiep^{2} pəʔ^{5}	二十八
nyiqc ziepc juv	ɲiʔ^{2} tsiep^{2} cu^{53}	二十九
fa ziepc	fa^{33} tsiep^{2}	三十

（续表）

数词	国际音标	汉义
fa ziepc fam	fa^{33} tsiep^{2} fam^{33}	三十三
feic ziepc feic	fei^{21} tsiep^{2} fei^{21}	四十四
hmx ziepc hmx	m̥^{35} tsiep^{2} m̥^{35}	五十五
luqc ziepc luqc	luʔ^{2} tsiep^{2} luʔ^{2}	六十六
cieqv ziepc cieqv	ts^{h}ieʔ^{5} tsiep^{2} ts^{h}ieʔ^{5}	七十七
berqv ziepc berqv	pəʔ^{5} tsiep^{2} pəʔ^{5}	八十八
juv ziepc juv	cu^{53} tsiep^{2} cu^{53}	九十九

数词“百”和“千”前面的“一”和“二”用第一套数词，“三”以上用第二套数词。“零”后面的个位数需要用第二套数词，但如果数词后面接着量词，那就需要用第一套数词，例如：

表5　“百”和“千”例词

数词	国际音标	汉义
yieth baeqv	jiet^{3} pæʔ^{5}	一百
i baeqv	i^{33} pæʔ^{5}	二百
hmx baeqv	m̥^{35} pæʔ^{5}	五百
i cin	i^{33} ts^{h}in^{33}	二千
fei cin	fei^{33} ts^{h}in^{33}	四千
yieth baeqv lerngh hmx	jiet^{3} pæŋ^{5} ləŋ^{31} m̥^{35}	一百零五
yieth baeqv lerngh bia norm	jiet^{3} pæʔ^{5} ləŋ^{31} pia^{33} nɔm^{33}	一百零五个

五、限定词及其短语

限定词的作用是给名词性短语（名词短语、量词短语、数词短语）以指涉意义。在乳源勉语中，限定词包括：指示词、代词、专有名词。乳源勉语的指示词是两分的，包括 naiv（这）和 uv（那）。例如：

（25）　a.　Naiv　norm　cic　lertc　mienhwaqc　la feic　gorngv?
nai^{53}　nɔm^{33}　ts^{h}i^{21}　lət^{2}　mien^{31}waʔ^{2}　la^{33} fei^{21}　kɔŋ^{53}
这　个　词　用　勉语　怎么　讲
这个词用勉语怎么讲？

b. Uv jiouc waqc lertc mienh waqc la feic gorngv?

u^{53} ciəu^{21} waʔ^{2} lət^{2} mien^{31} waʔ^{2} la^{33}fei^{21} kɔŋ^{53}?

那 句 话 用 勉语 怎么 讲

那句话用勉语怎么讲?

c. 指示词与数词短语合并，组成限定词短语：

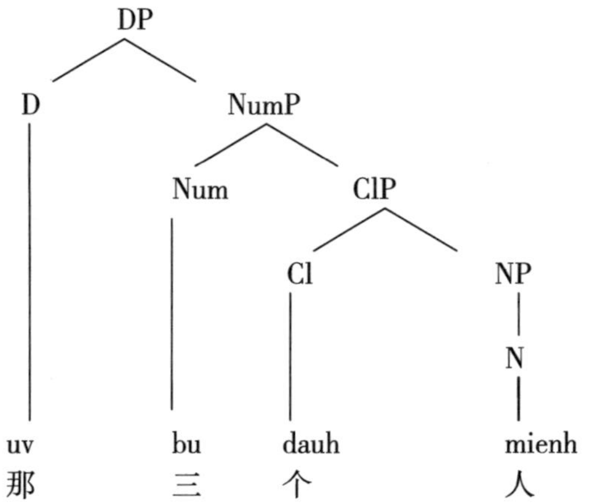

d. uv	bu	dauh	mienh	（那三个人）
u^{53}	pu^{33}	tau^{31}	mien^{31}	
uv	bu	dauh	dungx	（那三头猪）
u^{53}	pu^{33}	tau^{31}	tuŋ^{35}	
uv	bu	deic	lui	（那三件衣服）
u^{53}	pu^{33}	tei^{21}	lui^{33}	
naiv	bu	jiouc	waqc	（这三句话）
nai^{53}	pu^{33}	ciəu^{21}	waʔ^{2}	

乳源勉语的指示词一般需要接数词短语，但如果后面的名词为不可数名词时，可不接（数）量词，直接接名词。例如：

（26） a. Uv miv maih dih nang.

u^{53} mi^{53} mai^{31} ti^{31} naŋ^{33}

那 草 有 条 蛇

那草里有条蛇。

b. Naiv werm maih mbiaux.

nai^{53} $wəm^{33}$ mai^{31} $biau^{35}$

这 水 有 鱼

这水里有鱼。

乳源勉语代词有数和人称的区别，包括第一人称、第二人称、第三人称。没有性的区别。第一人称的复数代词有包括式和排除式的分别。

表6　乳源勉语代词

	单数	复数
第一人称	I （我）	I mbu （我们） ［排除听话人］ mbu （咱们） ［包括听话人］
第二人称	mueih （你）	mueih mbu （你们）
第三人称	nin （他）	nin mbu （他们）

人称代词的复数标记 mbu 除了可用在单数人称代词之后构成复数人称代词之外，还可以用在一些亲属称谓的后面构成复数，但是不能用在其他名词后面。例如：

(27) a. I youx mbu 我父亲他们（父亲、母亲和其他亲属）

i^{33} $jəu^{35}$ bu^{33}

我 父亲 们

b. I gorc mbu 我哥哥他们（哥哥、嫂嫂和其他亲属）

i^{33} $kɔ^{21}$ bu^{33}

我 哥哥 们

c. mueih dorc mbu 你姐姐她们（姐姐、姐夫和其他亲属）

$muei^{31}$ $tɔ^{21}$ bu^{33}

你 姐姐 们

d. nin da naux mbu 他舅父他们（舅舅、舅母和其他亲属）

nin^{33} ta^{33} nau^{35} bu^{33}

他 舅父 们

六、动词与动词短语

乳源勉语的动词多为单音节。动词除了能接动态助词来表达各种情境之外，还可以有以下几种表现：动词重叠表示“试行”，如（28a）所示；也可以在重叠的动词之间加上 yah，表示持续不断地进行，如（28b）所示；也可以构成“V 来 V 去”，表示持续不断地进行，如（28c）和（28d）所示；还可以构成“V－了－又－V”表示反复做某事，如（28e）所示。

（28） a. Mbu cuang luangh cuang luangh naiv norm muerngtic.

bu^{33} ts^{h}uaŋ^{33} luaŋ^{31} ts^{h}uaŋ^{33} luaŋ^{31} nai^{53} nɔm^{33} muəŋ^{33}t^{h}i^{21}

咱们 商量 商量 这个 问题

咱们商量商量这个问题。

b. Naiv dauh ngerngh tic yah tic, tic a yieth anc.

nai^{53} tau^{31} ŋəŋ^{31} t^{h}i^{21} ja^{31} t^{h}i^{21}, t^{h}i^{21} a^{33} jiet^{3} an^{21}.

这 头 牛 跑 啊 跑 跑 了 一 下午

这头牛跑啊跑，跑了一下午。

c. Naiv dauh ngerngh tic mingh tic nzuonc, tic a yieth anc.

nai^{53} tau^{31} ŋəŋ^{31} t^{h}i^{21} miŋ^{31} t^{h}i^{21} dzuɔn^{21} t^{h}i^{21} a^{33}jiet^{3} an^{21}

这 头 牛 跑 来 跑 去， 跑了 一 下 午

这头牛跑来跑去，跑了一下午。

d. Naiv dih nzorngx nin bac mingh bac nzuonc, bac a ziepc luonh a.

nai^{53} ti^{31} dzɔŋ^{35} nin^{33} pa^{21}miŋ^{31}pa^{21}dzuɔn^{21}, pa^{21} a^{33} tsiep^{2}luɔn^{31} a^{33}

这 首 歌 他 唱 来 唱 去 唱 了 十 遍 了

这首歌他唱来唱去，唱了十遍了。

e. Naiv dih nzorngx nin bac a yuqc bac, bac a ziepc luonh a.

nai^{53} ti^{31} dzɔŋ^{35} nin^{33} pa^{21} a^{33} juʔ^{2} pa^{21}, pa^{21} a^{33}tsiep^{2} luɔn^{31} a^{33}.

这 首 歌 他 唱 了 又 唱， 唱 了 十 遍 了

这首歌他唱了又唱，唱了十遍了。

动词后可以接动量词短语“一下”，此时的“一”可以省略。也可以构成“V 一 V”结构，但此时的“一”不能省略，例如，（29d）就是一个不合乎语法的句子。

(29)	a.	bung	I	seic	yieth	dangh
		puŋ^{33}	i^{33}	sei^{21}	jiet^{3}	taŋ^{31}
		给	我	试	一	下
		给我试一下。				
	b.	bung	I	seic	dangh	
		puŋ^{33}	i^{33}	sei^{21}	taŋ^{31}	
		给	我	试	下	
		给我试一下。				
	c.	bung	I	seic	yieth	seic
		puŋ^{33}	i^{33}	sei^{21}	jiet^{3}	sei^{21}
		给	我	试	一	试
		给我试一试。				
	d.	* bung	I	seic	seic	
		* puŋ^{33}	i^{33}	sei^{21}	sei^{21}	
		给	我	试	试	
		给我试试。				

动词短语除了可以作谓语之外，也可以作主语。例如：

(30)	a.	zux	horh dorngh	zeix	dau dauh	nyei	zatc.
		tsu^{35}	hɔ^{31} tɔŋ^{31}	tsei^{35}	tau^{33} tau^{31}	ɲei^{33}	tsat^{2}
		建	学校	是	大家	的	事
		建学校是大家的事。					
	b.	Borngx	norqh	lertc	mv	duv.	
		pɔŋ^{35}	nɔʔ^{3}	lət^{2}	m^{53}	tu^{53}	
		打	鸟	要	不	得	
		打鸟是要不得的事情。					

乳源勉语的情态动词可分为三类：（1）表示能力的动态情态动词；（2）表示可能性的认知类情态动词；（3）表示义务的道义类情态动词。

表7 乳源勉语的情态动词

动态情态动词 （dynamic）	认知类情态动词 （epistemic）	道义类情态动词 （deontic）
haix：会	korh nernc：可能	yinc gai：应该
nernc gouh：能够		yieth tingh：一定
gamv：敢		korh yih：可以

（31）	a.	Lungh	korh nernc	dueih	mbioqc.
		luŋ^{31}	k^{h}ɔ^{31} nən^{21}	tuei^{31}	biuʔ^{2}
		天	可能	下雨	
	b.	Muei	yinc gai	mingh.	
		muei^{33}	jin^{21} kai^{33}	miŋ^{31}	
		你	应该	去	

乳源勉语的谓语可以有各种复杂形式，包括处置式结构、连动句、双宾句、宾语从句结构、被动句、处所存在句、动补结构等，下面逐一介绍这些复杂谓语结构。

1. 处置式结构

乳源勉语处置式结构相当于汉语中的“把”字句，其中和“把”相对应的词是zorqv。汉语中的“把”字句具有以下两个特点：（1）“把”后面接的宾语必须是有定的；（2）“把”后的谓词成分必须是包含结果意义。乳源勉语中的处置式结构同样具有这两个特点。乳源勉语的处置式的句法分析如树形图（32c）所示，其中IP是句子层面的语法范畴的投射，在汉藏语中表现为体和情态范畴，vP是表示事件类型的轻动词短语，往往并没有语音形式，需要借助从下面移动上来的谓词得到句法实现。句子主语的主格和宾语的宾格一律遵循“指定语－核心词”的关系，即由有赋格能力的核心词向左朝位于指定语位置的体词性短语赋格。

（32） a.

Nin	zorqv	ndi	baeqh	nyerpc	nzuerngc	ndi	siqv.
nin^{33}	tsɔʔ^{5}	di^{33}	pæʔ^{3}	ɲəp^{2}	dzuəŋ^{21}	di^{33}	siʔ^{5}
他	把	布	白	染	成	布	红

他把白布染成红布。

b.

Nin	zorqv	ndi	baeqh	nyerpc	siqv	a.
nin^{33}	tsɔʔ^{5}	di^{33}	pæʔ^{3}	ɲəp^{2}	siʔ^{5}	a^{33}
他	把	布	白	染	红	了

他把白布染红了。

c.

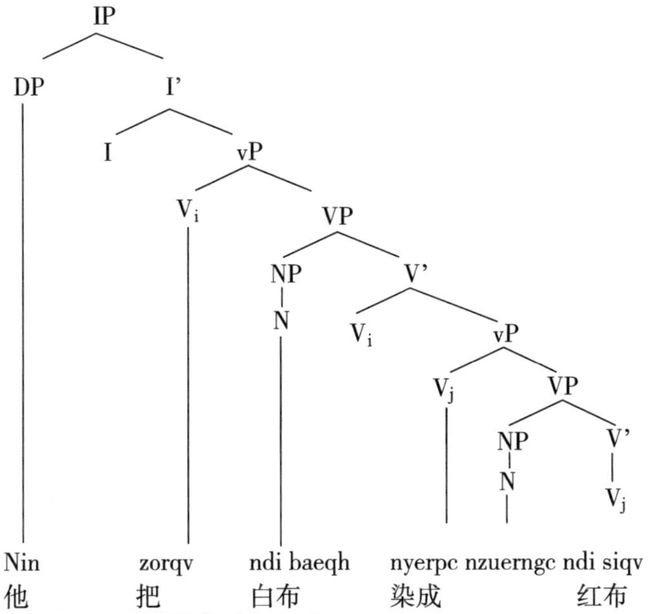

有些处置式可以替换成普通的主谓宾结构，但如果主谓宾结构中的宾语是不定指宾语的时候，不能替换成处置式结构。

（33） a.

Muei	zorqv	uv	zorngh	miv	baeng	guaeh.
muei^{33}	tsɔʔ^{5}	u^{53}	tsɔŋ^{31}	mi^{53}	pæŋ^{33}	kuæ^{31}
你	把	那	棵	草	拔	掉

你把那棵草拔掉。

b.	Muei	baeng	guaeh	uv	zorngh	miv.
	muei^{33}	pæŋ^{33}	kuæ^{31}	u^{53}	tsɔŋ^{31}	mi^{53}
	你	拔	掉	那	棵	草
	你拔掉那棵草。					

2. 连动句

乳源勉语是一种典型的连动语言，拥有十分丰富的连动句式。大致可以分为以下类别：（1）顺序义连动句；（2）兼语类连动句；（3）存现义连动句。

顺序义连动句遵循时间相似性原则，将一个由多个子事件构成的复合事件按照时间先后顺序进行描述。例句（34）描述的复合事件包括两个子事件“吃完饭”和“去看戏”，并且这两个子事件之间有着逻辑先后关系，不是毫无逻辑关系的两个动词短语随意搭配在一起。

（34）	Mbu	nyietc	nzerqc	hnangc	mingh	muaqh	heic.
	bu^{33}	ɲiet^{2}	dzəʔ^{2}	n̥aŋ^{21}	miŋ^{31}	muaʔ^{3}	hei^{21}
	咱们	吃	完	饭	去	看	戏
	咱们吃完了饭去看戏。						

兼语类连动句按照第一个动词的语义分为使役性兼语句和伴随性兼语句。例句（35a）中的第一个动词是使役义动词，而（35b）中的第一个动词是伴随义动词。

（35）	a.	I	qingv	mueih	nyietv	hnangc.	
		i^{33}	cʰiŋ^{53}	muei^{31}	ɲiet^{5}	n̥aŋ^{21}	
		我	请	你	吃	饭	
		我请你吃饭。					
	b.	I	muaqh	njie	nin	nzuonc	biauv.
		i^{33}	muaʔ^{3}	ɟie^{33}	nin^{33}	dzuɔn^{21}	piau^{53}
		我	看	着	他	回	家
		我看着他回家。					

存现义连动句中的第一个动词为存现动词，最常见的是“有”。此类连动句的第二个谓词既可以是动词性的，也可以是形容词性的。例如：

（36） a.

Nin	maih	dauh	duan	horh	liatv.
nin^{33}	mai^{31}	tau^{31}	tuan^{33}	hɔ^{31}	liat^{5}
他	有	个	儿子	很	聪明

他有个儿子很聪明。

b.

Nin	ziangh	a	dauh	siqv	horh	nzuic.
nin^{33}	tsiaŋ^{31}	a^{33}	tau^{31}	siʔ^{5}	hɔ^{31}	dzui^{21}
她	生	了	个	女儿	很	漂亮

她生了个女儿很漂亮。

3. 双宾句

乳源勉语中的双宾语结构表现为“动词 + 间接宾语 + 直接宾语”形式。双宾语结构（37a）可以替换成连动结构（37b）。双宾语结构的句法分析如树形图（37c）所示。

（37） a.

I	fungc	bung	nin	bia	deic	lui.
i^{33}	fuŋ^{21}	puŋ^{33}	nin^{33}	pia^{33}	tei^{21}	lui^{33}
我	送	给	他	五	件	衣服

我送给他五件衣服。

b.

I	fungc	a	bia	deic	lui	bung	nin.
i^{33}	fuŋ^{21}	a^{33}	pia^{33}	tei^{21}	lui^{33}	puŋ^{33}	nin^{33}
我	送	了	五	件	衣服	给	他

我送了五件衣服给他。

c.

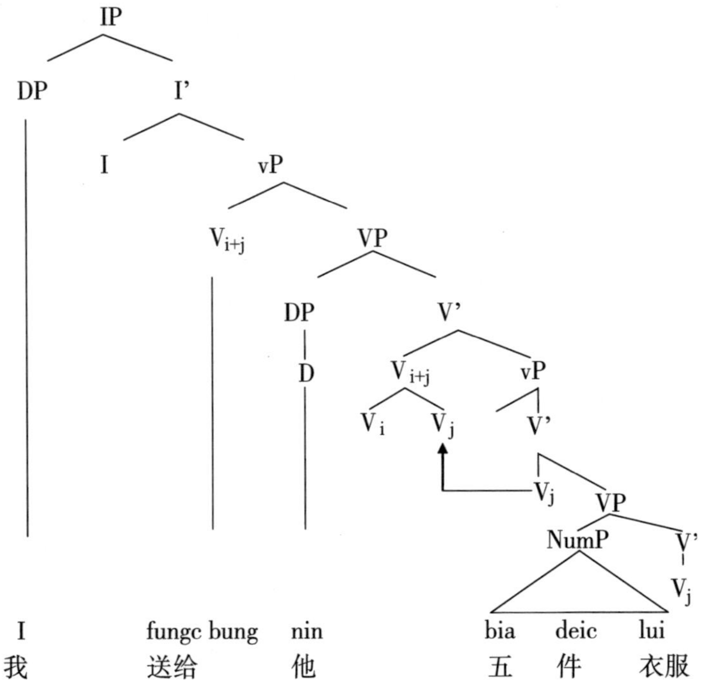

4. 被动句

乳源勉语的被动标记由介词“给”充当。乳源勉语没有短被动句，也就是说被动句必须要将施事说出来。如果不想指明施事，可用名词“人”来模糊指代施事，但不能省略。被动句的句法分析如树形图（38d）所示。

（38） a.

Nin	bung	juv	ngaqc	a.
nin^{33}	$pu\eta^{33}$	cu^{53}	ηat^{2}	a^{33}
他	给	狗	咬	了

他被狗咬了。

b.

Naiv	dih	nang	bung	nin mbu	mborqh	daic	hietv.
nai^{53}	ti^{31}	$na\eta^{33}$	$pu\eta^{33}$	nin^{33} bu^{33}	$b\text{ɔ}ʔ^{3}$	tai^{21}	$hiet^{5}$
这	条	蛇	被	他们	打	死	了

这条蛇被他们打死了。

c. Naiv dih nang bung *（mienh）mborqh daic hietv.

nai^{53} ti^{31} naŋ^{33} puŋ^{33} mien^{31} bɔʔ^{31} tai^{21} hiet^{5}

这 条 蛇 被 人 打 死 了

这条蛇被人打死了。

d.

句法分析：

主语$_m$ [$_{VP}$给 [$_{CP}$ OP$_m$ 主语 动词 宾语$_m$]

a. 动词“咬”的宾语是一个变量，受到算子约束；

b. 主语基础生成，与变量通过下标同指建立关系。

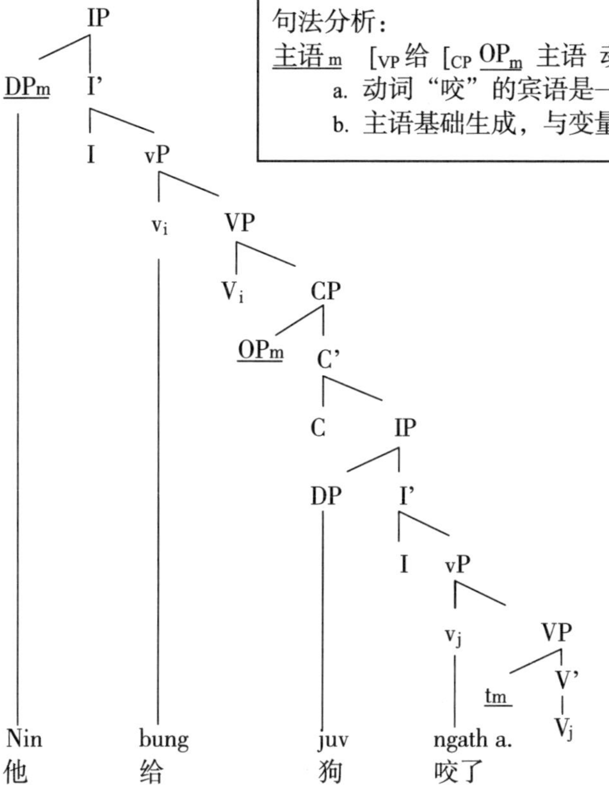

5. 宾语从句结构

乳源勉语的宾语从句可直接接在及物动词之后，不需要标句词的引导。宾语从句结构的句法分析如树形图（39e）所示。

（39） a. I yietc mv bei duqv nin mv nyietc juv orv.

i^{33} jiet^{2} m^{53} pei^{33} tuʔ^{5} nin^{33} m^{53} ɲiet^{2} cu^{53} ɔ^{53}.

我 也 不 知道 他 不 吃 狗肉

我也不知道他不吃狗肉。

b.

I	cai	naiv	dauh	dungx	maih	i	baeqv	juang.
i^{33}	ts^{h}ai^{33}	nai^{53}	tau^{31}	tuŋ^{35}	mai^{31}	i^{33}	pæʔ^{5}	cuaŋ^{33}
我	猜	这	头	猪	有	两	百	斤

我猜这头猪有两百斤。

c.

I	huaic	yic	zeix	nin	netc	a	uv	dauh	ngerngc.
i^{33}	huai^{21}	ji^{21}	tsei^{35}	nin^{33}	net^{2}	a^{33}	u^{53}	tau^{31}	ŋəŋ^{21}
我	怀	疑	是	他	偷	了	那	头	牛

我怀疑是他偷了那头牛。

d.

I	muaqh buoth	nin mbu	mborqh	fu juiv.
i^{33}	muaʔ^{3} puɔt^{3}	nin^{33} bu^{33}	bɔʔ^{3}	fu^{33} cui^{53}
我	看见	他们	打	小孩

我看见他们打小孩。

e.

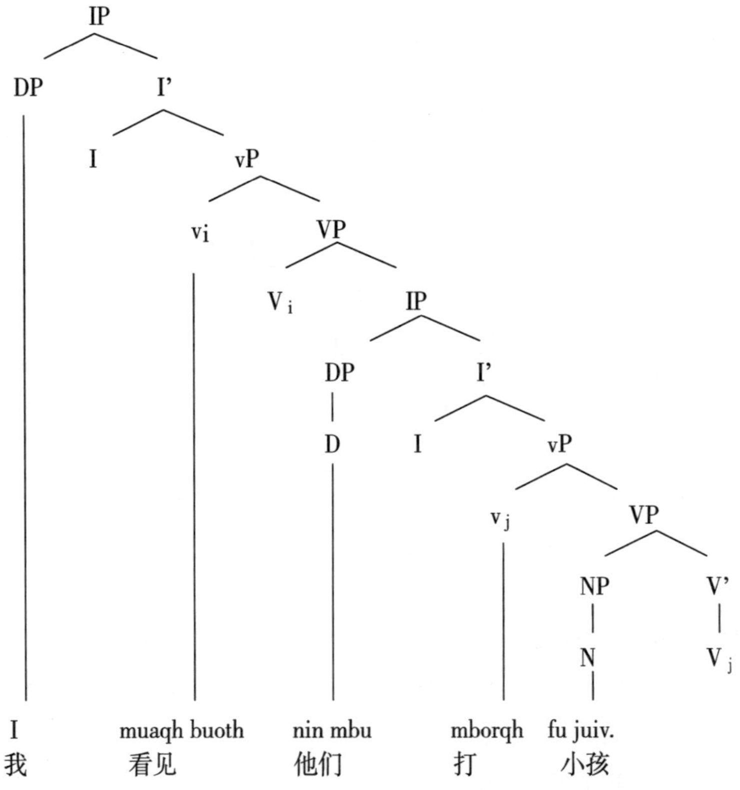

在这些带谓词性宾语的动词后面，有时候出现的不是主谓结构式的宾语从句，而是不包括主语的动词短语。从论元结构的角度考虑，(40a）中的动词“出去”的论元和“想”的论元是一致的，但是动词“出去”前面的逻辑主语不能出现，这是因为动词“想”和“喜欢”的后面带的不是一个 IP，而是一个 VP。由于动词不可能赋主格，所以“出去”之前即使出现一个名词性短语，也会因为没有格指派而不合语法。

(40)	a.	I	waic	cuotv	ming.		
		i^{33}	wai^{21}	ts^{h}uɔt^{5}	miŋ^{33}		
		我	想	出	去		
		我想要出去。					
	b.	Nin	zuqh eic	mingh	suerng hlerng	nzac	lui.
		nin^{33}	tsuʔ^{3} ei^{21}	miŋ^{31}	suəŋ^{33} ɬəŋ^{33}	dza^{21}	lui^{33}
		她	喜欢	去	河里	洗	衣服
		她喜欢去河里洗衣服。					

6. 处所句和存在句

处所句和存在句的区别在于处所句中的体词对象是有定的，而存在句中的体词对象是不定的。从语义上看，处所句表示的是某某东西在何处，而存在句表示的是在某处存在某样东西，或者是有某个东西存在某处。乳源勉语中的处所句和存在句都表现为“动词 + njie…nyei”的形式。处所句和存在句中的 nyei 是一个表示静态持续的句尾助词。

(41)	a.	Maih	dih	nang	njiangc	njie	jiauv	nyei.
		mai^{31}	ti^{31}	naŋ^{33}	ɟiaŋ^{21}	ɟie^{33}	ciau^{53}	ɲei^{33}
		有	条	蛇	躺	在	路	助词
		有条蛇躺在路上。						
	b.	Nin	souv	njie	uv	nyei.		
		nin^{33}	səu^{53}	ɟie^{33}	u^{53}	ɲei^{33}		
		他	站	在	那里	助词		
		他站在那里。						

c. Nin mbu zuix njie ndaux nyei gorngv waqc.

nin^{33} bu^{33} tsui^{35} ɟie^{33} dau^{35} ɲei^{33} kɔŋ^{53} waʔ^{2}

他们 坐 在 地 助词 讲 话

他们坐在地上讲话。

d. Uv laeqc heih an njie cou ndiv nyei.

u^{53} læʔ^{2} hei^{31} an^{33} ɟie^{33} ts^{h}əu^{33} di^{53} ɲei^{33}

那 双 鞋 放 在 床 底 助词

那双鞋放在床底下。

e. Uv norm tuc kuangc njer biqv nyei.

u^{53} nɔm^{33} t^{h}u^{21} k^{h}uaŋ^{21} ɟie^{33} piʔ^{5} ɲei^{33}

那 幅 画 挂 在 墙 助词

那幅画挂在墙上。

f. Borh zei an njer dih merqh nyei.

pɔ^{3} tsei^{33} an^{33} ɟie^{33} ti^{31} məʔ^{3} ɲei^{33}

报纸 放 在 桌面 助词

报纸放在桌面。

例句（41a）表示的是“有一条蛇在路上”，主语是不定的，因此是存在句，需要在不定主语前加上“有”。（41b）表示的是“他在那里”；（41c）表示的是“他们在地上”，因此都是处所句。如果主语是有定的，那就不需要“有”的出现，句子表达的是“某某东西在何处”，因此这三句都是处所句。在乳源勉语中处所句和存在句采用同样的格式：动词 + njie…nyei。

7. 动补句式

乳源勉语中动补句式有三种不同的形式：（1）用动补式复合词表示；（2）直接在动宾结构后加上补语；（3）在动词之后加上补语标句词 nder 构成动补结构。当补语的主语与主句的主语一致的时候，用前两种形式；当补语的主语与主句的主语不一致的时候，用第三种形式。例句（42c）的句法分析如（42d）所示。

（42） a. Nin nyietc beiv hnangc a.

nin^{33} ɲiet^{2} pei^{53} n̥aŋ^{21} a^{33}

他 吃 饱 饭 了

他吃饱饭了。

b. Nin nyietc hnangc beiv a.

nin^{33} ɲiet^{2} n̥aŋ^{21} pei^{53} a^{33}

他 吃 饭 饱 了

他吃饱饭了。

c. Nin jietv nderc nqai si du mung a.

nin^{33} ciet^{5} də^{21} gai^{33} si^{33} tu^{33} muŋ^{33} a^{33}

他 笑 得 肚子 都 疼 了

他笑得肚子都疼了。

d. Nin jietv nderc nqai si du mung a.

DP [$_{VP}$ V [$_{CP}$ C [$_{IP}$ NP VP]

（i）动词“笑”带一个标句词短语 CP 做补足语。

（ii）标句词“得”引导一个句子做补语从句。

强调动作结果的时候，作格动词后需要用表示结果变化的体标记 hietv，例如：

（43） a. Norqh taic biauh a. （强调鸟飞走这个动作）

nɔʔ^{3} t^{h}ai^{21} piau^{31} a^{33}

鸟 飞 走 了

鸟飞走了。

b. Norqh taic biauh hietv.（表示鸟不在这里了，强调结果）

nɔʔ^{3} t^{h}ai^{21} piau^{31} hiet^{5}

鸟 飞 走 了

鸟飞走了。

（44） a. I av nauv a naiv dih hlaux.

i^{33} a^{53} nau^{53} a^{33} nai^{53} ti^{31} ɬau^{35}.

我 折 断 了 这 根 竹子

我折断了这根竹子。

b. Hlaux nauv hietv.
ɬau^{35} nau^{53} hiet^{5}
竹子 断 了
竹子断了。

例句（43a）强调的是鸟飞走这个动作，此时的“飞走”是一个非作格动词，主语“鸟”是施事，因此动词后面使用的是 a 这个体标记。而例句（43b）表示鸟不在这里了，强调结果。此时的“飞走”是一个非宾格动词，主语“鸟”不是动作的发出者，而是叙述的对象，因此动词后面使用的是 hietv 这个体标记。虽然（43）中的两个例句翻译成汉语都是“鸟飞走了”，但是强调的内容不一样。同样的道理，例句（44a）和（44b）选用了不同的体标记。

七、形容词及其短语

1. 形容词的基本用法

形容词能作定语修饰名词，也能单独作谓语、状语和补语。

乳源勉语形容词作定语的时候，有时候是放在核心名词的前面，有时候是放在核心名词的后面。放在所修饰的名词前面的例子如下：

（45） a. siang lui
siaŋ^{33} lui^{33}
新 衣服
新衣服

b. lu biauv
lu^{33} piau^{53}
旧 房子
旧房子

c. kuqv mienh
k^{h}uʔ^{5} mien^{31}
好 人
好人

对于此类光杆形容词修饰光杆名词的例子，目前学界有两种看法：（1）认为这些例子都是偏正式的复合词；（2）认为这些例子都是形容词修饰名词的偏正短语。目前双方都没提出特别有力的证据证明各自的观点。因此，在这个问题上，我们采取回避的态度，希望随着研究的深入，能找到有力的证据来解释这个问题。

乳源勉语中形容词放在所修饰的名词的后面的情况也很常见，如果将这些形容词放在名词前，则需要加名物化标记 nyei，例如：

（46） a. lui　siqv
lui^{33}　siʔ^{5}
衣服　红
红衣服

b. siqv　nyei　lui
siʔ^{5}　ɲei^{33}　lui^{33}
红　的　衣服
红的衣服

c. dih　hlang：
ti^{31}　ɬaŋ^{33}
桌子　高
高桌子

d. hlang　nyei　dih
ɬaŋ^{33}　ɲei^{33}　ti^{31}
高　的　桌子
高的桌子

和许多勉语方言一样，乳源勉语中的“大”和“小”既可以用单独的形容词表示，也可以用“大称”和“小称”词缀表示。①

① 泰国勉语中也存在这样的现象，参见刘玉兰《泰国勉语参考语法》，博士学位论文，中央民族大学，2012 年。

（47） a. Naiv dauh zeix ngerng duan.

nai^{53} tau^{31} tsei^{35} ŋəŋ^{33} tuan^{33}

这 头 是 牛 小称

这头是小牛。

b. Naiv dauh ngerngh faic.

nai^{53} tau^{31} ŋəŋ^{31} fai^{21}

这 头 牛 小

这头牛小。

c. Naiv dauh zeix derm ngerngh.

nai^{53} tau^{31} tsei^{35} təm^{33} ŋəŋ^{31}

这 头 是 大称 牛

这头是大牛。

d. Naiv dauh ngerngh hlu.

nai^{53} tau^{31} ŋəŋ^{31} ɬu^{33}

这 头 牛 大

这头牛大。

乳源勉语中形容词作谓语的时候，往往需要加上程度副词，例如：

（48） a. Naiv dorv biangh taih nzuic a！

nai^{53} tɔ^{53} piaŋ^{31} tʰai^{31} dzui^{21} a^{33}

这 朵 花 太 美 了

这朵花太美了！

b. Nin naiv dauh mienh horh lerngc！

nin^{33} nai^{53} tau^{31} mien^{31} hɔ^{31} ləŋ^{21}！

他 这 个 人 很 棒

他这个人很棒！

c. Naiv juqv dauh dungx du horh jorqc.

nai^{53} cuʔ^{5} tau^{31} tuŋ^{35} tu^{33} hɔ^{31} cɔʔ^{2}

这 六 头 猪 都 很 肥

这六头猪都很肥。

乳源勉语中形容词重叠后可以作定语或者状语，此时需要加 nyei，例如：

(49)	a.	hniv	hniv	nyei	ndamc	[定语]
		n̥i^{53}	n̥i^{53}	ɲei^{33}	dam^{21}	
		重	重	的	担子	
		重重的担子				
	b.	baeqx	baeqh	nyei	zeiv	[定语]
		pæʔ^{3}	pæʔ^{3}	ɲei^{33}	tsei^{53}	
		白	白	的	纸	
		白白的纸				
	c.	herngx	herngx	nyei	mborqv	[状语]
		həŋ^{35}	həŋ^{35}	ɲei^{33}	bɔʔ^{5}	
		轻	轻	地	打	
		轻轻地打				

乳源勉语中形容词可以作动词的补语，此时，需要在动词后面加上补语助词。

(50)	a.	ei	nder	lerngc					
		ei^{33}	də^{33}	ləŋ^{21}					
		治	得	好					
		治得好							
	b.	jix	nder	nziouv					
		ci^{35}	də^{33}	dziəu^{53}					
		起	得	早					
		起得早							
	c.	jiqv	nder	ku	muaqc				
		ciʔ^{5}	də^{33}	$\text{k}^{h}\text{u}^{33}$	muaʔ^{2}				
		黑	得	好	看				
		黑得好看							
	d.	Nin	gorngv	waqc	gorngv	nder	siepv	siepv	nyei.
		nin^{33}	kɔŋ^{53}	waʔ^{2}	kɔŋ^{53}	də^{33}	siep^{5}	siep^{5}	ɲei^{33}

他 讲 话 讲 得 快 快 的

他讲话讲得很快。

e. Uv deic lui waic nzac nder baeqh baeqh nyei zingc zuqv.

u^{53} tei^{21} lui^{33} wai^{21} dza^{21} də^{33} pæʔ^{3} pæʔ^{3} ɲei^{33} tsiŋ^{21} tsuʔ^{5}

那 件 衣服要 洗 得 白 白 的 才 穿

那件衣服要洗得白白的才穿。

f. Nin zuqv nder nzuix nzuic nyei mingh tic wuqc.

nin^{33} tsuʔ^{5} də^{33} dzui^{35} dzui^{21} ɲei^{33} miŋ^{31} tʰi^{21} wuʔ^{2}

他 穿 得 漂漂亮亮 的 去 跳 舞

他穿得漂漂亮亮的去跳舞。

形容词可以受程度副词 horh 的修饰，表示“很”的意思。如果要表达“太、过于”的意思，则需要在形容词的后面加上 haic，例如：

(51) a. horh hniv

hɔ^{31} n̥i^{53}

很 重

很重

b. horh baeqh

hɔ^{31} pæʔ^{3}

很 白

很白

c. hniv haic

n̥i^{53} hai^{21}

重 太

太重

d. baeqh haic

pæʔ^{3} hai^{21}

白 太

太白

形容词可以构成“A nder mv maih du A”的结构表示“A 得不能再 A 了”，例如：

（52） a. baeqh nder mv maih du baeqh
pæʔ^{3} də^{33} m^{53} mai^{31} tu^{33} pæʔ^{3}
白得不能再白了

b. hniv nder mv maih du hniv
n̥i^{53} də^{33} m^{53} mai^{31} tu^{33} n̥i^{53}
重得不能再重了

c. herngx nder mv maih du herngx
həŋ^{35} də^{33} m^{53} mai^{31} tu^{33} həŋ^{35}
轻得不能再轻了

形容词可以被名物化标记 nyei 名物化，名物化后的结构可充当主语或宾语。

（53） a. Baeqh nyei haic nder siqv nyei ku muaqh.
pæʔ^{3} ɲei^{33} hai^{21} də^{33} siʔ^{5} ɲei^{33} k^{h}u^{33} muaʔ^{3}
白 的 或者 红 的 好 看
白的或者红的好看。

b. Hlu nyei ku nyietc, faic nyei mv ku nyietc.
ɬu^{33} ɲei^{33} k^{h}u^{33} ɲiet^{2} fai^{21} ɲei^{33} m^{53} k^{h}u^{33} ɲiet^{2}.
大 的 好 吃 小 的 不 好 吃
大的好吃，小的不好吃。

c. Nin nyei lui zeix siqv nyei.
nin^{33} ɲei^{33} lui^{33} tsei^{35} siʔ^{5} ɲei^{33}
他 的 衣服 是 红 的
他的衣服是红的。

和形容词密切相关的句式就是比较句，分为平比句和差比句。乳源勉语中的平比句采用“X 和 Y 一样 A”的格式，其中的比较对象 X 和 Y 可以是体词性的，也可以是谓词性的。例如：

（54） a. Zu Jerm lu Wan Buv yieth yiorqc hlang.

tsu^{33} cəm^{33} lu^{33} wan^{33} pu^{53} jiet^{3} jiɔʔ^{2} ɬaŋ^{33}

志金 和 安保 一样 高

志金和安保一样高。

b. Zu Jerm tic nder tin Wan Buv qeah ci yieth yiorqc siepv.

tsu^{33} cəm^{33}t^{h}i:^{21} də^{33} thin^{33}wan^{33}pu^{53} c^{h}æ^{33}ts^{h}i:^{33} jiet^{3} jiɔʔ^{2} siep^{5}

志 金 跑 得 和 安保 骑 车 一 样 快

志金跑得和安保骑车一样快。

2．"比"字型差比句

乳源勉语中的差比句有两种不同的形式：（1）比较主体 + beiv + 比较基准 + A；（2）比较主体 + 维度形容词 + jic + 比较基准。在第一种形式中，乳源勉语使用的是汉语借词"比"来引导比较基准，例如：

（55） a. Zu Jerm beiv Wan Buv hlang.

tsu^{33} cəm^{33} pei^{53} wan^{33} pu^{53} ɬaŋ^{33}

志金 比 安保 高

志金比安保高。

b. Zu Jerm beiv Wan Buv liatv.

tsu^{33} cəm^{33} pei^{53} wan^{33} pu^{53} liat^{5}

志金 比 安保 聪明

志金比安保聪明。

c. Li hnuai beiv han hnuai jorm.

li^{33} n̥uai^{33} pei^{53} han^{33} n̥uai^{33} cɔm^{33}

今天 比 昨天 热

今天比昨天热。

当比较的对象是领属结构的时候，比较基准中的核心名词可以省略，例如：

（56） Fui Ziou nyei derm sienc beiv Zerng Guotv nyei hlu.

fui^{33} tsiəu^{33} ɲei^{33} təm^{33} sien^{21} pei^{53} tsəŋ^{33} kuɔt^{5} ɲei^{33} ɬu^{33}

非洲 的 老虎 比 中国 的 大

非洲的老虎比中国的大。

比较的对象也可以是行为动作所涉及程度，例如跑步的速度、唱歌声音的响度等，例如：

（57） a. Zu Jerm beiv Wan Buv tic nder siepv.

tsu^{33} cəm^{33} pei^{53} wan^{33} pu^{53} $t^{h}i^{21}$ də^{33} siep^{5}

志金 比 安保 跑 得 快

志金比安保跑得快。

b. Zu Jerm tic nder beiv Wan Buv siepv.

tsu^{33} cəm^{33} $t^{h}i^{21}$ də^{33} pei^{53} wan^{33} pu^{53}siep^{5}

志金 跑 得 比 安保 快

志金跑得比安保快。

比较的基准除了名词性结构之外，也可以是名物化的句子，例如：

（58） Zu Jerm beiv I siorngh nyei hanc gorliatv.

tsu^{33} cəm^{33} pei^{53} i^{33} siɔŋ^{31} ɲei^{33} han^{21} kɔ^{33}liat^{5}

志金 比 我 想 的 更聪明

志金比我想的更聪明。

比较的对象有时候是和宾语所涉及的程度或数量有关，例如：

（59） a. Zu Jerm beiv Wan Buv fiv a hanc gor nauc nyei fienc.

tsu^{33} cəm^{33}pei^{53} wan^{33} pu^{53} fi^{53} a^{33} han^{21} kɔ^{33} nau^{21} ɲei^{33} fien^{21}.

志金 比 安保 写了 更 多 的 信

志金比安保写了更多的信。

b. Zu Jerm fiv nyei sou beiv WanBuvfiv nyei fienc hanc gor nauc.

tsu^{33}cəm^{33} fi^{53} ɲei^{33} səu^{33}pei^{53} wan^{33}pu^{53} fi^{53}ɲei^{33} fien^{21} han^{21} kɔ^{33} nau^{21}

志金　写 的 书 比　安保　写 的 信 更　多

志金写的书比安保写的信更多。

3. 维度形容词差比句

乳源勉语中的差比句的第二种形式为：比较主体 + 维度形容词 + jic + 比较基准。出现在这种形式中的形容词必须是可度量的形容词，而比较基准可以是名词短语，也可以是表度量的数量词。

(60) a. Zu Jerm fiv nyei sou camv jic Wan Buv fiv nyei fienc.

tsu^{33} cəm^{33} fi^{53} ɲei^{33} səu^{33} ts^{h}am^{53} ci^{21} wan^{33} pu^{53} fi^{53} ɲei^{33} fien^{21}

志 金 写 的 书 多 过 安 保 写 的 信

志金写的书多过安保写的信。

b. Zu Jerm bac nzorngx nyei qic hlu jic WanBuv gorngv waqc nyei qic.

tsu^{33}cəm^{33} pa^{21}dzɔŋ^{33} ɲei^{33} c^{h}i:^{21} ɬu^{33}ci^{21} wan^{33}pu^{53} kɔŋ^{53} waʔ^{2} ɲei^{33} c^{h}i:^{21}

志金 唱 歌 的 声音 大 过 安保 说 话 的 声音

志金唱歌的声音大过安保说话的声音。

c. Zu Jerm hlang jic yieth hmeiv cieqv.

tsu^{33} cəm^{33} ɬaŋ^{33} ci^{21} jiet^{3} m̥ei^{53} ts^{h}ieʔ^{5}

志金 高 过 一 米 七

志金高过一米七。

d. Naiv dornghlauh nyei hlangderpc hlu jic uv dih suerng nyei jiangv derpc.

nai^{53} tɔŋ^{31} lau^{31} ɲei^{33}ɬaŋ^{33} təp^{2} ɬu^{33} ci^{21} u^{53} ti^{31} suəŋ^{33} ɲei^{33} ciaŋ^{53} təp^{2}

这 栋 楼房的 高 度 大 过 那 条 河 的 宽 度

这栋楼房的高度大过那条河的宽度。

如果对程度进行提问，需要在形容词前加上表示程度的疑问词“多”，例如：

(61) a. Zu Jerm maih mbuqh zic hlang?

tsu^{33}cəm^{33} mai^{31} buʔ^{3} tsi^{21} ɬaŋ^{33}

志金 有 多 高

志金有多高？

b. Zu Jerm tic nder maih mbuqh zic siepv?
tsu^{33} cəm^{33} tʰi^{21} də^{33} mai^{31} buʔ^{3} tsi^{21} siep^{5}
志金 跑 得 有 多 快
志金跑得有多快?

在差比句中如果出现了表示比较对象差异的数量短语的时候，以上提到的两种差比句均可以使用，例如：

(62) a. Li hnuai beiv hang hnuai hlang bia derpc.
li^{33} n̥uai^{33} pei^{53} haŋ^{33} n̥uai^{33} ɬaŋ^{33} pia^{33} təp^{2}
今天 比 昨天 高 五 度
今天比昨天高五度。

b. A：Zu Jerm hlang Wan Buv mbuqh zic?
tsu^{33} cəm^{33} ɬaŋ^{33} wan^{33} pu^{53} buʔ^{3} tsi^{21}?
志金 高 安保 多少
志金比安保高多少?

B：Zu Jerm hlang Wan Buv I gerng buon.
tsu^{33} cəm^{33} ɬaŋ^{33} wan^{33} pu^{53} i^{33} kəŋ^{33} puɔn^{33}
志金 高 安保 两 公 分
志金高安保两公分。

c. Mueih fiv nyei sou beiv uv buonv ngang sienv camv bia kuaiv.
muei^{31} fi^{53} ɲei^{33} səu^{33} pei^{53} u^{53} puɔn^{53} ŋaŋ^{33} sien^{53} tsʰam^{53} pia^{33} kʰuai^{53}
你 写 的 书 比 那 本 刚 好 多 五 页
你写的书要比那本刚好多五页。

如果要表示最高级的时候，需要借助副词 zuih“最”，例如：

(63) a. Nin mbu uv deic mienh Zu Jerm zuih hlang.
nin^{33} bu^{33} u^{53} tei^{21} mien^{31} tsu^{33} cəm^{33} tsui^{31} ɬaŋ^{33}
他 们 那 些 人 志金 最 高
他们那些人中志金最高。

b.	Zu Jerm	kuaix	ci	kuaix	nder	zuih	siepv.
	tsu^{33} cəm^{33}	k^{h}uai^{35}	ts^{h}i^{33}	k^{h}uai^{35}	də^{33}	tsui^{31}	siep^{5}
	志金	开	车	开	得	最	快

志金开车开得最快。

八、副词与副词短语

副词是只能充当状语的虚词。乳源勉语中，副词直接放在动词前，作状语修饰动词。例句（64c）中谓语部分的句法分析树形图如（64d）所示。

（64）	a.	Mueih	mv nder	jerpv,	zorng	faic	gorngv.
		muei^{31}	m^{53} də^{33}	cəp^{5}	tsɔŋ^{33}	fai^{21}	kɔŋ^{53}
		你	不要	急	慢慢		说

你不要急，慢慢说。

b.	Mueih	fin	mingh,	I	nqua hav	daih.
	muei^{31}	fin^{33}	miŋ^{31}	i^{33}	gua^{33} ha^{53}	tai^{31}
	你	先	走	我	后	来

你先走，我后走。

c.	I	quqc mbuer	nguaic	nin.
	i^{33}	c^{h}uʔ^{2} buə^{33}	ŋuai^{21}	nin^{33}
	我	只	爱	她

我只爱她。

d.

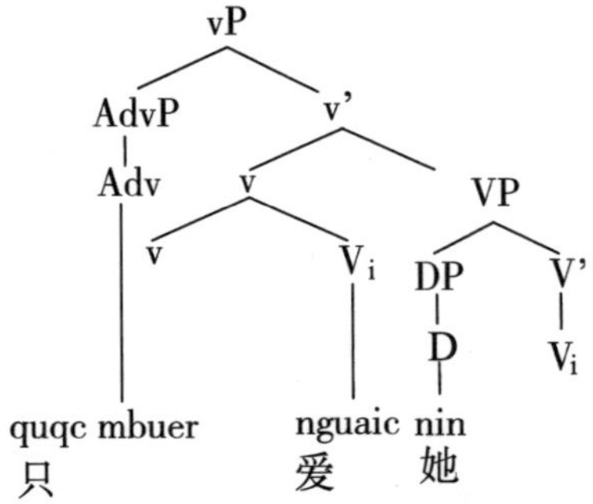

副词可以分为范围副词、程度副词、时间副词以及否定副词。范围副词包括 yieth zorngv：全部、du：都、quqc mbuer：只、zingc：只等等；程度副词包括 horh：很、haic：太、hanc gor：更、zuih：最等等；时间副词包括 gor fin：先、nqua hav：后、ma siorngh：马上等等；否定副词包括 mv njingv：没、mv：不、mv nder：不得等等。

表 8　副词的分类

	范围副词	程度副词	时间副词	否定副词
（65）a.	yieth zorngv：全部	horh：很	gor fin：先	mv：不
b.	quqc mbuer：只	haic：太	nqua hav：后	mv njingv：没
c.	zingc：只、仅仅	hanc gor：更	ma siorngh：马上	mv nder：不得
d.	du：都		ziang hnuai：整天	nderx：别

表示数量的 zingc 与表示范围的 quqc mbuer，虽然都是“只”的意思，但具体的语义不同，zingc 强调的是后面所带的数词，而 quqc mbuer 强调的是后面所带的名词或动词。

（66）　a.　I　zingc　mingh　jic　yieth　luonh.
i^{33}　ciŋ^{21}　miŋ^{31}　ci^{21}　jiet^{3}　luɔn^{31}
我　只　去　过　一　次
我只去过一次。

b.　Zingc　maih　yieth　dauh　mienh　daih.
tsiŋ^{21}　mai^{31}　jiet^{3}　tau^{31}　mien^{31}　tai^{31}.
只　有　一　个　人　来
只有一个人来。

c.　I　quqc mbuer　nyietc　pingc gorh.
i^{33}　c^{h}uʔ^{2} buə^{33}　ɲiet^{2}　p^{h}iŋ^{21} kɔ^{31}
我　只　吃　苹果
我只吃苹果。

d.　Nin　quqc mbuer　haix　fiv　nzatc，　mv　haix　fungc　zuangc.
nin^{33}　c^{h}uʔ^{2} buə^{33}　hai^{35}　fi^{53}　dzat^{2}　m^{53}　hai^{35}　fuŋ^{21}　tsuaŋ^{21}
他　只　会　写　字　不　会　算　账
他只会写字，不会算账。

副词可以组成前后相连的结构，例如：

（67） a. Naiv dorv biangh yietv muaqc yietv ku muaqc.

naiː^{53} tɔ^{53} piaŋ^{31} jiet^{5} muaʔ^{2} jiet^{5} k^{h}u^{33} muaʔ^{2}

这 朵 花 越 看 越 好看

这朵花越看越好看。

b. Uv dauh fu juiv yuqc baeqh yuqc jiorqc.

u^{53} tau^{31} fu^{33} cuiː^{53} juʔ^{2} pæʔ^{3} juʔ^{2} ciɔʔ^{2}

那 个 小孩 又 白 又 胖

那个小孩又白又胖。

九、介词与介词短语

乳源勉语中常用的介词包括：horngc（向）、danh（从）、beiv（比）、zorqv（把）、bung（被），等等。介词与名词性短语构成介词短语，作句子的状语。介词短语的结构如（68f）所示。

（68） a. I danh Baeqh Jing daih.

i^{33} tan^{31} pæʔ^{3} ciŋ^{33} tai^{31}

我 从 北京 来

我从北京来。

b. Mueih horngc uv dauh mienh muaqc.

mueiː^{31} hɔŋ^{33} u^{53} tau^{31} mien^{31} muaʔ^{2}

你 向 那 个 人 看

你向那个人看。

c. Mueih beiv i hlang.

mueiː^{31} peiː^{53} iː^{33} ɬaŋ^{33}

你 比 我 高

你比我高。

d. Nin zorqv derm sienh mborqv daic hietv.

nin^{33} tsɔʔ^{5} təm^{33} sien^{31} bɔʔ^{5} tai^{21} hiet^{5}

他 把 老虎 打 死 了

他把老虎打死了。

e. Derm sienh bung nin mborqv daic hietv.

təm^{33} sien^{31} puŋ^{33} nin^{33} bɔʔ^{5} tai^{21} hiet^{5}

老虎 给 他 打 死 了

老虎被他打死了。

f.

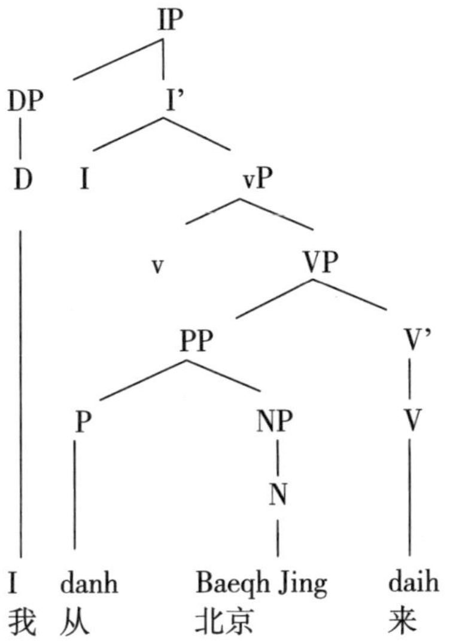

十、连词与连词短语

乳源勉语中常见的连词包括：表示并列的 lu 和 tin；表示选择的 haic zeix 和 haic nder；表示转折的 mberx ger，等等。例如：

（69） a. derm mienh lu fu jueiv

təm^{33} mien^{31} lu^{33} fu^{33} cuei^{53}

大人 和 小孩

b. derm mienh tin fu jueiv

tәm^{33} mien^{31} thin^{33} fu^{33} cuei^{53}

大人 和 小孩

c. I mbu biauv maih i dauh yungh tin bu dauh ngerngh.

i^{33} bu^{33} piau^{53} mai^{31} i^{33} tau^{31} juŋ^{31} t^{h}in^{33} pu^{33} tau^{31} ŋәŋ^{31}

我们 家 有 两 只 羊 和 三 头 牛

我们家有两只羊和三头牛。

d. biei norm haic zeix bia norm

piei^{33} nɔm^{33} hai^{21} tsei^{35} pia^{33} nɔm^{33}

四 个 还 是 五 个

e. Mueih lertc naiv norm haic nder lertc uv norm.

muei^{31} lәt^{2} nai^{53} nɔm^{33} hai^{21} dә^{33} lәt^{2} u^{53} nɔm^{33}

你 要 这 个 还是 要 那 个

f. Nin nyei qiaqv horh hlu, mbuerx ger mv zouc gerng.

nin^{33} ɲei^{33} c^{h}iaʔ^{5} hɔ^{31} ɬu^{33} buә^{35} kә^{33} m^{53} ts әu^{21} kәŋ^{33}

他 的力气 很 大 但是 不 做工

他的力气很大，但是不干活。

十一、助词与助词短语

乳源勉语的助词包括两类：结构助词和体助词。

1. 结构助词

乳源勉语的结构助词包括 nyei 和 nder，都可以用来构成关系从句，达到修饰核心名词的目的。例如：

(70) a. Uv dauh siqv zuqv nyei lui horh nzueic.

u^{53} tau^{31} siʔ^{5} tsuʔ^{5} ɲei^{33} lui^{33} hɔ^{31} dzuei^{21}

那 个 姑娘 穿 的 衣服很 好看

那个姑娘穿的衣服很好看。

b. Uv dauh siqv maix nder uv deic lui horh nzueic.
u^{53} tau^{31} $si\text{ʔ}^{5}$ mai^{35} $də^{33}$ u^{53} tei^{21} lui^{33} $hɔ^{31}$ $dzuei^{21}$
那 个 姑娘 买 的 那 件 衣服 很 好看
那个姑娘买的那件衣服很好看。

当一个定语从句修饰一个光杆名词的时候，需要用 nyei；当一个定语从句修饰一个带指示词的名词短语的时候，需要用 nder，例如：

（71） a. I maix nder uv buonv sou horh lerngc.
i^{33} mai^{35} $də^{33}$ u^{53} $puɔn^{53}$ $səu^{33}$ $hɔ^{31}$ $ləŋ^{21}$
我 买 的 那 本 书 很 好看
我买的那本书很好看。

b. I maix nyei sou du horh lerngc.
i^{33} mai^{35} $ɲei^{33}$ $səu^{33}$ tu^{33} $hɔ^{31}$ $ləŋ^{21}$.
我 买 的 书 都 很 好看
我买的书都很好看。

c. I maix nder uv buonv sou mv buoth hietv.
i^{33} mai^{35} $də^{33}$ u^{53} $puɔn^{53}$ $səu^{33}$ m^{53} $puɔt^{3}$ $hiet^{5}$.
我 买 的 那 本 书 不 见 了
我买的那本书不见了。

d. Uv buonv I maix nyei sou mv buoth hietv.
u^{53} $puɔn^{53}$ i^{33} mai^{35} $ɲei^{33}$ $səu^{33}$ m^{53} $puɔt^{3}$ $hiet^{5}$.
那 本 我 买 的 书 不 见 了
那本我买的书不见了。

但是，如果定指短语前的修饰语是形容词，那么就只能用 nyei。例如：

（72） a. ku muaqc nyei uv buonc sou
$k^{h}u^{33}$ $mua\text{ʔ}^{2}$ $ɲei^{33}$ u^{53} $puɔn^{21}$ $səu^{33}$
好 看 的 那 本 书
好看的那本书。

b. uv buonc ku muaqc nyei sou

u^{53} puɔn^{21} k^{h}u^{33} muaʔ^{2} ɲei^{33} səu^{33}

那 本 好 看 的 书

那本好看的书。

c. uv dauh horh liatv nyei fu juiv

u^{53} tau^{31} hɔ^{31} liat^{5} ŋei^{33} fu^{33} cui^{53}

那 个 很 聪明 的 小孩

那个很聪明的小孩。

d. uv ndeic mv lerngc nyei zatc

u^{53} dei^{21} m^{53} ləŋ^{21} ɲei^{33} tsat^{2}

那些 不 好 的 事情

那些不好的事情。

不过，在乳源勉语中，表示主观意愿的动词“喜欢”在定语从句中作谓语的时候，不管核心名词是光杆名词，还是带指示词的定指短语，都只能用 nyei，例如：

（73） a. I zuqh eic nyei mienh biauc hietv.

i^{33} tsuʔ^{3} ei^{21} ɲei^{33} mien^{31} piau^{21} hiet^{5}

我 喜欢 的 人 走 了

我喜欢的人走了。

b. *I zuqh eic nder mienh biauc hietv.

i^{33} tsuʔ^{3} ei^{21} də^{33} mien^{31} piau^{21} hiet^{5}

我 喜欢 的 人 走 了

我喜欢的人走了。

c. I zuqh eic nyei uv dauh mienh biauc hietv.

i^{33} tsuʔ^{3} ei^{21} ɲei^{33} u^{53} tau^{31} mien^{31} piau^{21} hiet^{5}.

我 喜欢 的 那 个 人 走 了

我喜欢的那个人走了。

d. *I zuqh eic nder uv dauh mienh biauc hietv.

i^{33} tsuʔ^{3} ei^{21} də^{33} u^{53} tau^{31} mien^{31} piau^{21} hiet^{5}

我 喜欢 的 那 个 人 走 了

我喜欢的那个人走了。

乳源勉语的定语从句可以叠加，此时，定语从句的标记选用 nyei 还是 nder，仍然遵循上面所说的原则，例如：

（74） a. I hang hnuai maix nyei zuih zuqh eic nyei uv
i^{33} haŋ^{33} n̥uai^{33} mai^{35} ɲei^{33} tsui^{31} tsuʔ^{3} ei^{21} ɲei^{33} u^{53}
我 昨天 买 的 最 喜欢 的 那
buonv sou li hnuai lorx mv buoth hietv.
puɔn^{53} səu^{33} li^{33} n̥uai^{33} lɔ^{35} m^{53} puɔt^{3} hiet^{5}
本 书 今天 找 不 到 了
我昨天买的我最喜欢的那本书今天找不到了。

b. I hang hnuai maix nder uv buonv zuih zuqh eic nyei
i^{33} haŋ^{33} n̥uai^{33} mai^{35} də^{33} u^{53} puɔn^{53} tsui^{31} tsuʔ^{3} ei^{21} ɲei^{33}
我 昨天 买 的 那 本 最 喜欢 的
sou li hnuai lorx mv buoth hietv.
səu^{33} li^{33} n̥uai^{33} lɔ^{35} m^{53} puɔt^{3} hiet^{5}
书 今天 找 不 到 了
我昨天买的那本最喜欢的书今天找不到了。

c. I maix nder bu deic horh nzueic nyei lui
i^{33} mai^{35} də^{33} pu^{33} tei^{21} hɔ^{31} dzuei^{21} ŋei^{33} lui^{33}
我 买 的 三 件 很 漂亮 的 衣服
mv buoth hietv.
m^{53} puɔt^{3} hiet^{5}
不 见 了
我买的三件漂亮的衣服不见了。

d. Uv bu deic I maix nyei horh nzueic nyei
u^{53} pu^{33} tei^{21} i^{33} mai^{35} ɲei^{33} hɔ^{31} dzuei^{21} ɲei^{33}
那 三 件 我 买 的 很 漂亮 的

lui mv buoth hietv.

lui^{33} m^{53} puɔt^{3} hiet^{5}

衣服不 见 了

那三件我买的很漂亮的衣服不见了。

当形容词修饰带指示词的名词短语的时候，nyei 可省可不省，例如：

(75) a. Hlu uv norm I nyietc, faic uv norm mueih nyietc.

ɬu^{33} u^{53} nɔm^{33} i^{33} ɲiet^{2}, fai^{21} u^{53} nɔm^{33} muei^{31} ɲiet^{2}.

大 那 个 我吃, 小 那 个 你 吃

大的那个我吃，小的那个你吃。

b. Hlu nyei uv norm I nyietc, faic nyei uv norm mueih nyietc.

ɬu^{33} ɲei^{33} u^{53} nɔm^{33} i^{33}ɲiet^{2}, fai^{21} ɲei^{33} u^{53} nɔm^{33} muei^{31} ɲiet^{2}.

大 的 那 个 我 吃, 小 的 那 个 你 吃

大的那个我吃，小的那个你吃。

除了作定语标记之外，nyei 还可以用作状语标记，例如：

(76) a. herngx herngx nyei mborqv [状语]

həŋ^{35} həŋ^{35} ɲei^{33} bɔʔ^{5}

轻 轻 地 打

轻轻地打。

b. nin mbu maih gorngv maih jietv nyei zuix njie

nin^{33} bu^{33} mai^{31} kɔŋ^{53} mai^{31} ciet^{5} ɲei^{33} tsui^{35} ɟie^{33}

他 们 有 说 有 笑 地 坐 在

ndaux nyei gorngv waqc.

dau^{35} ɲei^{33} kɔŋ^{53} waʔ.

地 助词 讲 话

他们有说有笑地坐在地上讲话。

2. 体助词

乳源勉语的体助词包括表示进行体的 njic（着）；完成体的 a（了）；经历体

的 jic（过），例如：

（77） a.

nyietc	njie
ɲiet^{2}	ɟie^{33}
吃	着

b.

nyietc	a
ɲiet^{2}	a^{33}
吃	了

c.

nyietc	jic
ɲiet^{2}	ci^{21}
吃	过

注意，表示完成体的 a 和表示状态发生变化的句尾词 a 读音完全一样。这点和汉语的“了 1”和“了 2”类似。例句（78）中动词后的 a 相当于“了 1”，是体助词，而句末的 a 是句末语气词，表示的是陈述语气。

（78）

Nin	nyietc	a	hnangc	a.
nin^{33}	ɲiet^{2}	a^{33}	n̥aŋ^{21}	a^{33}
他	吃	了	饭	了

他吃了饭了。

当体助词为 njie 的时候，整个句子显得不完整，需要补充其他成分，这一点和汉语中的“着”类似。

（79） a.

Nin	nderngc	njie	laph	mingh	a.
nin^{33}	dəŋ^{21}	ɟie^{33}	lap^{3}	miŋ^{31}	a^{33}
他	戴	着	斗笠	去	了

他戴着斗笠走了。

b.

Nin	bingc	njie	mbuc	I	yieth	qienh	zatc.
nin^{33}	piŋ^{21}	ɟie^{33}	bu^{21}	i^{33}	jiet^{3}	c^{h}ien^{31}	tsat^{2}
他	偷	着	告诉	我	一	件	事

他偷着告诉我一件事。

另外，处所存现句中动词后必须出现 njie，并且句尾必须出现 nyei，构成“动词 + njie + 处所方位词 + nyei”的句式。

体助词（aspect）需要投射成体助词短语。乳源勉语中没有时态范畴，因此，句子往往表现为体助词短语。例如：

（80）

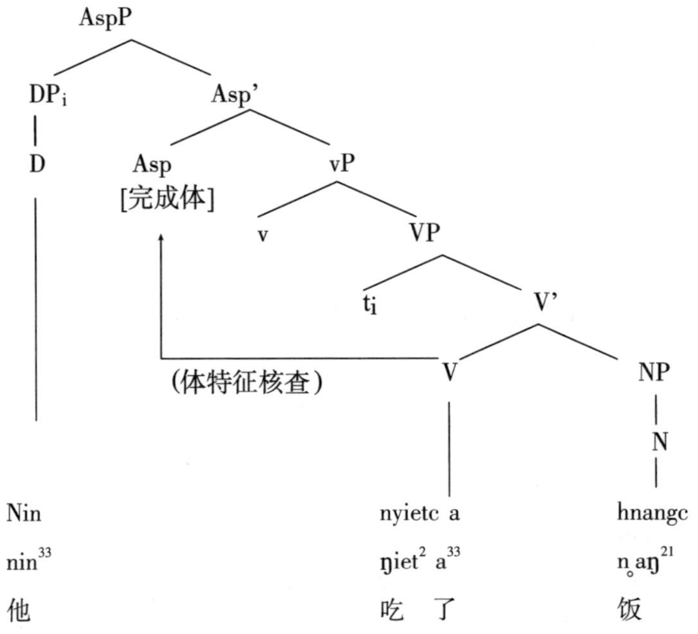

我们需要区分体范畴和体助词。体范畴（Asp）是句子层面的功能范畴，具有可解释性的体特征。而动词通过加体助词之后而具有的体特征属于动词的不可解释性特征，需要在句子层面通过特征核查的方式予以删除。在（80）中，体助词 a 附加在动词 nyietc 之后，表示“吃饭”这个动作事件 vP 具有完成体特征，动词的完成体特征和由体范畴标示的整句话的完成体特征一致，经过特征核查，动词具有的体特征删除，而句子层面的体范畴所具有的体特征在特征核查时得以解释。

十二、标句词与标句词短语

标句词（complementizer）表示的是一个句子所带有的语气。在英语中有三个典型的标句词：（1）引导具有陈述语气的宾语从句的引导词 that；（2）引导具有疑问语气的宾语从句的引导词 whether；（3）引导不定式子句的引导词 for。标句词的指定语的位置一般由疑问词占据，而补足语的位置则是由句子层面的功能范畴（体、极性、情态）投射而成的短语充当。标句词在乳源勉语中可以出现在补足语的后面，表现为句末语气词，也可以出现在补足语的前面。

乳源勉语中的标句词有：（1）表示状态发生变化的陈述语气标句词；（2）疑问语气标句词；（3）补语标句词。

1. 陈述语气标句词

乳源勉语中的陈述语气一般不需要加语气词。但如果要表达某种状态的变化，可以使用标句词 a，可以出现在肯定句中，也可以出现在否定句中，例如：

（81） a. Nin nyietc a hnangc a.

nin^{33} ɲiet^{2} a^{33} n̥aŋ^{21} a^{33}

他 吃 了 饭 了

他吃了饭了。

b. I horh lauh mv jingh muaqc buoth nin a.

i^{33} hɔ^{31} lau^{31} m^{53} ciŋ^{31} muaʔ^{2} puɔt^{3} nin^{33} a^{33}

我 很久 没 看见 他 了

我很久没看见他了。

c.

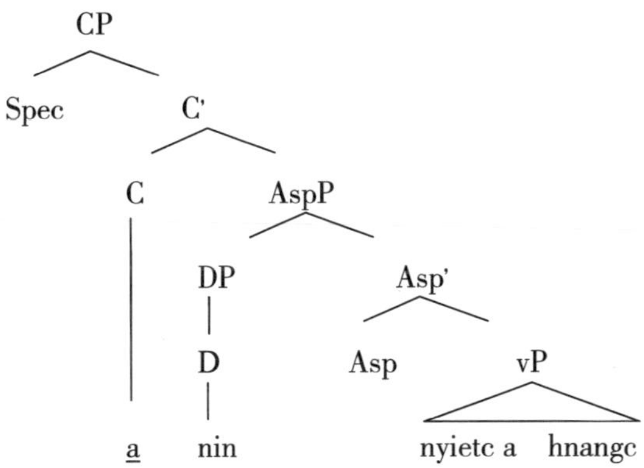

例句（81a）的句法结构分析如（81c）所示。在（81c）中标句词 a 在句首，这是由勉语的 SVO 的整体语序决定的。为了得到正确的语序，需要体范畴短语（AspP）从标句词补足语的位置移动到指定语位置。

2. 疑问语气标句词

在乳源勉语中表示疑问的语气词有 nza、za、a 和 ma。例如：

(82)	a.	Mueih	mv	daih	nza?
		muei^{31}	m^{53}	tai^{31}	dza^{33}
		你	不	来	吗
		你不来吗?			
	b.	I	yiem	I Nyuonh	ma?
		i^{33}	jiem^{33}	i^{33} ɲuɔn^{31}	ma^{33}
		我	在	乳源	吗
		我在乳源吗?			
	c.	Nin	daih	nza?	
		nin^{33}	tai^{31}	dza^{33}?	
		他	来	吗	
		他来吗?			
	d.	Nin	daih	ma?	
		nin^{33}	tai^{31}	ma^{33}	
		他	来	吗	
		他来吗?			

其中 nza、za 和 a 意义相同，用来表示一般的疑问语气。而 ma 则比较特殊，是用来表示反问的语气，例句（82b）暗指“我根本不在乳源，你怎么说我在乳源呢?”而（82d）暗指“他根本不会来，你怎么说他会来呢?”

3. 补语标句词

乳源勉语的标句词短语的结构分为两种：第一种是需要将补足语移动到指定语位置的标句词，如（81c）所示；第二种是不需要将补足语移动到指定语位置的标句词，结果补语的引导词就是此类标句词，例如：

(83)	a.	Nin	jietv	nderc	nqai si	du	mung	a.
		nin^{33}	ciet^{5}	də^{21}	gai^{33} si^{33}	tu^{33}	muŋ^{33}	a^{33}
		他	笑	得	肚子	都	疼	了
		他笑得肚子都疼了。						

b.

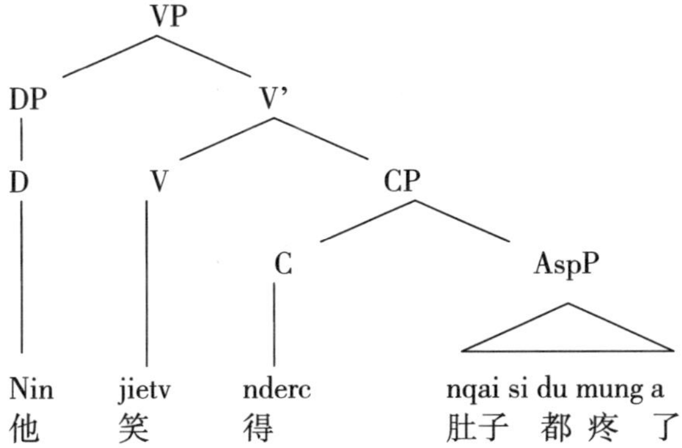

4. 专题研究：乳源勉语中的极性问句

下面的内容，是在生成语法的理论框架下的一个和标句词相关的专题研究。研究内容为乳源勉语中的极性问句。乳源勉语语法中有许多诸如此类的值得深入研究的课题。

任何一种语言的疑问句一般而言都可分为极性问句和特指问句。汉语中的疑问句可分为极性问句、特指问句和选择问句。极性问句可以分为是非问句和正反问句。吴福祥（2008）论证了极性问句中的正反问句是世界语言中罕见的疑问构式，极有可能是东南亚语言的一种区域特征。[①] Siemund（2001）将正反问句跟“语调模式”、“疑问小品词”、“疑问附加语”、“语序”、“动词屈折形式”一起概括为世界语言编码极性问句的六种手段。[②] 根据 Siemund（2001）和吴福祥（2008）关于极性问句的类型学分类标准，乳源勉语中存在六种不同的极性问句构式，其中使用疑问语素 ha 的极性问句是乳源勉语中最为常用的极性问句形式。动词的变调规律揭示乳源勉语中的重叠式极性问句不是依靠将动词直接拷贝这种屈折形态构成的，而是通过“A - not - A”型正反问句中否定语素的删除而形成的。

对于勉语的极性问句，《瑶族语言简志》主要记录了以下三种形式[③]。

---

① 吴福祥：《南方语言正反问句的来源》，《民族语文》2008 年第 1 期，第 3—18 页。

② Siemund, Peter, Interrogative constructions. In Martin Haspelmath, Ekkehard Konig, Fulf Oesterreicher, and Wolfgang Raibe (eds.), *Language typology and language Universals*: *An international handbook*, Vol. 2, Berlin & New York: Walter de Gruyter, 2001, p. 1010—1028.

③ 毛宗武、蒙朝吉、郑宗泽：《瑶族语言简志》，民族出版社 1982 年版。

第一，用句末语气助词表示。在乳源勉语中表示疑问的语气词有 nza、za、a 和 ma。例如：

（84） a.

Mueih	mv	daih	nza?
muei^{31}	m^{53}	tai^{31}	dza^{33}
你	不	来	吗

你不来吗？

b.

I	yiem	I Nyuonh	ma?
i^{33}	jiem^{33}	i^{33} ɲuɔn^{31}	ma^{33}
我	在	乳源	吗

我在乳源吗？

其中 nza、za 和 a 意义相同，用来表示一般的疑问语气。而 ma 则比较特殊，是用来表示反问的语气，例句（84b）暗指“我根本不在乳源，你怎么说我在乳源呢?”

第二，用肯定与否定相连的形式表示，即“A – not – A”型极性问句。

（85） a.

Mueih	zei	mv	zei	lu sou?
muei^{31}	tsei^{33}	m^{53}	tsei^{33}	lu^{33} səu^{33}
你	是	不	是	老师

你是不是老师？

b.

Mueih	dic	maqc	yiem	mv	yiem	biauv?
muei^{31}	ti^{21}	maʔ^{2}	jiem^{33}	m^{53}	jiem^{33}	piau^{53}
你	爸	妈	在	不	在	家

你爸妈在不在家？

c.

Nin	nyietc	mv	nyietc	hnangc?
nin^{33}	ɲiet^{2}	m^{53}	ɲiet^{2}	n̥aŋ^{21}
他	吃	不	吃	饭

他吃不吃饭？　　　（李少梅）①

① 李少梅：《中国广东乳源瑶族与瑶语》，民族出版社 2008 年版，第 166 页。

(86) a.

* Nin	nyietc	mv	jingh	nyietc	hnangc?
nin^{33}	ȵiet^{2}	m^{53}	ciŋ^{31}	ȵiet^{2}	n̥aŋ^{21}
他	吃	没	有	吃	饭

他吃没吃饭?

b.

? Nin	jingh	mv	jingh	nyietc	hnangc?
nin^{33}	ciŋ^{31}	m^{53}	ciŋ^{31}	ȵiet^{2}	n̥aŋ^{21}
他	有	没	有	吃	饭

他有没有吃饭?

c.

Nin	mv	jingh	nyietc	hnangc.
nin^{33}	m^{53}	ciŋ^{31}	ȵiet^{2}	n̥aŋ^{21}
他	没	有	吃	饭

他没吃饭。

当要表示“有没有吃饭”的时候，该极性问句需要借助表示完成体的动态助词 jingh 构成 jingh - mv - jingh,① 例如（86b），而不能如（86a）中用 nyietc - mv jingh - nyietc，这说明乳源瑶语中的 mv jingh 不能充当“A - not - A”中的否定语素。从这个意义上讲，乳源瑶语中的 mv jingh 不完全等同于汉语的“没(有)”。当要表示“没有吃饭”的时候，可以直接在动词“吃”的前面用 mv jingh 进行否定。(86b）的否定回答为（86c)②。

第三，单凭语调表示，一般是由低而高。

---

① 注意表示完成体的动态助词 jingh 必须与否定词或者疑问语素连用。在肯定句中如果需要表示完成体，那得用动态助词 a，例如，Nin nyietc a hnangc.（他吃了饭），而不能说 Nin nyietc jingh hnangc。根据 jingh 的句法表现，我们可以将其看成是一个必须由否定或者疑问成分允准的否定极性词(Negative Polarity Item)。根据我们的调查，这种由“jingh mv jingh”构成的极性问句虽然也可以接受，但是相对下文中讨论的“ha jingh”型以及句尾“mv jingv”型极性问句而言，在乳源勉语中并不常用。

② 汉语的否定词分为“不”与“没（有)”，但是在乳源瑶语中否定词并没有这样的分别，乳源瑶语只有一个否定词 mv。汉语由于有两个不同的否定词，因此“A - not - A”既可以用来表示“去不去?”也可以用来表示“去没去?”不会存在歧义。由于乳源瑶语只有一个否定词 mv，因此用“A - not - A”来表示“V 没 V”存在一定的困难。即使可以借助体态动词 jingh 构成“jingh mv jingh”来表示“V 没 V”，这种说法也显得很不地道，在日常口语中并不常用。

(87)	Nin	daih	a?	↗
	nin^{33}	tai^{31}	a^{33}?	
	他	来	了	
	他来了吗?			

毛宗武（2004）在讨论瑶语标敏方言中的疑问句时，谈到了另外一种极性问句的形式，即用肯定与否定相连的省略式。① 所谓省略是指省略“A - not - A”型极性问句中的否定语素，省略的结果直接导致“AA”谓词重叠式极性问句的出现。在乳源勉语中，也存在这样的“AA”谓词重叠式极性问句。例如：

(88)	a.	Mueih	zeiv	zei	lu sou?
		muei^{31}	tsei^{53}	tsei^{33}	lu^{33} səu^{33}
		你	是	是	老师
		你是不是老师?			
	b.	Mueih	yiev	yiem	biauv?
		muei^{31}	jie^{53}	jiem^{33}	piau^{53}?
		你	在	在	家
		你在不在家?			

注意在这种“AA”式极性问句中，第一个谓词的声调会发生变化，不管其原调是什么，都会变成53调。例句（88b）中的动词 yiem 以 m 结尾，此时除了要变调，还要将动词的韵尾 m 去掉，这是因为乳源勉语的否定语素也是 m，如果保留了动词的 m 韵尾，在口语中就很难分清该极性问句到底是“A - not - A”型还是“AA”型。

除了上面介绍的这四种极性问句形式之外，乳源勉语还有以否定词作为疑问语气词的极性问句的表达方式，例如：

---

① 毛宗武：《瑶族勉语方言研究》，民族出版社 2004 年版。

(89)	Mueih	nyei	baeqc	gor	lerngc	mv	jingh?
	muei^{31}	ɲei^{33}	pæʔ^{2}	kɔ^{33}	lən^{21}	m^{53}	ciŋ^{31}?
	你	的	病	点	好	没	有

你的病好点没有？ （李少梅：165）①

例句（89）中的疑问语气词 mv jingv 相当于汉语句尾的“没有”。这种极性问句用来询问一个事件是否完成，或者是否做过某事。

在乳源勉语中，使用最广泛的极性问句的形式是在动词前面加疑问语素 ha 的形式。我们不能确认这个语素到底是一个疑问副词，还是一个表示疑问的前缀，或者说它是一个处于词汇化变化中的附加成分，不过它的句法地位的不确定性并不妨碍我们下面的讨论，我们在下面的讨论中称其为疑问语素，例句如下：

(90)	a.	Mueih	ha	yiem	biauv?
		muei^{31}	ha^{33}	jiem^{33}	piau^{53}
		你	（疑问语素）	在	家
		你在不在家？			
	b.	Mueih	ha	daih ?	
		muei^{31}	ha^{33}	tai^{31}?	
		你	（疑问语素）	来	
		你来不来？			
	c.	Mueih	ha	jingh	daih ?
		muei^{31}	ha^{33}	ciŋ^{31}	tai^{31}?
		你	（疑问语素）	有	来
		你来没来？			

这种疑问句式不仅有“A - not - A”的功能，也有否定疑问语气词 mv jingh 的功能。举例而言，既可以提问“来不来”，也可以提问“来没来”。在提问“来没来”的时候，ha 后面需要带完成体助词构成 ha jingh 一起来表示完成体的极性问句。

---

① 李少梅：《中国广东乳源瑶族与瑶语》，民族出版社 2008 年版，第 165 页。

以上我们简单介绍了乳源勉语中常见的六种不同的极性问句的形式。朱德熙（1985）曾指出汉语方言里的反复问句有“VP 不 VP”和“可 VP”两种类型，并且这两种问句互相排斥，不在同一种方言里共存。[①] 乳源勉语中的“ha – V”型和“A – not – A”型极性问句即朱德熙先生所说的“可 VP”和“VP 不 VP”这两种类型。乳源勉语的例子似乎不能支持朱德熙（1985）的观点，但是考虑到乳源处于客语区这个实际情况，以及“ha – V”型和“A – not – A”型极性问句在实际使用中的不平衡性，我们认为乳源勉语中“ha – V”型是基本的极性问句构式，而“A – not – A”型极有可能是与当地客语接触后而产生的极性问句构式。吴福祥（2008）在关于南方语言正反问句的来源的论述中也给出了“A – not – A”型极性问句源于汉语的“VP 不 VP”正反问句的扩散的证据。他认为南方诸多语言中“A – not – A”型极性问句的存在是一种典型的由于语言接触而引发的语言演变的结果[②]，虽然这个观点受到谭晓平（2014）的挑战[③]，但吴福祥（2008）的观点在考察乳源勉语中正反问句的过程中可得到进一步的支持。下面我们重点讨论乳源勉语中的“ha – V”型和“A – not – A”型极性问句的句法结构。

关于勉语中“ha – V”型极性问句的讨论目前还不多见，《瑶族语言简志》[④]和《瑶族勉语方言研究》[⑤] 都没有提到这类结构，说明此类结构在勉语中的确是非常罕见的疑问构式。[⑥] 刘玉兰（2012）也提到此类结构在勉语中非常罕见。[⑦] 不过在其他语言中，这种结构倒是比较常见。竟成（1988）就观察到许多汉语方言和藏缅语中存在此类是非问句，即在动词前面加一个附加成分来表示疑问。[⑧] 具备这种疑问句式的藏缅语族语言包括：白马藏语、纳西语、独龙

---

① 朱德熙：《汉语方言里的两种反复问句》，《中国语文》1985 年第 1 期，第 10—20 页。

② 吴福祥：《南方语言正反问句的来源》，《民族语文》2008 年第 1 期，第 3—18 页。

③ 谭晓平：《苗瑶语正反问句的来源》，《语言研究》2014 年第 3 期，第 122—127 页。

④ 毛宗武、蒙朝吉、郑宗泽：《瑶族语言简志》，民族出版社 1982 年版。

⑤ 毛宗武：《瑶族勉语方言研究》，民族出版社 2004 年版。

⑥ 如果吴福祥的观点成立，即“A – not – A”型极性问句来自与汉语接触，那么我们解释乳源勉语中“ha – V”型极性问句的用法比“A – not – A”型极性问句强势的原因就只能是乳源勉语与汉语的接触还不是十分的充分，而其他只存在“A – not – A”型极性问句的勉语方言由于已经充分地与汉语接触而导致了极性问句结构语法化的发生。

⑦ 刘玉兰：《泰国勉语参考语法》，博士学位论文，中央民族大学，2012 年。

⑧ 竟成：《汉语和藏缅语的一种是非问句》，《民族语文》1988 年第 2 期，第 35—38 页。

语、普米语、木雅语、尔龚语、史兴语、尔苏语、纳木义语，等等。根据朱德熙（1985）的调查，具备这种疑问句式的汉语方言包括：吴语中的苏州、无锡、常熟、昆山方言；西南官话中云南省的昆明、通海、个旧、蒙自、会泽、曲靖、大理、思茅、梁河方言；下江官话中安徽省的合肥、蚌埠、灵璧、泗县、五河、嘉山、凤阳、全椒、芜湖、贵池、安庆、东流、六安、霍丘、临泉、涡阳、颍上方言，以及江苏省的淮安、盐城、南京方言。[①]

除了藏缅语和汉语中存在“疑问语素 + 动词”型极性问句之外，陈延河（1990）介绍属于壮侗语族语言的广西“标话”也存在此类结构，即在谓词前附加 a42 可以构成极性问句。陈延河（1990）指出此类疑问句式虽然存在于大岗标语中，但是其他壮侗语中并没有发现此类疑问句式。[②] 这一点与乳源勉语非常类似，虽然乳源勉语中存在“ha – V”型极性问句，但是在其他苗瑶语中目前并没有发现这样的疑问句式。朱德熙（1985）指出汉语中的“可 VP”和“VP 不 VP”两种反复问句无论在历史上还是在现代始终互相排斥，不在同一种方言里共存[③]。王世华（1985）发现在扬州方言中这两种极性问句和谐共处，不过在探究这两种结构并存的原因时，他指出作为下江官话的扬州话受到吴语（如苏州话、无锡话）的影响，同时扬州作为南北漕运干线大运河边的通都大邑，各地方言在此交会，现代扬州话也就会留下不同方言的痕迹。[④] 王世华与吴福祥的观点一致，将“A – not – A”型极性问句产生的原因归咎到由语言接触而产生的结构语法化。

如前文所述，在乳源勉语中这两种极性问句也可以和谐共存，我们还发现这两种问句在功能方面存在重叠性与互补性，表现为“A – not – A”型极性问句都能转化为“ha – V”型极性问句，但是有些“ha – V”型极性问句却不易转化为“A – not – A”型极性问句。我们发现这种句法不对称的现象与句子的体貌特征有关：当句子是表示完成体的极性问句时，“ha – jingh”型和句尾“mv jingh”型极性问句的可接受程度明显高于“jingh mv jingh”型极性问句；当句子不是表示完成体的极性问句时，“A – not – A”型极性问句与“ha – V”型极

---

①③ 朱德熙：《汉语方言里的两种反复问句》，《中国语文》1985 年第 1 期，第 10—20 页。

② 陈延河：1990《大岗“标话”的 a42 + vp 型疑问句》，《民族语文》1990 年第 4 期，第 22—24 页。

④ 王世华：《扬州话里两种反复问句共存》，《中国语文》1985 年第 6 期，第 415—416 页。

性问句可以无条件互相转换。例如（91a）与（91b）可以无条件互相转换，但是（92b）与（92c）的可接受度明显高于（92a）。

（91）	a.	Nin	nyietc	mv	nyietc	hnangc?
		nin^{33}	ɲiet^{2}	m^{53}	ɲiet^{2}	n̥aŋ^{21}
		他	吃	不	吃	饭
		他吃不吃饭？				
	b.	Nin	ha	nyietc	hnangc?	
		nin^{33}	ha^{33}	ɲiet^{2}	n̥aŋ^{21}	
		他	（疑问语素）	吃	饭	
		他吃不吃饭？				

（92）	a.	？Nin	jingh	mv	jingh	nyietc	hnangc?
		nin^{33}	ciŋ^{31}	m^{53}	ciŋ^{31}	ɲiet^{2}	n̥aŋ^{21}
		他	有	没	有	吃	饭
		他有没有吃饭？					
	b.	Nin	ha	jingh	nyietc	hnangc?	
		nin^{33}	ha^{33}	ciŋ^{31}	ɲiet^{2}	n̥aŋ^{21}	
		他	（疑问语素）	有	吃	饭	
		他有没有吃饭？					
	c.	Nin	nyietc	hnangc	mv	jingh?	
		nin^{33}	ɲiet^{2}	n̥aŋ^{21}	m^{53}	ciŋ^{31}	
		他	吃	饭	没	有	
		他有没有吃饭？					

以上语料说明“ha（jingh）－V”型、“A－not－A”型、句尾“mv jingh”型极性问句在乳源勉语中都有分布，① 并且乳源勉语在任何情况下都可以使用“ha－V”型极性问句，而“A－not－A”型极性问句与句尾“mv jingh”型极性

① 此类几种极性问句共存于一种语言当中的现象在壮语、拉珈语、畲语和莽语中也比较普遍，参见吴福祥《南方语言正反问句的来源》，《民族语文》2008年第1期，第3—18页。

问句只能在某些情况下使用。它们的句法分布概括如表9所示。

表9 极性问句在乳源勉语中的分布

	“ha (jingh) -V”型	“A-not-A”型	句尾“mv jingh”型
完成体	√(“ha jingh-V”)	?	√
非完成体	√(“ha -V”)	√	

下面我们考察“ha (jingh) -V”型和句尾“mv jingh”型极性问句的句法结构。到目前为止，我们一直称ha为疑问语素，但是该疑问语素的句法作用是什么呢？它是如何缔结出疑问语气的呢？下面我们在生成语法的理论背景下来探讨一下极性疑问句的生成过程。首先以英语例句为例，英语的一般疑问句的构成需要助动词从表示时态的中心词位置移动到表示疑问语气的标句词位置。在英语中这种移动是显性的，这是因为英语中出现在主句中表示疑问的标句词不能是if/whether，而只能是具有[+Q]疑问特征的空范畴，该特征是强势特征，必须吸引紧邻的下一层的中心词，并附着在其身上才能得以实现。英语中如图(93c)所示中心词移动(I-to-C movement)是受标句词的形态音系特征驱动的。

(93) a. Does he eat rice?

b. Has he eaten rice?

c.

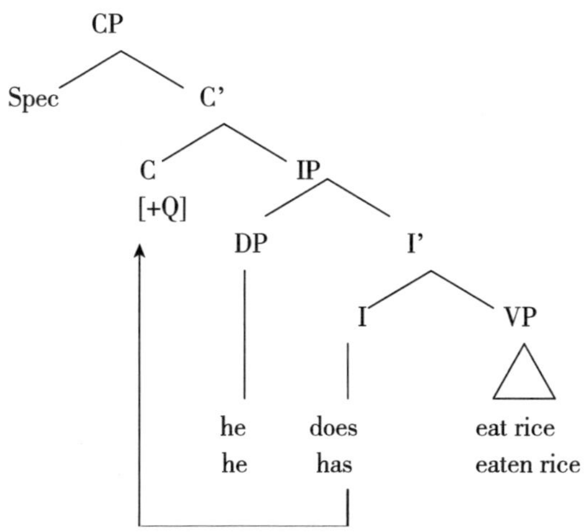

在乳源勉语中，疑问语气的实现可以有以下三种方法：（1）句尾疑问词；（2）句中疑问词 ha（jingh）；（3）句尾（否定）疑问语气词 mv jingh，如（94）所示。

（94） a.

Nin	nyietc	hnangc	nza?
nin^{33}	ɲiet^{2}	n̥aŋ^{21}	dza^{33}
他	吃	饭	吗

他吃饭吗？

b.

Nin	ha	nyietc	hnangc?
nin^{33}	ha^{33}	ɲiet^{2}	n̥aŋ^{21}
他	（疑问语素）	吃	饭

他吃不吃饭？

c.

Nin	ha	jingh	nyietc	hnangc?
nin^{33}	ha^{33}	ciŋ^{31}	ɲiet^{2}	n̥aŋ^{21}
他	（疑问语素）	有	吃	饭

他吃没吃饭？

d.

Nin	nyietc	hnangc	mv jingh?
nin^{33}	ɲiet^{2}	n̥aŋ^{21}	m^{53} ciŋ^{31}?
他	吃	饭	没有

他吃饭没有？

当句尾疑问词表现为 nza/za/a 时，它们占据标句词的句法位置，标示整个句子的疑问语气，即将疑问语气置于标句词的补足语 IP 短语之上。由于 nza/za/a 是非自由的句尾语气词，这个词汇特征会触发标句词的补足语 IP 短语整体移动到标句词指定语的位置，如树形图（95a）所示。① 其中移位的原因是由句尾词本身的特征决定的，因为作为句尾语气词，nza/za/a 必须要附着在一个句子的后面。

---

① 关于此类句尾词触发的整句移位操作，相关现代汉语的例句可以参见邓思颖《汉语方言语法的参数理论》，北京大学出版社 2003 年版，第 56—57 页。

（95）

a.

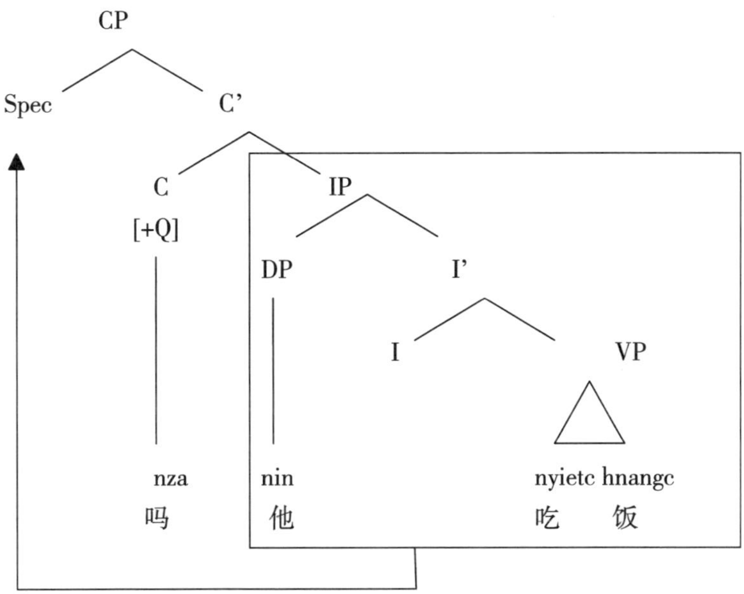
CP
Spec
C’
C
[+Q]
IP
DP
I’
I
VP
nza
吗
nin
他
nyietc hnangc
吃 饭

b.

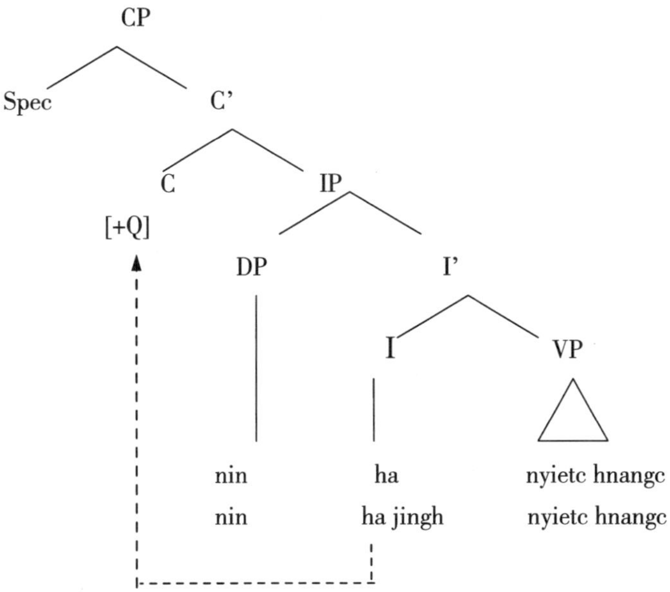
CP
Spec
C’
C
IP
[+Q]
DP
I’
I
VP
nin
ha
nyietc hnangc
nin
ha jingh
nyietc hnangc

当使用“ha（jingh）”构成极性问句的时候，句子的标句词表现为具有［+Q］疑问特征的空范畴。与英语不同，乳源勉语中该特征是弱势特征（weak feature），并不吸引紧邻的下一层的中心词发生移位，但因为“ha（jingh）”是疑问语素，本身拥有词汇性的疑问语气特征［+Q］，该特征需要移位到标句词的位置，进行特征核查，从而激活无语音形式的标句词的疑问特征，整个过程表现为特征移动（feature movement），而不是范畴移动（category movement）。这种移动可以看成是逻辑式层面（Logical Form）的非显性的移动（covert movement）。①

当使用“mv jingh”构成极性问句的时候，mv jingh 本身所带有的语义特征为否定（negation），并没有词汇性的疑问语气特征，因此激活上一层标句词［+Q］疑问特征的有效办法之一就是将 mv jingh 移动到 C 的位置。一旦 C 的位置上出现语音形式的句法范畴，该句法范畴自动成为句尾语气词，而句尾疑问语气词本身的非自由的形态特征决定它的补足语必须移位到它的指定语的位置，从而让自己附着在一个句子的后面，在句法结构上成为真正意义上的疑问句尾词。否定词语法化为极性问句标记在世界语言中是一个比较普遍的现象。Heine and Kuteva（2002）指出在众多的藏缅语语言中，② 否定标记 * *ma* 经过语法化的过程成为了极性问句标记。③

---

① 我们将疑问语素 ha 作为句子屈折范畴（I）的原因是该疑问语素的语义是表示肯定加否定，表达的是句子的极性范畴（polarity）。该语素和“A－not－A”在句法位置上都处于句子极性范畴的位置，而极性范畴可以看成是句子屈折范畴（Inflection）的一种。这样的分析从句法上解释了朱德熙（1985）关于两种极性问句不同存一种语言的论断。这样的分析应该不仅仅适用乳源勉语，对于所有“可 VP”型语言，我们认为都可以采用这样的句法分析来解释为什么可以使用句中疑问语素“可”来表示极性问句。当一个句子中“肯定”和“否定”两种极性共存，就会自然产生词汇性的疑问语气特征［+Q］。所谓的疑问语素本质上是表示句子极性的句法范畴。

② Heine Bernd，and Tania Kuteva，*World Lexicon of Grammaticalization*. Cambridge：CUP，2002.

③ Heine and Kuteva（2002）提到极性问句标记的来源可能与“A－not－A”型极性问句相关，但是具体的语法化机制目前仍不甚清楚。他们还提出除了否定语素可以语法化为极性问句标记之外，在某些语言中并列连词 or 也可以语法化为极性问句标记，例如拉丁语的 vai、巴斯克语（Basque）的 ala、豪撒语（Hausa）的 *ko*，等等。在藏缅语中，我们发现凉山彝语的极性问句标记 da^{21} 也属于此类语法化过程。

（96）

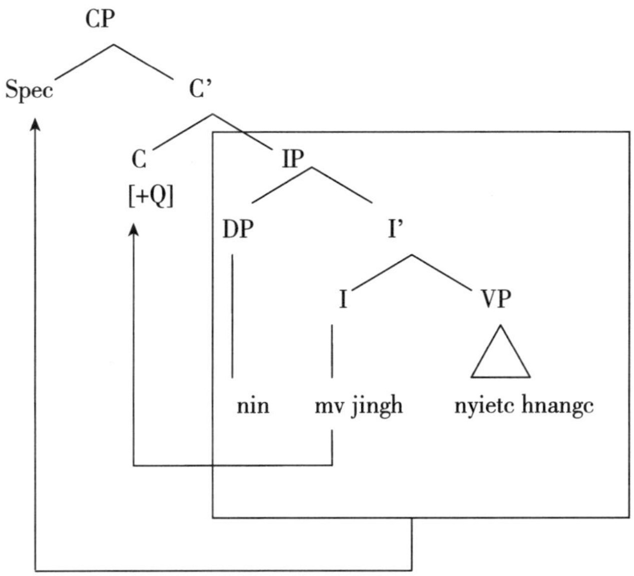

从上面的分析我们可以发现“ha（jingh）－V”型极性问句与句尾“mv jingh”型极性问句在结构上的共性与差别。它们的区别是词汇性的：ha 具有疑问语义特征，而 mv 具有否定语义特征。它们都可以和具有［＋完成体］特征的 jingh 组合成复合中心词，构成极性疑问句。

如果乳源勉语在任何情况下都可以使用“ha（jingh）－V”型极性问句进行正反提问，那为什么该语言还会存在“A－not－A”型极性问句呢？为什么目前在其他苗瑶语族语言中没有发现“ha－V”型极性问句，反而“A－not－A”型极性问句随处可见呢？我们赞成吴福祥（2008）的观点，[①] 认为苗瑶语族语言中“A－not－A”型极性问句来自汉语影响，且“A－not－A”型极性问句在苗瑶语族语言中有进一步强化的趋势。在乳源勉语中“ha（jingh）－V”型极性问句仍占主导地位，原因可能是乳源勉语中只有一个否定词 mv，没有一个独立地表示“没”这个概念的否定词。当要表示“没”这个概念时，必须用合成否定词“mv jingh”，但是合成否定词“mv jingh”不能作为否定语素用于

① 吴福祥：《南方语言正反问句的来源》，《民族语文》2008 年第 1 期，第 3—18 页。

“A - not - A”型极性问句。① 例如：

(97)	a.	Nin	nyietc	mv	nyietc	hnangc?	
		nin^{33}	ɲiet^{2}	m^{53}	ɲiet^{2}	n̥aŋ^{21}	
		他	吃	不	吃	饭	
		他吃不吃饭？					
	b.	* Nin	nyietc	mv	jingh	nyietc	hnangc?
		nin^{33}	ɲiet^{2}	m^{53}	ciŋ^{31}	ɲiet^{2}	n̥aŋ^{21}
		他	吃	没	有	吃	饭
		他吃没吃饭？					
	c.	? Nin	jingh	mv	jingh	nyietc	hnangc?
		nin^{33}	ciŋ^{31}	m^{53}	ciŋ^{31}	ɲiet^{2}	n̥aŋ^{21}
		他	有	没	有	吃	饭
		他有没有吃饭？					

乳源勉语中的重叠式极性问句不是通过直接拷贝动词构成的，而是在“A - not - A”型正反问句的基础上省略否定语素而成。在这一过程中先要插入否定语素，然后又要删除否定语素，这似乎违背了句法生成过程中的节俭原则。但是通过考察变调情况，我们会发现这一过程其实是遵循了节俭原则的。我们要注意到插入的否定语素在删掉的过程中声调被保留下来，删除的过程是删除否定语素的辅音和元音成分。否定语素的固有调值承担了“否定”和“疑问”的功能。删除的音节成分并没有改变结构的语法意义。乳源勉语的语料也验证了胡晓东（2008）基于白午苗话所做的苗瑶语中正反问句中固有音变模式的分析：$S1^{x}a^{55}S2^{x}\rightarrow S1^{55}S2^{x}$。② 根据该音变模式，我们可以做出以下的假设：世界上的任何一种语言都不可能通过直接重叠谓词的形态手段构成极性疑问句。这个

① 由于乳源瑶语只有一个否定词 mv，因此用“A - not - A”来表示“V 没 V”存在一定的困难。即使可以借助体态动词 jingh 构成“jingh mv jingh”来表示“有没有 V”，这种说法也显得很不地道，在日常口语中并不常用。有意思的是，这种说法虽然不地道，但是有些发音合作人也认为这种说法也勉强可以接受，我们认为一旦这种说法被普遍接受，那么“ha - V”型极性问句可能就会被彻底边缘化，最终被“A - not - A”型这种比较强势的结构取代。这种情况是否已经在其他苗瑶语族语言发生，有待作进一步的考察。

② 胡晓东：《白午苗话的反复问句》，《民族语文》2008 年第 2 期，第 61—64 页。

假设似乎很容易在其他民族语言中找到反例，例如在凉山彝语中，大家普遍认为谓词的重叠可以表示疑问，我们在下面一节中将证明这样的认识并没有如实地反映彝语的语法。

我们认为勉语的“A－not－A”型极性问句的生成过程是“否定”语素通过动词拷贝的方式获得疑问语义特征。也就是说，乳源勉语的mv本身只有否定意义，但是一旦它后面的动词拷贝之后，mv就由否定范畴标记变成了疑问范畴标记，经历隐性的I－to－C的语法化过程，此时的mv由独立的否定词变成一个中缀，吸引被拷贝的谓词到它的前面，形成最终的“A－not－A”构式。在这个过程中，谓词的拷贝可以分为两类：完全拷贝和部分拷贝。所谓的完全拷贝指动词的声、韵、调系统全部拷贝。拷贝完了之后，被拷贝的成分移到中缀mv的前面。另外一种情况是部分拷贝，即只拷贝动词的声、韵系统。在这种情况下，被拷贝的成分缺乏声调，为了得到声调，它就只好攫取了与之相邻的否定中缀的声调，中缀的语音形式因此进一步被弱化，仅剩余一个声调附着在被拷贝的谓词上。这个过程可以由以下音调变化规律证明：

（98）	a.	nyietc	mv	nyietc	→	nyietv	nyietc（吃不吃）	（2→5）
		ɲiet^{2}	m^{53}	ɲiet^{2}		ɲiet^{5}	ɲiet^{2}	
	b.	zei	mv	zei	→	zeiv	zei（是不是）	（33→53）
		tsei^{33}	m^{53}	tsei^{33}		tsei^{53}	tsei^{33}	
	c.	mingh	mv	mingh	→	mingv	mingh（去不去）	（31→53）
		miŋ^{31}	m^{53}	miŋ^{31}		miŋ^{53}	miŋ^{31}	
	d.	biaux	mv	biaux	→	biauv	biaux（逃不逃）	（25→53）
		piau^{35}	m^{53}	piau^{35}		piau^{53}	piau^{35}	

在这种情况下，我们似乎得到了由两个谓词重叠而表示的极性问句，但是谓词的声调变化说明这种拷贝结构的生成过程完全受否定中缀的支配，是谓词进行部分拷贝所带来的结果。这种表面上看起来的谓词重叠结构本质上是“A－not－A”型极性问句。

在凉山彝语语法研究文献中，一般都认为凉山彝语可以通过重叠形容词、动词、能愿动词以及动态助词来表示疑问。① 这些著作同时注意到这种重叠疑问式存在变调情况。例如：

(99)
a. va^{55}（好） → va^{55} va^{33}（好吗?）
b. m̥a^{55}（教） → m̥a^{55} m̥a^{33}（教吗?）
c. hi^{55}（能） → la^{33} hi^{55} hi^{33}（能来吗?）
d. mbo^{34}（好） → dzɯ^{33} mbo^{34} mbo^{33}（吃得好吗?）
e. zo^{34}（必须） → ŋa^{33} bo^{33}zo^{34} zo^{33}（我必须去吗?）
f. tsha^{33}（热） → tsha^{34} tsha^{33}（热吗?）
g. la^{33}（来） → la^{34} la^{33}（来吗?）

以上的变调规律表现为，不论本调是什么调，拷贝的词（后一个词）都是中平调。对于为什么拷贝部分的调都是中平调这个问题，至今还没有什么论述。我们首先要排除彝语的重叠疑问式来源于“A - not - A”型极性问句中否定中缀的省略。因为彝语不存在“A - not - A”型极性问句，例如（100c）就是一个不合乎语法的句子。彝语采用“A - or - not - A”型极性问句，其中表示“或者”的语素已经语法化为极性问句标记。②

(100)

a.

nɯ^{33}	hɛ^{33} ma^{55}	kha^{55}	da^{21}	a^{21}	kha^{55}
你	心	高兴	或者	不	高兴

你心里高不高兴?　　（陈康、巫达）③

b.

nɯ^{33}	hɛ^{33} ma^{55}	kha^{55}	da^{21}?
你	心	高兴	吗

你心里高不高兴?

c.

* nɯ^{33}	hɛ^{33} ma^{55}	kha^{55}	a^{21}	kha^{55}
你	心	高兴	不	高兴

你心里高不高兴?

---

① 关于此类现象的具体描述，参看陈康、巫达《彝语语法（诺苏话）》，中央民族大学出版社 1998 年版。
② Heine & Kuteva (2002) 指出在巴斯克语中有类似的语法化过程。彝语中的 da^{21} 可能来自于 da^{33} mo^{33}（或者）。
③ 陈康、巫达：《彝语语法（诺苏话）》，中央民族大学出版社 1998 年版，第 165 页。

这样在苗瑶语族普遍存在的通过省略否定中缀形成重叠疑问式的解释在彝语中行不通。那彝语的重叠疑问式到底是如何生成的呢？我们认为彝语的重叠疑问式并不是由谓词重叠这种形态手段引起的。彝语中的重叠疑问式实际上是一种声调模式极性问句，即疑问语气来自中平调：33 调。该声调作为承载疑问语气的成分必须要附着在某个音节上。为了承接这个悬浮的具有疑问语气的声调，句子的谓语需要进行部分拷贝的工作，拷贝一个音节提供给疑问语气声调。至于这个中平调在彝语句法结构中的位置问题，我们认为它应该处在勉语中 ha 语素的位置，而不是在句尾的位置。从本质上看，凉山彝语中的谓词拷贝式极性问句是一种“ha - V”型极性问句，只不过在凉山彝语中，疑问语素 ha 表现为中平调。

在乳源勉语六种不同的极性问句构式中，使用疑问语素 ha 的极性问句是乳源勉语中最为常用的极性问句形式。动词的变调规律揭示出乳源勉语中的重叠式极性问句不是依靠将动词直接拷贝这种屈折形态构成的，而是通过“A - not - A”型正反问句中否定语素的删除而形成的，这与目前文献中经常讨论的凉山彝语的重叠式极性问句在句法结构上存在本质区别。

附 录

附录一 《施瓦迪士百词表》

（勉、汉、英对照词汇）

编号	勉文	国际音标	汉语	英语
001	i	i^{33}	我	I
002	mueih	$muei^{31}$	你	you
003	i mbu	i^{33} bu^{33}	我们	we
004	naiv	nai^{53}	这	this
005	uv	u^{53}	那	that
006	hai daoh	hai^{33} tao^{31}	谁	who
007	nzuqc fai	dzuʔ^{2} fai^{33}	什么	what
008	mv	m^{53}	不	not
009	yieth zorngv	$jiet^{3}$ tsɔŋ^{53}	所有的	all
010	horh camv	hɔ^{31} $ts^{h}am^{53}$	很多	many
011	yieth	$jiet^{3}$	一	one
012	i	i^{33}	二	two
013	hlu	ɬu^{33}	大	big
014	ndav	da^{53}	长	long
015	faic	fai^{21}	小	small
016	mien siqv	$mien^{33}$ siʔ^{5}	女人	woman
017	mien jath	$mien^{33}$ cat^{3}	男人	man
018	mienh	$mien^{31}$	人	person
019	mbiaux	$biau^{35}$	鱼	fish（noun）
020	norqh	nɔʔ^{3}	鸟	bird
021	juqv	cuʔ^{5}	狗	dog
022	damv	tam^{53}	虱子	louse
023	ndiangc	diaŋ^{21}	树	tree（not log）

（续表）

编号	勉文	国际音标	汉语	英语
024	nying	ɲiŋ^{33}	种子	seed（noun）
025	norngh	nɔŋ^{31}	叶子	leaf
026	nzungh	dzuŋ^{31}	根	root
027	ndiang nderpv	diaŋ^{33} dəp^{5}	树皮	bark（of tree）
028	nderpv	dəp^{5}	皮肤	skin
029	orv	ɔ^{53}	肉	flesh
030	qiamv	c^{h}iam^{53}	血	blood
031	mbungv	buŋ^{53}	骨头	bone
032	youh	jəu^{31}	油脂	grease
033	jae jauc	cæ^{33} cau^{21}	鸡蛋	egg
034	ngerng jorng	ŋəŋ^{33} cɔŋ^{33}	牛角	horn（of bull）
035	dueiv	tuei^{53}	尾巴	tail
036	biei	piei^{33}	羽毛	feather
037	bu biei	pu^{33} piei^{33}	头发	hair
038	muei nqorngv	muei^{33} gɔŋ^{53}	头	head
039	muei normh	muei^{33} nɔm^{31}	耳朵	ear
040	muei zing	muei^{33} tsiŋ^{33}	眼睛	eye
041	muei kuqv	muei^{33} k^{h}uʔ^{5}	鼻子	nose
042	nzuih	dzui^{31}	嘴	mouth
043	nyah	ɲa^{31}	牙齿	tooth
044	mbieth	biet^{3}	舌头	tongue
045	nyeiv	ɲei^{53}	爪	claw
046	zauc	tsau^{21}	脚	foot
047	caeng nyaeng zorng	ts^{h}æŋ^{33} ɲæŋ^{33} tsɔŋ^{33}	膝盖	knee
048	bux	pu^{35}	手	hand
049	ngai si	gai^{33} si^{33}	肚子	belly
050	jiang	ciaŋ^{33}	脖子	neck
051	nyorc	ɲɔ^{21}	乳房	breasts
052	fin	fin^{33}	心脏	heart

（续表）

编号	勉文	国际音标	汉语	英语
053	hlan	ɬan^{33}	肝	liver
054	herpx	həp^{35}	喝	drink
055	nyietc	ɲiet^{2}	吃	eat
056	ngaqc	ŋaʔ^{2}	咬	bite
057	muaqc	muaʔ^{2}	看	see
058	mungc	muŋ^{21}	听	hear
059	bei duqv	pei^{33} tuʔ^{5}	知道	know
060	buic muic njorngh	pui^{21} mui^{21} ɟɔŋ^{31}	睡觉	sleep
061	daic	tai^{21}	死	die
062	serqv	səʔ^{5}	杀	kill
063	ziouh werm	tsiəu^{31} wəm^{33}	游泳	swim
064	taic	tʰai^{21}	飞	fly
065	biauc	piau^{21}	走	walk
066	daih	tai^{31}	来	come
067	njangc	ɟaŋ^{21}	躺	lie
068	zueix	tsuei^{35}	坐	sit
069	souv	səu^{53}	站	stand
070	bung	puŋ^{33}	给	give
071	gorngv	kɔŋ^{53}	说	say
072	mba hnuai	ba^{33} n̥uai^{33}	太阳	sun
073	hlac	ɬa^{21}	月亮	moon
074	hleic	ɬei^{21}	星星	star
075	werm	wəm^{33}	水	water
076	mbiuqc	biuʔ^{2}	雨水	rainwater
077	lau bieiv	lau^{33} piei^{53}	石头	stone
078	lai biei fai	lai^{33} piei^{33} fai^{33}	沙子	sand
079	ndaux deic	dau^{35} tei^{21}	土地	earth
080	merpc	məp^{2}	云	cloud
081	dou siouc	təu^{33} siəu^{21}	烟雾	smoke

（续表）

编号	勉文	国际音标	汉语	英语
082	doux	$təu^{35}$	火	fire
083	suaiv	$suai^{53}$	灰	ash
084	buv	pu^{53}	燃烧	burn
085	jiau duan	$ciau^{33}$ $tuan^{33}$	小路	path
086	derm gerngh	$təm^{33}$ $kəŋ^{31}$	大山	mountain
087	siqv	$siʔ^{5}$	红	red
088	maeng	$mæŋ^{33}$	绿	green
089	yangh	$jaŋ^{31}$	黄	yellow
090	baeqh	$pæʔ^{3}$	白	white
091	jiqv	$ciʔ^{5}$	黑	black
092	lung muernx	$luŋ^{33}$ $muən^{35}$	夜晚	night
093	jorm	$cɔm^{33}$	热	hot
094	juernv	$cuən^{53}$	冷	cold
095	buernv	$puən^{53}$	满	full
096	siang	$siaŋ^{33}$	新	new
097	lerngc	$ləŋ^{21}$	好	good
098	jorngh	$cɔŋ^{31}$	圆	round
099	kaix	$k^{h}ai^{35}$	干	dry
100	mbuc	bu^{21}	名字	name

附录二　乳源勉语常用词语

(按国际音标排序)

编号	乳源勉文	国际音标	汉语	英语
0001	aiv	ai^{53}	ǎi 矮	short
0002	aiv	ai^{53}	dī 低	low
0003	amc	am^{21}	zhǒng 肿	swell
0004	anc	an^{21}	wǎn 晚	evening
0005	apv	ap^{5}	yā 鸭	duck
0006	mba mbuix	ba^{33} bui^{35}	biān fú 蝙蝠	bat
0007	mba nderngc	ba^{33} dəŋ^{21}	zhōng jiān 中间	middle
0008	mba hnuai	ba^{33} n̥uai^{33}	tài yáng 太阳	sun
0009	mba hnuai yangc	ba^{33} n̥uai^{33} jaŋ^{21}	xiàng rì kuí 向日葵	sunflower
0010	mba hnuai njiqc gernh	ba^{33} n̥uai^{33} ɟiʔ^{2} kən^{31}	rì luò 日落	sunset
0011	mba hnuai cuotv	ba^{33} n̥uai^{33} ts^{h}uɔt^{5}	rì chū 日出	sunrise
0012	mba dauh	ba^{33} tau^{31}	jiān bǎng 肩膀	shoulder
0013	mborqv nzux	bɔʔ^{5} dzu^{35}	dǎ gǔ 打鼓	beat a drum
0014	mborqv mienh	bɔʔ^{5} mien^{31}	dǎ rén 打人	beat others
0015	mbeic	bei^{21}	mèng 梦	dream
0016	mbiax	bia^{35}	mǎ huáng 蚂蟥	leech
0017	mbiaic	biai^{21}	zhú sǔn 竹笋	bamboo shoots
0018	mbiai sui	biai^{33} sui^{33}	suān sǔn 酸笋	sauerkraut bamboo shoot

（续表）

编号	乳源勉文	国际音标	汉语	英语
0019	mbiapc	biap^{2}	shàn zi 扇子	fan
0020	mbiath	biat^{3}	là 辣	spicy
0021	mbiau mbiorqh hmeiv	biau^{33} biɔʔ^{3} m̥ei^{53}	nuò mǐ 糯米	sticky rice
0022	mbiau mbiorqh hnangc	biau^{33} biɔʔ^{3} n̥aŋ^{21}	nuò mǐ fàn 糯米饭	steamed sticky rice
0023	mbiau njaix	biau^{33} ɟai^{35}	shí bān yú 石斑鱼	rudd
0024	mbiaux	biau^{35}	yú 鱼	fish
0025	mbiorng suiv	biɔŋ^{33} sui^{53}	lù shui 露水	dew
0026	mbiorqh	biɔʔ^{3}	bí tì 鼻涕	snot
0027	mbietc horngc	biet^{2} hɔŋ^{21}	yòu bian 右边	right
0028	mbietc	biet^{2}	shé tou 舌头	tongue
0029	mbingx	biŋ^{35}	hóu zi 猴子	monkey
0030	mbiuth zorng	biut^{3} tsɔŋ^{33}	bí zi 鼻子	nose
0031	mbiuqc	biuʔ^{2}	yǔ 雨	rain
0032	mbiuqc werm	biuʔ^{2} wəm^{33}	yǔ shuǐ 雨水	rainwater
0033	mbuc	bu^{21}	jiào 教	teach
0034	mbuc	bu^{21}	míng zì 名字	name
0035	mbuc bei	bu^{21} pei^{33}	gào sù 告诉	tell
0036	mbu hinc	bu^{33} hin^{21}	yàn zi 燕子	swallow
0037	mbu letc	bu^{33} let^{2}	shǎn diàn 闪电	lightning
0038	mbuonc	buɔn^{21}	xuě 雪	snow
0039	mbungv	buŋ^{53}	gǔ tou 骨头	bone
0040	mbuqc	buʔ^{2}	wèi 胃	stomach
0041	or jaeqc	ɔ^{33} cæʔ^{2}	shòu ròu 瘦肉	lean meat

（续表）

编号	乳源勉文	国际音标	汉语	英语
0042	or jorqc	ɔ^{33} cɔʔ^{2}	féi ròu 肥肉	fat meat
0043	or laph	ɔ^{33} lap^{3}	là ròu 腊肉	bacon
0044	orv	ɔ^{53}	ròu 肉	meat
0045	jaev heih	cæ^{53} hei^{31}	tuō xié 脱鞋	shoes off
0046	jaev lui houc	cæ^{53} lui^{33} həu^{21}	tuō yī fu 脱衣服	undress
0047	jaev morqc	cæ^{53} mɔʔ^{2}	tuō mào zi 脱帽子	hat off
0048	jaeng laih	cæŋ^{33} lai^{31}	qīng wā 青蛙	frog
0049	jaeqc	cæʔ^{2}	shòu 瘦	thin
0050	jai	cai^{33}	jī 鸡	chicken
0051	jai gorngc	cai^{33} kɔŋ^{21}	gōng jī 公鸡	rooster
0052	jai nyeiv	cai^{33} ɲei^{53}	jī zhǎo 鸡爪	chicken feet
0053	jai nyieix	cai^{33} ɲiei^{35}	mǔ jī 母鸡	hen
0054	jai duan	cai^{33} tuan^{33}	xiǎo jī 小鸡	chicks
0055	jaiv	cai^{53}	yāo 腰	waist
0056	jangh	caŋ^{31}	cháng 肠	intestines
0057	jang	caŋ^{33}	bó zi 脖子	neck
0058	jang huh	caŋ^{33} hu^{31}	hóu lóng 喉咙	throat
0059	jauc	cau^{21}	dàn 蛋	egg
0060	jau	cau^{33}	lù 路	road
0061	jau korqv	cau^{33} k^{h}ɔʔ^{5}	dàn ké 蛋壳	eggshell
0062	jau mang	cau^{33} maŋ^{33}	dàn huáng 蛋黄	yolk
0063	jorng	cɔŋ^{33}	rè 热	hot
0064	jerm	cəm^{33}	jīn 金	gold

（续表）

编号	乳源勉文	国际音标	汉语	英语
0065	jou gerpv	cəu^{33} kəp^{5}	xiāng gū 香菇	mushrooms
0066	jou muei norngh nyienc	cəu^{33} muei^{33} nɔŋ^{31} ɲien^{21}	mù ěr 木耳	agaric
0067	qaeh max	c^{h}æ^{31} ma^{35}	qí mǎ 骑马	ride a horse
0068	qic	c^{h}i^{21}	shēng yīn 声音	voice
0069	qia gorqc	c^{h}ia^{33} kɔʔ^{2}	xiā 虾	shrimp
0070	qienh	c^{h}ien^{31}	jiàn shì qing 件（事情）	the classifier for affairs
0071	qietv	c^{h}iet^{5}	hèn 恨	hate
0072	quqc	c^{h}uʔ^{2}	jiù 就	then
0073	jih	ci^{31}	qié zi 茄子	eggplant
0074	ji sin	ci^{33} sin^{33}	qǐ chuáng 起床	get up
0075	ji dauh	ci^{33} tau^{31}	shān tóu 山头	mountain top
0076	ji dauh juqv	ci^{33} tau^{31} cuʔ^{5}	shān jiǎo 山脚	foot of a hill
0077	ji dauh hnic	ci^{33} tau^{31} n̥i^{21}	shān ào 山坳	cove
0078	ji dauh ningv	ci^{33} tau^{31} niŋ^{53}	shān dǐng 山顶	mountain top
0079	ji dauh zorng	ci^{33} tau^{31} tsɔŋ^{33}	shān pō 山坡	slope
0080	jia zingh	cia^{33} tsiŋ^{31}	jià qián 价钱	price
0081	jiangc duqv	ciaŋ^{21} tuʔ^{5}	jì zhù 记住	remember
0082	jiangv	ciaŋ^{53}	kuān 宽	wide
0083	jiauv njiorqh	ciau^{53} ɟiɔʔ^{3}	lù huá de 路滑的	slippery
0084	jiorng gua	ciɔŋ^{33} kua^{33}	nán guā 南瓜	pumpkin
0085	jiorqc	ciɔʔ^{2}	pàng 胖	fat
0086	jiemh	ciem^{31}	shǒu zhuó 手镯	bracelet
0087	jienc	cien^{21}	hàn zú 汉族	Han ethnic group

（续表）

编号	乳源勉文	国际音标	汉语	英语
0088	jienh	cien^{31}	qín láo de 勤劳的	diligent
0089	jiepv	ciep^{5}	huáng chóng 蝗虫	grasshopper
0090	jiouh	ciəu^{31}	qiáo 桥	bridge
0091	jieqv	cieʔ^{5}	xiào 笑	laugh
0092	jingv	ciŋ^{53}	tiāo xuǎn 挑选	choose
0093	jitv mbuonc	cit^{5} buɔn^{21}	jié bīng 结冰	icing
0094	jiu jiuh	ciu^{33} ciu^{31}	bó mǔ 伯母	aunt
0095	jiqc hnyiangc	ciʔ^{2} ɲ̊iaŋ^{21}	guò nián 过年	celebrate the Spring Festiral
0096	jiqc zetv	ciʔ^{2} tset^{5}	guò jié 过节	celebrate a festival
0097	ju gouv	cu^{33} kəu^{53}	gōng gǒu 公狗	male dog
0098	ju nyieix	cu^{33} ɲiei^{35}	mǔ gǒu 母狗	female dog
0099	juv	cu^{53}	gǒu 狗	dog
0100	juv	cu^{53}	jiǔ 九	nine
0101	juv ziepc juv	cu^{53} tsiep^{2} cu^{53}	jiǔ shí jiǔ 九十九	ninety-nine
0102	juaic	cuai^{21}	guì de 贵的	expensive
0103	juan	cuan^{33}	jīn 斤	a unit of weight
0104	juei	cuei^{33}	luó 螺	conch
0105	junv	cun^{53}	lěng 冷	cold
0106	juqv	cuʔ^{5}	liù 六	six
0107	juqv hlac	cuʔ^{5} ɬa^{21}	jiǔ yuè 九月	September
0108	ndav	da^{53}	cháng 长	long
0109	ndaih	dai^{31}	hǎi 海	ocean
0110	ndamx werm	dam^{35} wəm^{33}	tiāo shuǐ 挑水	carry water on shoulder

（续表）

编号	乳源勉文	国际音标	汉语	英语
0111	ndau kuotv	dau^{33} kʰuɔt^{5}	dì dòng 地洞	burrow
0112	ndaux	dau^{35}	dì 地	earth
0113	nderpv	dəp^{5}	pí fū 皮肤	skin
0114	ndi mauh	di^{33} mau^{31}	hú li 狐狸	fox
0115	ndiangc	diaŋ^{21}	shù 树	tree
0116	ndiang nduaih	diaŋ^{33} duai^{31}	mù shǔ 木薯	cassava
0117	ndiang nzungh	diaŋ^{33} dzuŋ^{31}	shù gēn 树根	tree root
0118	ndiang gernh	diaŋ^{33} kən^{31}	sēn lín 森林	forest
0119	ndiang gernh	diaŋ^{33} kən^{31}	shù lín 树林	woods
0120	ndiang nornghi	diaŋ^{33} nɔŋ^{31}	shù yè 树叶	leaf
0121	ndiang duon	diaŋ^{33} tuɔn^{33}	shù dūn 树墩	tree stump
0122	ndiuc guaeh	diu^{21} kuæ^{31}	diū diào 丢掉	throw away
0123	nduh	du^{31}	jiǔ 九	nine
0124	nzac yienv	dza^{21} jien^{53}	xǐ wǎn 洗碗	wash bowls
0125	nzac hmien	dza^{21} m̥ien^{33}	xǐ liǎn 洗脸	wash face
0126	nzac hmien pac	dza^{21} m̥ien^{33} pʰa^{21}	máo jīn 毛巾	towel
0127	nzac hmien bunh	dza^{21} m̥ien^{33} pun^{31}	xǐ liǎn pén 洗脸盆	washbasin
0128	nzac sin	dza^{21} sin^{33}	chōng liáng 冲凉	take a shower
0129	nzac suerngc	dza^{21} suəŋ^{21}	xǐ bèi zi 洗被子	wash the quilt
0130	nzaengh	dzæŋ^{31}	àn bǎn 案板	chopping block
0131	nzauv	dzau^{53}	yán 盐	salt
0132	nzorngx	dzɔŋ^{35}	gē 歌	song
0133	nzorngx	dzɔŋ^{35}	qiū yǐn 蚯蚓	earthworm

（续表）

编号	乳源勉文	国际音标	汉语	英语
0134	nzertc	dzət^{2}	gān jìng 干净	clean
0135	nzi nzix	dzi^{33} dzi^{35}	shěn shen 婶婶	aunt
0136	nzix	dzi^{35}	mǔ 母	mother
0137	nziv	dzi^{53}	sōng shǔ 松鼠	squirrel
0138	nziac	dzia^{21}	fēng 风	wind
0139	nziouv	dziəu^{53}	zǎo 早	early
0140	nzueic	dzuei^{21}	piào liang 漂亮	beautiful
0141	nzuih	dzui^{31}	zuǐ ba 嘴巴	mouth
0142	nzui meic	dzui^{33} mei^{21}	zuǐ chún 嘴唇	lip
0143	fah hlac	fa^{31} ɬa^{21}	sān yuè 三月	March
0144	fa saengv	fa^{33} sæŋ^{53}	huā shēng 花生	peanut
0145	fa ziepc	fa^{33} tsiep^{2}	sān shí rì 三十日	the thirtieth day
0146	fa ziepc fam	fa^{33} tsiep^{2} fam^{33}	sān shí sān 三十三	thirty-three
0147	fav	fa^{53}	jìn 近	near
0148	faic	fai^{21}	xiǎo 小	small
0149	fai	fai^{33}	shā 沙	sand
0150	fai	fai^{33}	xī 西	west
0151	fam	fam^{33}	sān 三	three
0152	fanc	fan^{21}	sǎn 伞	umbrella
0153	fanh diqh	fan^{31} tiʔ^{3}	suǒ nà 唢呐	suona horn
0154	fan	fan^{33}	zài 再	again
0155	fan nduaih	fan^{33} duai^{31}	fān shǔ 番薯	sweet potato
0156	fan nqua hax hnyiangc	fan^{33} gua^{33} ha^{35} ȵ̊iaŋ^{21}	hòu nián 后年	the year after next

（续表）

编号	乳源勉文	国际音标	汉语	英语
0157	fan zai	fan^{33} tsai^{33}	yù mǐ 玉米	corn
0158	for zeih	fɔ^{33} tsei^{31}	yào shi 钥匙	key
0159	forv	fɔ^{53}	suǒ 锁	lock
0160	forv gaengh	fɔ^{53} kæŋ^{31}	suǒ mén 锁门	lock the door
0161	forngc	fɔŋ^{21}	sòng 送	give as a present
0162	feic	fei^{21}	sì 四	four
0163	feic gueic derpc	fei^{21} kuei^{21} təp^{2}	sì jì dòu 四季豆	green bean
0164	feic hlac	fei^{21} ɬa^{21}	sì yuè 四月	April
0165	feic ziepc feic	fei^{21} tsiep^{2} fei^{21}	sì shí sì 四十四	forty-four
0166	fei ei	fei^{33} ei^{33}	suō yī 蓑衣	coir raincoat
0167	fiv nzatc	fi^{53} dzat^{2}	xiě zì 写字	write words
0168	fin	fin^{33}	xīn zàng 心脏	heart
0169	finv	fin^{53}	dǒng 懂	understand
0170	fuh jueiv	fu^{31} cuei^{53}	xiǎo hái 小孩	children
0171	fun	fun^{33}	sūn zi 孙子	grandson
0172	fun	fun^{33}	zhí zi 侄子	nephew
0173	fungc	fuŋ^{21}	suàn 算	calculate
0174	nqai	gai^{33}	shǐ 屎	shit
0175	nqai fuh	gai^{33} fu^{31}	cè suǒ 厕所	toilet
0176	nqai kuotv	gai^{33} k^{h}uɔt^{5}	pì gu 屁股	hip
0177	nqai si	gai^{33} si^{33}	dù zi 肚子	belly
0178	nqam qic	gam^{33} c^{h}i^{21}	hài pà 害怕	fear
0179	nqanx	gan^{35}	máo cǎo 茅草	thatch

（续表）

编号	乳源勉文	国际音标	汉语	英语
0180	nqua hax anc	gua^{33} ha^{35} an^{21}	xià wǔ 下午	afternoon
0181	nqua hax hlac	gua^{33} ha^{35} ɬa^{21}	xià yuè 下月	next month
0182	nqua hax hnyiangc	gua^{33} ha^{35} ɲ̥iaŋ^{21}	míng nián 明年	next year
0183	nqua hav	gua^{33} ha^{53}	hòu mian 后面	back
0184	ha hnuai	ha^{33} n̥uai^{33}	zuó tiān 昨天	yesterday
0185	hax	ha^{35}	tán 痰	phlegm
0186	haix norng	hai^{35} nɔŋ^{33}	nǎ ge 哪个	which
0187	haix dauc	hai^{35} tau^{21}	shuí 谁	who
0188	hanh dangh	han^{31} taŋ^{31}	gāng cái 刚才	right now
0189	haqc	haʔ^{2}	hàn 汗	sweat
0190	horqh	hɔʔ^{3}	hěn 很	very
0191	heic	hei^{21}	pài jiào 派（叫）	send
0192	heih	hei^{31}	xié zi 鞋子	shoes
0193	herng	həŋ^{33}	yé ye 爷爷	grandpa
0194	herngx	həŋ^{35}	qīng 轻	softly
0195	herpv yien	həp^{5} jien^{33}	chōu yān 抽烟	smoking
0196	herpv torng	həp^{5} t^{h}ɔŋ^{33}	hē tāng 喝汤	drink soup
0197	herpv div	həp^{5} ti^{53}	hē jiǔ 喝酒	drink wine
0198	herpv zah	həp^{5} tsa^{31}	hē chá 喝茶	drink tea
0199	houc	həu^{21}	kù zi 裤子	pants
0200	houc	həu^{21}	yù tou 芋头	taro
0201	hou hlang	həu^{33} ɬaŋ^{33}	kù dài 裤带	belt
0202	herqh	həʔ^{3}	zhǎi 窄	narrow

（续表）

编号	乳源勉文	国际音标	汉语	英语
0203	hi lai	hi^{33} lai^{33}	yě cài 野菜	wild vegetables
0204	hi dungx	hi^{33} tuŋ^{35}	yě zhū 野猪	wild boar
0205	hix	hi^{35}	niào 尿	urine
0206	hieth	hiet^{3}	bā 八	eight
0207	hux	hu^{35}	hòu 厚	thick
0208	huotv nziac	huɔt^{5} dzia^{21}	guā fēng 刮风	wind blowing
0209	huix	hui^{35}	shí huī 石灰	lime
0210	huqh	huʔ^{3}	shāng 伤	wound
0211	i	i^{33}	èr 二	two
0212	i	i^{33}	wǒ 我	1st person singular
0213	i mbu	i^{33} bu^{33}	wǒ men 我们	1st person plural
0214	I Nyuonh	i^{33} ɲuɔn^{31}	rǔ yuán 乳源	Ru Yuan (Proper Name)
0215	njac fai	ɟa^{21} fai^{33}	shén me 什么	what
0216	njamh	ɟam^{31}	bēi 背	carry on the back
0217	yang naih	jaŋ^{33} nai^{31}	huáng tǔ 黄土	loess
0218	yang ngerngh	jaŋ^{33} ŋəŋ^{31}	huáng niú 黄牛	ox
0219	yang derpc	jaŋ^{33} təp^{2}	huáng dòu 黄豆	soya bean
0220	yang div	jaŋ^{33} ti^{53}	kǔ shuǎng jiǔ 苦爽酒	bitter wine
0221	yorngc yih	jɔŋ^{21} ji^{31}	róng yì 容易	easy
0222	yorngh	jɔŋ^{31}	yáng 羊	goat
0223	yorng nderpv	jɔŋ^{33} dəp^{5}	yáng pí 羊皮	sheepskin
0224	youh	jəu^{31}	yóu 油	oil
0225	you faic	jəu^{33} fai^{21}	dì di 弟弟	younger brother

（续表）

编号	乳源勉文	国际音标	汉语	英语
0226	you youx	jəu^{33} jəu^{35}	shū shu 叔叔	uncle
0227	You Kai	jəu^{33} k^{h}ai^{33}	yóu xī 游溪	You Xi (Proper Name)
0228	you zah	jəu^{33} tsa^{31}	yóu chá 油茶	camellia
0229	youx	jəu^{35}	fù qīn 父亲	father
0230	njic mbuonc	ɟi^{21} buɔn^{21}	xià xuě 下雪	snowy
0231	njiv	ɟi^{53}	jiǎn zi 剪子	scissors
0232	njiangh hnyiangc	ɟiaŋ^{31} ɲ̊iaŋ^{21}	qián nián 前年	year before last
0233	njiang hnuai	ɟiaŋ^{33} n̥uai^{33}	míng tiān 明天	tomorrow
0234	yienv	jien^{53}	wǎn 碗	bowl
0235	yieth	jiet^{3}	yī 一	one
0236	njiouc mienh	ɟiəu^{21} mien^{31}	jiù rén 救人	save people
0237	njing nqorngv	ɟiŋ^{33} gɔŋ^{53}	qīng tíng 蜻蜓	dragonfly
0238	njing nquaix	ɟiŋ^{33} guai^{35}	páng xiè 螃蟹	crab
0239	njuv	ɟu^{53}	cí bā 糍粑	glutinous rice cake
0240	yuqc	juʔ^{2}	yòu 又	again
0241	gav	ka^{53}	jiè 借	borrow
0242	gaengh	kæŋ^{31}	mén 门	door
0243	gaeng	kæŋ^{33}	chóng 虫	bug
0244	gaeng nyorqc	kæŋ^{33} ɲɔʔ^{2}	zhī zhū 蜘蛛	spider
0245	gaeng nyorqc mbiorngx	kæŋ^{33} ɲɔʔ^{2} biɔŋ^{35}	zhī zhū wǎng 蜘蛛网	spider web
0246	gaeng cerng	kæŋ^{33} ts^{h}əŋ^{33}	chuāng 窗	window
0247	gaic	kai^{21}	qī piàn 欺骗	cheat
0248	gam	kam^{33}	tián 甜	sweet

（续表）

编号	乳源勉文	国际音标	汉语	英语
0249	gatv lai nzuqh	kat^{5} lai^{33} $dzuʔ^{3}$	cài dāo 菜刀	kitchen knife
0250	gorc	$kɔ^{21}$	gē ge 哥哥	elder brother
0251	gor fin anc	$kɔ^{33}$ fin^{33} an^{21}	shàng wǔ 上午	forenoon
0252	gor fin hlac	$kɔ^{33}$ fin^{33} $ɬa^{21}$	shàng yuè 上月	last month
0253	Gorng Haeng	$kɔŋ^{33}$ $hæŋ^{33}$	gōng kēng 公坑	Gong Keng (Proper Name)
0254	gerngh	$kəŋ^{31}$	shān 山	hill
0255	gerng huan	$kəŋ^{33}$ $huan^{33}$	huāng shān 荒山	barren hill
0256	kaix	$k^{h}ai^{35}$	gān zào 干燥	dry
0257	kaqv	$k^{h}aʔ^{5}$	hǎn 喊	shout
0258	kuernh nanc	$k^{h}uən^{31}$ nan^{21}	kùn nan 困难	difficult
0259	kuai gaengh	$k^{h}uai^{33}$ $kæŋ^{31}$	kāi mén 开门	open the door
0260	kuaiv	$k^{h}uai^{53}$	zhāng zhǐ 张（纸）	the classifier for paper
0261	kuotv	$k^{h}uɔt^{5}$	dòng 洞	hole
0262	Kuei Dauh	$k^{h}uei^{33}$ tau^{31}	guì tóu 桂头	Gui Tou
0263	guc	ku^{21}	lǎo 老	old
0264	gu	ku^{33}	yuǎn 远	far
0265	gua	kua^{33}	huáng guā 黄瓜	cucumber
0266	gueiv	$kuei^{53}$	wō niú 蜗牛	snail
0267	guern gaengh	$kuən^{33}$ $kæŋ^{31}$	guān mén 关门	shut the door
0268	hlac	$ɬa^{21}$	yuè 月	month
0269	hlac	$ɬa^{21}$	yuè liang 月亮	moon
0270	hla mber nderng	$ɬa^{33}$ $bə^{33}$ $dəŋ^{33}$	yuè zhōng 月中	middle of a month
0271	la kuqv	la^{33} $k^{h}uʔ^{5}$	wàng jì 忘记	forget

（续表）

编号	乳源勉文	国际音标	汉语	英语
0272	la souv kuotv	la^{33} səu^{53} kʰuɔt^{5}	lǎo shǔ dòng 老鼠洞	mouse hole
0273	hla dauh	ɬa^{33} tau^{31}	yuè chū 月初	start of a month
0274	la zi	la^{33} tsi^{33}	là jiāo 辣椒	pepper
0275	hla duiv	ɬa^{33} tui^{53}	yuè dǐ 月底	end of a month
0276	laic	lai^{21}	chuān shān jiǎ 穿山甲	pangolin
0277	lai nziem nziemv	lai^{33} dziem^{33} dziem^{53}	fēng lì 锋利	sharp
0278	lai nquotc	lai^{33} guɔt^{2}	cài xīn 菜心	Chinese cabbage
0279	lai youh	lai^{33} jəu^{31}	yóu cài 油菜	canola
0280	lai hlerpv	lai^{33} ɬəp^{5}	zāng 脏	dirty
0281	lai maeng	lai^{33} mæŋ^{33}	qīng cài 青菜	vegetables
0282	lai maeng njingv	lai^{33} mæŋ^{33} ɟiŋ^{53}	jiè cài 芥菜	leaf mustard
0283	lai nyormh	lai^{33} ɲɔm^{31}	jiǔ cài 韭菜	leek
0284	lai baeqh	lai^{33} pæʔ^{3}	bái cài 白菜	cabbage
0285	lai baqc	lai^{33} paʔ^{2}	luó bo 萝卜	radish
0286	lai sui	lai^{33} sui^{33}	suān cài 酸菜	sauerkraut
0287	lai cei lorngh	lai^{33} tsʰei^{33} lɔŋ^{31}	sī guā 丝瓜	towel gourd
0288	hlan	ɬan^{33}	gān 肝	liver
0289	hlang	ɬaŋ^{33}	gāo 高	high
0290	lapc	lap^{2}	dǒu lì 斗笠	bamboo hat
0291	hlau in	ɬau^{33} in^{33}	kǔ zhú 苦竹	bitter bamboo
0292	lau bieiv	lau^{33} piei^{53}	shí tou 石头	stone
0293	hlau duqh	ɬau^{33} tuʔ^{3}	jīn zhú 金竹	golden bamboo
0294	hlauv	ɬau^{53}	zhú zi 竹子	bamboo

（续表）

编号	乳源勉文	国际音标	汉语	英语
0295	lorngc	lɔŋ^{21}	nèn 嫩	tender
0296	lorngh	lɔŋ^{31}	féng yī fu 缝（衣服）	sewing clothes
0297	lorngh	lɔŋ^{31}	tiān 天	sky
0298	lorngh amh	lɔŋ^{31} am^{31}	yīn tiān 阴天	cloudy
0299	lorngh lerngc	lɔŋ^{31} ləŋ^{21}	qíng tiān 晴天	sunny
0300	lorng anc	lɔŋ^{33} an^{21}	wǔ cān 午餐	lunch
0301	lorng anc	lɔŋ^{33} an^{21}	zhōng wǔ 中午	noon
0302	lorng jorng	lɔŋ^{33} cɔŋ^{33}	cǎi hóng 彩虹	rainbow
0303	lorng ndormx	lɔŋ^{33} dɔm^{35}	zǎo cān 早餐	breakfast
0304	lorng ndorngx	lɔŋ^{33} dɔŋ^{35}	zǎo chén 早晨	morning
0305	lorng hmuerngx	lɔŋ^{33} m̥uəŋ^{35}	wǎn cān 晚餐	supper
0306	lorng munx	lɔŋ^{33} mun^{35}	yè wǎn 夜晚	evening
0307	lorng hnuai	lɔŋ^{33} n̥uai^{33}	bái tiān 白天	daytime
0308	lorng baeng	lɔŋ^{33} pæŋ^{33}	bǎng tuǐ 绑腿	gaiters
0309	lorngx	lɔŋ^{35}	liǎng 两	a unit of weight
0310	hleic	ɬei^{21}	xīng xing 星星	star
0311	lerngh	ləŋ^{31}	lóng 龙	dragon
0312	lertc	lət^{2}	yòng 用	use
0313	lih	li^{31}	liáo 寮	house
0314	li hnyiangc	li^{33} ɲ̥iaŋ^{21}	jīn nián 今年	this year
0315	li hnuai	li^{33} n̥uai^{33}	jīn tiān 今天	today
0316	li dorpc	li^{33} tɔp^{2}	yā lí 鸭梨	pear
0317	ling	liŋ^{33}	tián 田	field

（续表）

编号	乳源勉文	国际音标	汉语	英语
0318	ling hanx	liŋ^{33} han^{35}	hàn tián 旱田	upland field
0319	ling tei	liŋ^{33} t^{h}ei^{33}	tī tián 梯田	terrace
0320	hliqv	ɬiʔ^{5}	tiě 铁	iron
0321	lu	lu^{33}	hé 和	and
0322	hlu	ɬu^{33}	dà 大	big
0323	Lu Ciang	lu^{33} ts^{h}iaŋ^{33}	lè chāng 乐昌	Le Chang (Proper Name)
0324	lux	lu^{35}	jiù 旧	old
0325	luv	lu^{53}	ǒu tù 呕吐	vomit
0326	luv	lu^{53}	tǔ 吐	spit
0327	luanh	luan^{31}	liáng kuài 凉快	cool
0328	lueic	luei^{21}	lǎn duò de 懒惰的	lazy
0329	lui	lui^{33}	yī fu 衣服	clothes
0330	lui gueic	lui^{33} kuei^{21}	yī guì 衣柜	wardrobe
0331	luqc werm	luʔ^{2} wəm^{33}	hóng shuǐ 洪水	flood
0332	luqh	luʔ^{3}	liù 六	six
0333	luqh hlac	luʔ^{3} ɬa^{21}	liù yuè 六月	June
0334	luqh ziepc luqh	luʔ^{3} tsiep^{2} luʔ^{3}	liù shí liù 六十六	sixty-six
0335	hmx	m̥^{35}	wǔ 五	five
0336	hmx hlac	m̥^{35} ɬa^{21}	wǔ yuè 五月	May
0337	hmx ziepc hmx	m̥^{35} tsiep^{2} m̥^{35}	wǔ shí wǔ 五十五	fifty-five
0338	mv laic	m^{53} lai^{21}	dùn 钝	blunt
0339	mv maih hmien beih	m^{53} mai^{31} m̥ien^{33} pei^{31}	hài xiū 害羞	shy
0340	mv duqv korngc	m^{53} tuʔ^{5} k^{h}ɔŋ^{21}	máng 忙	busy

（续表）

编号	乳源勉文	国际音标	汉语	英语
0341	ma guc	ma^{33} ku^{21}	nǎi nai 奶奶	grandma
0342	ma lamh	ma^{33} lam^{31}	māo 猫	cat
0343	ma ling nduaih	ma^{33} liŋ^{33} duai^{31}	mǎ líng shǔ 马铃薯	potato
0344	ma deih	ma^{33} tei^{31}	mǎ tí 马蹄	horse's hoof
0345	max	ma^{35}	mǎ 马	horse
0346	maeqv	mæʔ^{5}	sī 撕	tear
0347	maic	mai^{21}	mài 卖	sell
0348	maih	mai^{31}	yǒu 有	have
0349	maix	mai^{35}	mǎi 买	buy
0350	mau	mau^{33}	ruǎn 软	soft
0351	morng maeqv	mɔŋ^{33} mæʔ^{5}	pú táo 葡萄	grape
0352	morng nyaeh	mɔŋ^{33} ɲæ^{31}	wén zi 蚊子	mosquito
0353	morqc	mɔʔ^{2}	mào zi 帽子	hat
0354	morqc der bouc	mɔʔ^{2} tə^{33} pəu^{21}	mò dòu fǔ 磨豆腐	grind tofu
0355	hmeiv	m̥ei^{53}	mǐ 米	a unit of length
0356	mouc	məu^{21}	wù 雾	fog
0357	mouc	məu^{21}	yún 云	cloud
0358	moux	məu^{35}	mǔ 亩	a unit of area
0359	mi nzorngh	mi^{33} dzɔŋ^{31}	cǎo gēn 草根	grass root
0360	miv	mi^{53}	cǎo 草	grass
0361	mienh	mien^{31}	rén 人	person
0362	mienh	mien^{31}	yáo zú 瑶族	Yao ethnic group
0363	hmien	m̥ien^{33}	liǎn 脸	face

（续表）

编号	乳源勉文	国际音标	汉语	英语
0364	hmien ndanc	m̥ien^{33} dan^{21}	qián mian 前面	front
0365	hmien beih	m̥ien^{33} pei^{31}	liǎn pí 脸皮	face
0366	mingh	miŋ^{31}	qù 去	go
0367	mu	mu^{33}	tiào zǎo 跳蚤	flea
0368	muaic	muai^{21}	méi 煤	coal
0369	muangc bor zeiv	muaŋ^{21} pɔ^{33} tsei^{53}	kàn bào zhǐ 看报纸	read newspapers
0370	muaqc	muaʔ^{2}	wàng 望	look far
0371	muonh	muɔn^{31}	tóu yūn 头晕	dizzy
0372	mueih	muei^{31}	nǐ 你	2nd person singular
0373	muei ndam dorngh	muei^{33} dam^{33} tɔŋ^{31}	mì fēng 蜜蜂	bee
0374	muei norngh	muei^{33} nɔŋ^{31}	ěr duo 耳朵	ear
0375	muei biei	muei^{33} piei^{33}	méi mao 眉毛	eyebrow
0376	muei zing	muei^{33} tsiŋ^{33}	yǎn jīng 眼睛	eye
0377	muerngc	muəŋ^{21}	tīng 听	listen
0378	muerngc haix	muəŋ^{21} hai^{35}	tīng jiàn 听见	hear
0379	mui nqorng pac	mui^{33} gɔŋ^{33} p^{h}a^{21}	tóu pà 头帕	head cloth
0380	mui nqorngv	mui^{33} gɔŋ^{53}	tóu 头	head
0381	mui hnuai	mui^{33} n̥uai^{33}	měi tiān 每天	everyday
0382	mung	muŋ^{33}	tòng 痛	ache
0383	muqc	muʔ^{2}	mèi mei 妹妹	younger sister
0384	muqv	muʔ^{5}	wā 挖	dig
0385	nya ji	ɲa^{33} ci^{33}	yá gāo 牙膏	tooth paste
0386	nya catv	ɲa^{33} ts^{h}at^{5}	yá shuā 牙刷	tooth brush

（续表）

编号	乳源勉文	国际音标	汉语	英语
0387	nax	na^{35}	lǎo shǔ 老鼠	mouse
0388	nyaeqc	ɲæʔ^{2}	yìng 硬	hard
0389	naic	nai^{21}	wèn 问	ask
0390	naiv	nai^{53}	zhè lǐ 这里	here
0391	namh	nam^{31}	nán 南	south
0392	nyam	ɲam^{33}	sǎo zi 嫂子	elder brother's wife
0393	hnam	n̥am^{33}	cháo shī 潮湿	humid
0394	nanv	nan^{53}	duǎn 短	short
0395	hnangc	n̥aŋ^{21}	mǐ fàn 米饭	rice
0396	nang	naŋ^{33}	shé 蛇	snake
0397	nang maeng	naŋ^{33} mæŋ^{33}	qīng shé 青蛇	green snake
0398	nang werm	naŋ^{33} wəm^{33}	shuǐ shé 水蛇	water snake
0399	natc div	nat^{2} ti^{53}	niàng jiǔ 酿酒	make wine
0400	hnau hnuai	n̥au^{33} n̥uai^{33}	hòu tiān 后天	the day after tomorrow
0401	naqv	naʔ^{5}	tūn 吞	swallow
0402	norng	nɔŋ^{33}	gè píng zi 个（瓶子）	a classifier for bottles
0403	norqh	nɔʔ^{3}	niǎo 鸟	bird
0404	norqh a	nɔʔ^{3} a^{33}	wū yā 乌鸦	crow
0405	norqh a meih	nɔʔ^{3} a^{33} mei^{31}	xǐ què 喜鹊	magpie
0406	norqh nzorqh ndiangc	nɔʔ^{3} dzɔʔ^{3} diaŋ^{21}	zhuó mù niǎo 啄木鸟	woodpecker
0407	norqh gerng kuotv	nɔʔ^{3} kəŋ^{33} k^{h}uɔt^{5}	māo tóu yīng 猫头鹰	owl
0408	norqh meic	nɔʔ^{3} mei^{21}	má què 麻雀	sparrow
0409	hnermx	n̥əm^{35}	wén 闻	smell

（续表）

编号	乳源勉文	国际音标	汉语	英语
0410	nyiermv	ɲiəm^{53}	kū 哭	cry
0411	hnerph	n̥əp^{3}	ké sou 咳嗽	cough
0412	netc	net^{2}	tōu 偷	steal
0413	nyih	ɲi^{31}	é 鹅	goose
0414	ni	ni^{33}	ní tǔ 泥土	soil
0415	nyi hnuai	ɲi^{33} n̥uai^{33}	qián tiān 前天	the day before yesterday
0416	nyi zueic	ɲi^{33} tsuei^{21}	ěr huán 耳环	ear ring
0417	hniv	n̥i^{53}	zhòng 重	heavy
0418	nyah	ɲa^{31}	yá chǐ 牙齿	tooth
0419	hnyiangc	ɲ̥iaŋ^{21}	nián 年	year
0420	hnyiangc	ɲ̥iaŋ^{21}	suì 岁	year
0421	hnyiang jaev	ɲ̥iaŋ^{33} cæ^{53}	nián jì 年纪	age
0422	nyietc orv	ɲiet^{2} ɔ^{53}	chī ròu 吃肉	eat meat
0423	nyietc lai	ɲiet^{2} lai^{33}	chī cài 吃菜	eat dishes
0424	nyietc hnangc	ɲiet^{2} n̥aŋ^{21}	chī fàn 吃饭	eat rice
0425	nin	nin^{33}	tā 他	3rd person singular
0426	nying	ɲiŋ^{33}	zhǒng zi 种子	seed
0427	nyiqc hlac	ɲiʔ^{2} ɬa^{21}	èr yuè 二月	February
0428	nyiqc ziepc	ɲiʔ^{2} tsiep^{2}	èr shí rì 二十日	the twentieth day
0429	nyiqc ziepc juqv	ɲiʔ^{2} tsiep^{2}cuʔ^{5}	èr shí jiǔ rì 二十九日	the twenty ninth day
0430	nyiqc ziepc fam	ɲiʔ^{2} tsiep^{2}fam^{33}	èr shí sān rì 二十三日	the twenty third day
0431	nyiqc ziepc feic	ɲiʔ^{2} tsiep^{2}fei^{21}	èr shí sì rì 二十四日	the twenty fourth day
0432	nyiqc ziepc yietv	ɲiʔ^{2} tsiep^{2}jiet^{5}	èr shí yī rì 二十一日	the twenty first day

（续表）

编号	乳源勉文	国际音标	汉语	英语
0433	nyiqc ziepc luqh	ɲiʔ^{2} tsiep^{2}luʔ^{3}	èr shí liù rì 二十六日	the twenty sixth day
0434	nyiqc ziepc hmx	ɲiʔ^{2} tsiep^{2}m̥^{35}	èr shí wǔ rì 二十五日	the twenty fifth day
0435	nyiqc ziepc nyiqc	ɲiʔ^{2} tsiep^{2}ɲiʔ^{2}	èr shí èr 二十二	twenty two
0436	nyiqc ziepc nyiqc	ɲiʔ^{2} tsiep^{2}ɲiʔ^{2}	èr shí èr rì 二十二日	the twenty second day
0437	nyiqc ziepc berqv	ɲiʔ^{2} tsiep^{2} pəʔ^{5}	èr shí bā rì 二十八日	the twenty eighth day
0438	nyiqc ziepc cieqv	ɲiʔ^{2} tsiep^{2}ts^{h}ieʔ^{5}	èr shí qī rì 二十七日	the twenty seventh day
0439	hnuai	n̥uai^{33}	tiān 天	day
0440	nyuangh	ɲuaɲ^{31}	yín 银	silver
0441	ngamv	ŋam^{53}	dūn 蹲	squat on the heels
0442	ngerngh	ŋəŋ^{31}	niú 牛	cattle
0443	ngerng jorng	ŋəŋ^{33} cɔŋ^{33}	niú jiǎo 牛角	ox horn
0444	ngerng jorng hlauv	ŋəŋ^{33} cɔŋ^{33} ɬau^{53}	niú jiǎo zhú 牛角竹	ox horn bamboo
0445	ngerng gouv	ŋəŋ^{33} kəu^{53}	gōng niú 公牛	bull
0446	ngerng nyieix	ŋəŋ^{33} ɲiei^{35}	mǔ niú 母牛	cow
0447	bac nzorngx	pa^{21} dzɔŋ^{35}	chàng gē 唱歌	sing
0448	ba	pa^{33}	shāng bā 伤疤	scar
0449	Ba Buic	pa^{33} pui^{21}	bì bèi 必背	Bi Bei (Proper Name)
0450	bav	pa^{53}	fú 扶	hold up
0451	bae baeqv	pæ^{33} pæʔ^{5}	bó bo 伯伯	uncle
0452	baengc	pæŋ^{21}	bìng 病	ill
0453	baeqh	pæʔ^{3}	bái 白	white
0454	baeqh gerpv	pæʔ^{3} kəp^{5}	gē zi 鸽子	pigeon
0455	baeqv	pæʔ^{5}	bǎi 百	hundred

（续表）

编号	乳源勉文	国际音标	汉语	英语
0456	baeqv	pæʔ^{5}	běi 北	north
0457	batv	pat^{5}	bǐ 笔	pen
0458	bor li	pɔ^{33} li^{33}	bō li 玻璃	glass
0459	borng zei baih	pɔŋ^{33} tsei^{33} pai^{31}	dǎ zhǐ pái 打纸牌	play cards
0460	borngx mbux	pɔŋ^{35} bu^{35}	dǎ léi 打雷	thunder
0461	bei nju juei	pei^{33} ɟu^{33} cuei^{33}	bāo zòng zi 包粽子	wrap rice dumplings
0462	beiv	pei^{53}	bǎo 饱	full
0463	berqv hlac	pəʔ^{5} ɬa^{21}	bā yuè 八月	August
0464	berqv ziepc berqv	pəʔ^{5} tsiep^{2} pəʔ^{5}	bā shí bā 八十八	eighty-eight
0465	peic zah	p^{h}ei^{21} tsa^{31}	pào chá 泡茶	make tea
0466	piem	p^{h}iem^{33}	fèi 肺	lung
0467	pien nyieih	p^{h}ien^{33} ɲiei^{31}	pián yi de 便宜的	cheap
0468	pieqv werm	p^{h}ieʔ^{5} wəm^{33}	jiāo shuǐ 浇水	water
0469	pingc gorh	p^{h}iŋ^{21} kɔ^{31}	píng guǒ 苹果	apple
0470	piqv	p^{h}iʔ^{5}	pī 劈	split
0471	puotv ndaux	p^{h}uət^{5} dau^{35}	sǎo dì 扫地	sweep the floor
0472	pui lui houc	p^{h}ui^{33} lui^{33} həu^{21}	shài yī fu 晒衣服	dry the washing
0473	bi hlang	pi^{33} （ɬaɲ^{33}）	tiào gāo 跳（高）	jump
0474	bia	pia^{33}	wǔ 五	five
0475	biangh	piaŋ^{31}	huā 花	flower
0476	biauc	piau^{21}	táo pǎo 逃跑	escape
0477	biauc	piau^{21}	zǒu 走	walk
0478	biauv	piau^{53}	fáng wū 房屋	house

（续表）

编号	乳源勉文	国际音标	汉语	英语
0479	biei	piei^{33}	sì 四	four
0480	biemv	piem^{53}	chuī 吹	blow
0481	biepv	piep^{5}	mái 埋	bury
0482	biou	piəu^{33}	guǒ zi 果子	fruit
0483	biou jiah	piəu^{33} cia^{31}	táo zi 桃子	peach
0484	biou nzinh	piəu^{33} dzin^{31}	shān zhā 山楂	hawthorn
0485	biou hliangv	piəu^{33} ɬiaŋ^{53}	lǐ zi 李子	plum
0486	biou nax	piəu^{33} na^{35}	suān zǎo 酸枣	wild jujube
0487	biou zai mbuonc	piəu^{33} tsai^{33} buɔn^{21}	shì zi 柿子	persimmon
0488	biou zuei	piəu^{33} tsuei^{33}	bǎn lì 板栗	chestnut
0489	bu	pu^{33}	sān 三	three
0490	bu jang	pu^{33} caŋ^{33}	shǒu wàn 手腕	wrist
0491	bu juenh	pu^{33} cuen^{31}	quán tóu 拳头	fist
0492	bu ndu guaic	pu^{33} du^{33} kuai^{21}	zhǐ jia 指甲	nail
0493	bu ndu nyei	pu^{33} du^{33} ɲei^{33}	dà mǔ zhǐ 大拇指	thumb
0494	bu ndu duan	pu^{33} du^{33} tuan^{33}	xiǎo zhǐ 小指	little finger
0495	bu nduqv	pu^{33} duʔ^{5}	shǒu zhǐ 手指	finger
0496	bu muqh ndiangc	pu^{33} muʔ^{3} diaɲ^{21}	fēng shù 枫树	maple tree
0497	bu hnyiangc	pu^{33} ɲ̥iaɲ^{21}	qù nián 去年	last year
0498	bu biei	pu^{33} piei^{33}	tóu fa 头发	hair
0499	bu buic	pu^{33} pui^{21}	shǒu bèi 手背	the back of the hand
0500	bu sei	pu^{33} sei^{33}	shǒu bì 手臂	arm
0501	bu sei quotv	pu^{33} sei^{33} c^{h}uɔt^{5}	shǒu zhǒu 手肘	elbow

（续表）

编号	乳源勉文	国际音标	汉语	英语
0502	bu zuangv	pu^{33} tsuaŋ^{53}	shǒu zhǎng 手掌	palm
0503	bux	pu^{35}	shǒu 手	hand
0504	buonv	puɔn^{53}	běn shū 本（书）	a classifier for books
0505	buonv	puɔn^{53}	mǎn 满	full
0506	bueic mueic njormh	puei^{21} muei^{21} ɟɔm^{31}	shuì jiào 睡觉	sleep
0507	buih	pui^{31}	péi 陪	accompany
0508	bungc nqai si	puŋ^{21} gai^{33} si^{33}	lā dù zi 拉肚子	diarrhea
0509	bungh	puŋ^{31}	fáng jiān 房间	room
0510	bung nder kuaix	puŋ^{33} də^{33} k^{h}uai^{35}	dà fang 大方	generous
0511	sa ban	sa^{33} pan^{33}	hú dié 蝴蝶	butterfly
0512	saeng juqv	sæŋ^{33} cuʔ^{5}	chū jiǔ 初九	9th day of a lunar month
0513	saeng fam	sæŋ^{33} fam^{33}	chū sān 初三	3rd day of a lunar month
0514	saeng feic	sæŋ^{33} fei^{21}	chū sì 初四	4th day of a lunar month
0515	saeng yietv	sæŋ^{33} jiet^{5}	chū yī 初一	1st day of a lunar month
0516	saeng luqh	sæŋ^{33} luʔ^{3}	chū liù 初六	6th day of a lunar month
0517	saeng hmx	sæŋ^{33} m̥^{35}	chū wǔ 初五	5th day of a lunar month
0518	saeng nyieth	sæŋ^{33} ɲiet^{3}	shēng rì 生日	birthday
0519	saeng nyiqc	sæŋ^{33} ɲiʔ^{2}	chū èr 初二	2nd day of a lunar month
0520	saeng berqv	sæŋ^{33} pəʔ^{5}	chū bā 初八	8th day of a lunar month
0521	saeng cieqv	sæŋ^{33} ts^{h}ieʔ^{5}	chū qī 初七	7th day of a lunar month
0522	saeng ziepc	sæŋ^{33} tsiep^{2}	chū shí 初十	10th day of a lunar month
0523	satv	sat^{5}	lìn sè 吝啬	miserly
0524	saqv	saʔ^{5}	wú gōng 蜈蚣	centipede

（续表）

编号	乳源勉文	国际音标	汉语	英语
0525	saqv	$sa ʔ^{5}$	zhī ma 芝麻	sesame
0526	sorng	$sɔŋ^{33}$	hú xū 胡须	beard
0527	sorng	$sɔŋ^{33}$	shuāng 霜	frost
0528	souc	$səu^{21}$	shù mù 数目	number
0529	si ngerngh	si^{33} $ŋəŋ^{31}$	shuǐ niú 水牛	buffalo
0530	si danx	si^{33} tan^{35}	bèi 背	body's back
0531	Si Ziou	si^{33} $tsiəu^{33}$	sháo guān 韶关	Shao Guan (Proper Name)
0532	siang	$siaŋ^{33}$	mǐ shāi 米筛	rice sieve
0533	siang	$siaŋ^{33}$	xīn 新	new
0534	siang hnyiangc	$siaŋ^{33}$ $ɲ̥iaŋ^{21}$	xīn nián 新年	new year
0535	siepv	$siep^{5}$	kuài 快	quick
0536	sietv	$siet^{5}$	yǎng 痒	itchy
0537	siouc	$siəu^{21}$	yān 烟	smoke
0538	sin	sin^{33}	shēn tǐ 身体	body
0539	siqc	$si ʔ^{2}$	qī 七	seven
0540	siqv	$si ʔ^{5}$	nǚ ér 女儿	daughter
0541	siqv fun	$si ʔ^{5}$ fun^{33}	sūn nǚ 孙女	granddaughter
0542	siqv fun	$si ʔ^{5}$ fun^{33}	zhí nǚ 侄女	niece
0543	su hlatv	su^{33} $ɬat^{5}$	tuō xié 拖鞋	slipper
0544	suerng	$suəŋ^{33}$	hé liú 河流	stream
0545	suerng duan	$suəŋ^{33}$ $tuan^{33}$	xiǎo xī 小溪	brook
0546	suerng werm	$suəŋ^{33}$ $wəm^{33}$	hé shuǐ 河水	river
0547	sui	sui^{33}	suān 酸	sour

（续表）

编号	乳源勉文	国际音标	汉语	英语
0548	sun gaengh	sun^{33} kæŋ^{31}	闩门	lock the door
0549	sung	suŋ^{33}	姜	ginger
0550	sutv dih	sut^{5} ti^{31}	抹桌子	wipe the table
0551	suqv	suʔ^{5}	凉鞋	sandal
0552	daic	tai^{21}	死	die
0553	daic jai	tai^{21} cai^{33}	杀鸡	kill chickens
0554	daic dungx	tai^{21} tuŋ^{35}	杀猪	kill pigs
0555	damv	tam^{53}	虱子	loose
0556	dan ci	tan^{33} ts^{h}i^{33}	自行车	bike
0557	dangc	taŋ^{21}	凳子	stool
0558	dauh	tau^{31}	个	general classifier
0559	dauh	tau^{31}	个（人）	a classifier for people
0560	dauh	tau^{31}	头（牛）	the classifier for cattle
0561	dauh	tau^{31}	只（羊）	the classifier for sheep
0562	dau dauh	tau^{33} tau^{31}	大家	everyone
0563	dorqc	tɔʔ^{2}	姐姐	elder sister
0564	deic	tei^{21}	件（衣服）	the classifier for clothes
0565	dei juv	tei^{33} cu^{53}	第九	the ninth
0566	dei nzix	tei^{33} dzi^{35}	弟媳	younger brother's wife
0567	dei fam	tei^{3}3 fam^{33}	第三	the third
0568	dei feic	tei^{33} fei^{21}	第四	the fourth
0569	dei yietv	tei^{33} jiet^{5}	第一	the first
0570	dei luqh	tei^{33} luʔ^{3}	第六	the sixth

(续表)

编号	乳源勉文	国际音标	汉语	英语
0571	dei hmx	tei^{33} $m̥^{35}$	dì wǔ 第五	the fifth
0572	dei nyiqc	tei^{33} $ɲiʔ^{2}$	dì èr 第二	the second
0573	dei berqv	tei^{33} $pəʔ^{5}$	dì bā 第八	the eighth
0574	dei cieqv	tei^{33} $ts^{h}ieʔ^{5}$	dì qī 第七	the seventh
0575	dei ziepc	tei^{33} $tsiep^{2}$	dì shí 第十	the tenth
0576	derm jiangv	$təm^{33}$ $ciaŋ^{53}$	lǎo yīng 老鹰	eagle
0577	Derm Jiouh	$təm^{33}$ $ciəu^{31}$	dà qiáo 大桥	Da Qiao (Proper Name)
0578	derm hlauv	$təm^{33}$ $ɬau^{53}$	máo zhú 毛竹	moso bamboo
0579	derm sienh	$təm^{33}$ $sien^{31}$	lǎo hǔ 老虎	tiger
0580	derngh	$təŋ^{31}$	tóng 铜	bronze
0581	derng	$təŋ^{33}$	dōng 东	east
0582	derpc	$təp^{2}$	dòu zi 豆子	bean
0583	der maeng	$tə^{33}$ $mæŋ^{33}$	lǜ dòu 绿豆	mung bean
0584	dou mbieth	$təu^{33}$ $biet^{3}$	huǒ miáo 火苗	flame
0585	dou tanc	$təu^{33}$ $t^{h}an^{21}$	huǒ tàn 火炭	charcoal
0586	doux	$təu^{35}$	huǒ 火	fire
0587	taic	$t^{h}ai^{21}$	fēi 飞	fly
0588	terngv	$t^{h}əŋ^{53}$	tǒng 桶	bucket
0589	touc	$t^{h}əu^{21}$	tù 兔	rabbit
0590	tou muqh ndiangc	$t^{h}əu^{33}$ $muʔ^{3}$ $diaŋ^{21}$	hóng dòu shān 红豆杉	Chinese yew
0591	tic	$t^{h}i^{21}$	pǎo 跑	run
0592	tic wuqc	$t^{h}i^{21}$ $wuʔ^{2}$	tiào wǔ 跳舞	dance
0593	tienh derng	$t^{h}ien^{31}$ $təŋ^{33}$	diàn dēng 电灯	electric lamp

（续表）

编号	乳源勉文	国际音标	汉语	英语
0594	tiqh zuqh quqc	$t^{h}iʔ^{3}$ $tsuʔ^{3}$ $c^{h}uʔ^{2}$	tī zú qiú 踢足球	play football
0595	dih	ti^{31}	tiáo shé 条（蛇）	a classifier for snakes
0596	di gam	ti^{33} kam^{33}	tián jiǔ 甜酒	sweet wine
0597	div	ti^{53}	jiǔ 酒	wine
0598	zah	tsa^{31}	chá 茶	tea
0599	za fuh	tsa^{33} fu^{31}	chá hú 茶壶	teapot
0600	zaic horngc	$tsai^{21}$ $hɔŋ^{21}$	zuǒ bian 左边	left
0601	zaih	$tsai^{31}$	chí 迟	late
0602	zanv	$tsan^{53}$	bēi 杯	cup
0603	zau nduqv	$tsau^{33}$ $duʔ^{5}$	jiǎo zhǐ 脚趾	toe
0604	zau yangc	$tsau^{33}$ $jaŋ^{21}$	jiǎo yìn 脚印	footprint
0605	zau nyaengc	$tsau^{33}$ $ɲæŋ^{21}$	xiǎo tuǐ 小腿	leg
0606	zau nyaeng mborqc	$tsau^{33}$ $ɲæŋ^{33}$ $bɔʔ^{2}$	xī gài 膝盖	knee
0607	zau bernv	$tsau^{33}$ $pən^{53}$	jiǎo bǎn 脚板	sole of the foot
0608	zau zuih	$tsau^{33}$ $tsui^{31}$	dà tuǐ 大腿	thigh
0609	zaqh	$tsaʔ^{3}$	zhí 直	straight
0610	zaqv	$tsaʔ^{5}$	shū zi 梳子	comb
0611	zorngc	$tsɔŋ^{21}$	bǎ dāo 把（刀）	the classifier for knives
0612	zorng	$tsɔŋ^{33}$	hái 还	still
0613	zorngh	$tsɔŋ^{31}$	kē shù 棵（树）	the classifier for trees
0614	zorngc	$tsɔŋ^{21}$	zhāng zhuō zi 张（桌子）	the classifier for tables
0615	zorngv	$tsɔŋ^{53}$	zhǔn xǔ 准许	allow
0616	zorqc	$tsɔʔ^{2}$	zhuī 追	chase

（续表）

编号	乳源勉文	国际音标	汉语	英语
0617	zorqv jieih	tsɔʔ^{5} ciei^{31}	xià qí 下棋	play chess
0618	zeic	tsei^{21}	zhì 痣	mole
0619	zerpc	tsəp^{2}	kuài zi 筷子	chopsticks
0620	zouc	tsəu^{21}	zuò 做	do
0621	zouc njuv	tsəu^{21} ɟu^{53}	zuò cí bā 做糍粑	make glutinous rice cake
0622	zouv	tsəu^{53}	fén mù 坟墓	tomb
0623	zouv hnangc	tsəu^{53} n̥aŋ^{21}	zhǔ fàn 煮饭	cook the meal
0624	zouv nyieqc bungh	tsəu^{53} ɲieʔ^{2} puŋ^{31}	chú fáng 厨房	kitchen
0625	zouv zuqv	tsəu^{53} tsuʔ^{5}	bāo zhōu 煲粥	stew congee
0626	zouv werm mbueic	tsəu^{53} wəm^{33} buei^{21}	shāo kāi shuǐ 烧开水	boil the water
0627	cav lai	ts^{h}a^{53} lai^{33}	chǎo cài 炒菜	cook dishes
0628	caengc ndonc	tshæŋ^{21} dɔn^{21}	dǐng gàng 顶杠	a kind of Yao sports
0629	caeng	ts^{h}æŋ^{33}	guō 锅	pot
0630	camv	ts^{h}am^{53}	duō 多	many
0631	canh	ts^{h}an^{31}	chǒu 丑	ugly
0632	cangv	ts^{h}aŋ^{53}	chuán 船	boat
0633	catv nyah	ts^{h}at^{5} ɲa^{31}	shuā yá 刷牙	brush one's teeth
0634	cotv luqc	ts^{h}ɔt^{5} luʔ^{2}	fā hóng shuǐ 发洪水	flood
0635	cerngc biangh	ts^{h}əŋ^{21} piaŋ^{31}	xiù huā 绣花	embroidery
0636	couc	ts^{h}əu^{21}	chuáng 床	bed
0637	ci	ts^{h}i^{33}	chē 车	car
0638	ciamv	ts^{h}iam^{53}	xuè 血	blood
0639	ciouv	ts^{h}iəu^{53}	mǎ yǐ 蚂蚁	ant

（续表）

编号	乳源勉文	国际音标	汉语	英语
0640	cieqv	tsʰieʔ^{5}	qī 七	seven
0641	cieqv hlac	tsʰieʔ^{5} ɬa^{21}	qī yuè 七月	July
0642	cieqv ziepc cieqv	tsʰieʔ^{5} tsiep^{2}tsʰieʔ^{5}	qī shí qī 七十七	seventy-seven
0643	cin	tsʰin^{33}	qiān 千	thousand
0644	zic hlac nyiqh	tsi^{21} ɬa^{21} ɲiʔ^{3}	jǐ gè yuè 几个月	several months
0645	zih hlac	tsi^{31} ɬa^{21}	zhēng yuè 正月	lunar January
0646	ziepc	tsiep^{2}	shí 十	ten
0647	ziepc juqv	tsiep^{2}cuʔ^{5}	shí jiǔ rì 十九日	the nineteenth day
0648	ziepc fam	tsiep^{2}fam^{33}	shí sān rì 十三日	the thirteenth day
0649	ziepc feic	tsiep^{2}fei^{21}	shí sì rì 十四日	the fourteenth day
0650	ziepc yietv	tsiep^{2} jiet^{5}	shí yī 十一	eleven
0651	ziepc yietv	tsiep^{2}jiet^{5}	shí yī rì 十一日	the eleventh day
0652	ziepc yietv hlac	tsiep^{2}jiet^{5} ɬa^{21}	shí yī yuè 十一月	November
0653	ziepc hlac	tsiep^{2}ɬa^{21}	shí yuè 十月	October
0654	ziepc luqh	tsiep^{2}luʔ^{3}	shí liù rì 十六日	the sixteenth day
0655	ziepc hmx	tsiep^{2}m̥^{35}	shí wǔ rì 十五日	the fifteenth day
0656	ziepc nyiqc	tsiep^{2}ɲiʔ^{2}	shí èr rì 十二日	the twelfth day
0657	ziepc nyiqc hlac	tsiep^{2}ɲiʔ^{2} ɬa^{21}	shí èr yuè 十二月	December
0658	ziepc berqv	tsiep^{2}pəʔ^{5}	shí bā rì 十八日	the eighteenth day
0659	ziepc cieqv	tsiep^{2}tsʰieʔ^{5}	shí qī rì 十七日	the seventeenth day
0660	ziouh werm	tsiəu^{31} wəm^{33}	yóu shuǐ 游水	swim
0661	zingh ceic	tsiŋ^{31} tsʰei^{21}	zhěng qí 整齐	tidy
0662	zuh	tsu^{31}	shǎo 少	few

（续表）

编号	乳源勉文	国际音标	汉语	英语
0663	zueih	tsuei^{31}	zuì 最	most
0664	zuerng bui	tsuəŋ^{33} pui^{33}	shuǐ bà 水坝	dam
0665	zuerng dauh	tsuəŋ^{33} tau^{31}	qú tóu 渠头	stream
0666	zuic	tsui^{21}	chòu 臭	smelly
0667	zuih	tsui^{31}	gēn 跟	follow
0668	zuix	tsui^{35}	zuò 坐	sit
0669	zuqv	tsuʔ^{5}	děng dài 等待	wait
0670	zuqv	tsuʔ^{5}	zhōu 粥	congee
0671	zuqv lui houc	tsuʔ^{5} lui^{33} həu^{21}	chuān yī fu 穿衣服	dress oneself
0672	duc	tu^{21}	biē 鳖	turtle
0673	duc werm	tu^{21} wəm^{33}	dǎo shuǐ 倒水	pour water
0674	du	tu^{33}	dōu 都	all
0675	duan	tuan^{33}	ér zǐ 儿子	son
0676	dueiv	tuei^{53}	wěi ba 尾巴	tail
0677	duih mbiuqc	tui^{31} biuʔ^{2}	xià yǔ 下雨	rain
0678	dung gern	tuŋ^{33} kən^{33}	gōng zhū 公猪	boar
0679	dung nyieix	tuŋ^{33} ɲiei^{35}	mǔ zhū 母猪	sow
0680	dung ningh	tuŋ^{33} niŋ^{31}	yǐng zi 影子	shadow
0681	dung deih	tuŋ^{33} tei^{31}	zhū tí 猪蹄	pig's feet
0682	dungx	tuŋ^{35}	zhū 猪	pig
0683	duqh sou	tuʔ^{3} səu^{33}	dú shū 读书	attend school
0684	duqv duv	tuʔ^{5} tu^{53}	dé dào 得到	get
0685	u guei	u^{33} kuei^{33}	wū guī 乌龟	tortoise

（续表）

编号	乳源勉文	国际音标	汉语	英语
0686	uv	u^{53}	nà lǐ 那里	there
0687	uv nder luaic maengc	u^{53} də^{33} luai^{21} mæŋ^{21}	shàng miàn 上面	up
0688	uv ndiv maengc	u^{53} di^{53} mæŋ^{21}	xià miàn 下面	down
0689	uv nyux maengc	u^{53} ɲu^{35} mæŋ^{21}	lǐ miàn 里面	inside
0690	uv nguaic maengc	u^{53} ŋuai^{21} mæŋ^{21}	wài miàn 外面	outside
0691	uic fu juiv	ui^{21} fu^{33} cui^{53}	wèi xiǎo hái 喂小孩	feed children
0692	wanc	wan^{21}	wàn 万	ten thousand
0693	waqc	waʔ^{2}	huà 话	words
0694	werm	wəm^{33}	shuǐ 水	water
0695	werm apv	wəm^{33} ap^{5}	shuǐ yā 水鸭	teal
0696	werm mbueic	wəm^{33} buei^{21}	kāi shuǐ 开水	hot water
0697	werm nzuih	wəm^{33} dzui^{31}	tuò yè 唾液	saliva
0698	werm njiangh	wəm^{33} ɟiaŋ^{31}	shuǐ táng 水塘	pond
0699	werm gau	wəm^{33} kau^{33}	shuǐ gōu 水沟	ditch
0700	werm ling	wəm^{33} liŋ^{33}	shuǐ tián 水田	paddy field
0701	werm mueic	wəm^{33} muei^{21}	yǎn lèi 眼泪	tears
0702	werm nyungh	wəm^{33} ɲuŋ^{31}	shuǐ yuán 水源	water source
0703	werm bunh	wəm^{33} pun^{31}	shuǐ pén 水盆	basin
0704	werm zingv	wəm^{33} tsiŋ^{53}	shuǐ jǐng 水井	well

附录三　乳源勉语常用词语

（按汉语拼音排序）

编号	乳源勉文	国际音标	汉语	英语
A				
0001	aiv	ai^{53}	ǎi 矮	short
0002	nzaengh	dzæŋ^{31}	àn bǎn 案板	chopping block
B				
0003	hieth	hiet^{3}	bā 八	eight
0004	berqv ziepc berqv	pəʔ^{5} tsiep^{2} pəʔ^{5}	bā shí bā 八十八	eighty-eight
0005	berqv hlac	pəʔ^{5} ɬa^{21}	bā yuè 八月	August
0006	zorngc	tsɔŋ^{21}	bǎ dāo 把（刀）	the classifier for knives
0007	baeqh	pæʔ^{3}	bái 白	white
0008	lai baeqh	lai^{33} pæʔ^{3}	bái cài 白菜	cabbage
0009	lorng hnuai	lɔŋ^{33} n̥uai^{33}	bái tiān 白天	daytime
0010	baeqv	pæʔ^{5}	bǎi 百	hundred
0011	biou zuei	piəu^{33} tsuei^{33}	bǎn lì 板栗	chestnut
0012	lorng baeng	lɔŋ^{33} pæŋ^{33}	bǎng tuǐ 绑腿	gaiters
0013	bei nju juei	pei^{33} ɟu^{33} cuei^{33}	bāo zòng zi 包粽子	wrap rice dumplings
0014	zouv zuqv	tsəu^{53} tsuʔ^{5}	bāo zhōu 煲粥	stew congee
0015	beiv	pei^{53}	bǎo 饱	full
0016	zanv	tsan^{53}	bēi 杯	cup

（续表）

编号	乳源勉文	国际音标	汉语	英语
0017	baeqv	pæʔ^{5}	běi 北	north
0018	njamh	ɟam^{31}	bēi 背	carry on the back
0019	si danx	si^{33} tan^{35}	bèi 背	body's back
0020	buonv	puɔn^{53}	běn shū 本（书）	a classifier for books
0021	mbiorqh	biɔʔ^{3}	bí tì 鼻涕	snot
0022	mbiuth zorng	biut^{3} tsɔŋ^{33}	bí zi 鼻子	nose
0023	batv	pat^{5}	bǐ 笔	pen
0024	Ba Buic	pa^{33} pui^{21}	bì bèi 必背	Bi Bei（Proper Name）
0025	duc	tu^{21}	biē 鳖	turtle
0026	mba mbuix	ba^{33} bui^{35}	biān fú 蝙蝠	bat
0027	baengc	pæŋ^{21}	bìng 病	ill
0028	bor li	pɔ^{33} li^{33}	bō li 玻璃	glass
0029	bae baeqv	pæ^{33} pæʔ^{5}	bó bo 伯伯	uncle
0030	jiu jiuh	ciu^{33} ciu^{31}	bó mǔ 伯母	aunt
0031	jang	caŋ^{33}	bó zi 脖子	neck
C				
0032	lorng jorng	lɔŋ^{33} cɔŋ^{33}	cǎi hóng 彩虹	rainbow
0033	gatv lai nzuqh	kat^{5} lai^{33} dzuʔ^{3}	cài dāo 菜刀	kitchen knife
0034	lai nquotc	lai^{33} guɔt^{2}	cài xīn 菜心	Chinese cabbage
0035	miv	mi^{53}	cǎo 草	grass
0036	mi nzorngh	mi^{33} dzɔŋ^{31}	cǎo gēn 草根	grass root
0037	nqai fuh	gai^{33} fu^{31}	cè suǒ 厕所	toilet
0038	njuv	ɟu^{53}	cí bā 糍粑	glutinous rice cake

（续表）

编号	乳源勉文	国际音标	汉语	英语
0039	zah	tsa^{31}	chá 茶	tea
0040	za fuh	tsa^{33} fu^{31}	chá hú 茶壶	teapot
0041	jangh	caŋ^{31}	cháng 肠	intestines
0042	bac nzorngx	pa^{21} dzɔŋ^{35}	chàng gē 唱歌	sing
0043	hnam	n̥am^{33}	cháo shī 潮湿	humid
0044	cav lai	tsʰa^{53} lai^{33}	chǎo cài 炒菜	cook dishes
0045	ci	tsʰiː^{33}	chē 车	car
0046	nyietc lai	ɲiet^{2} lai^{33}	chī cài 吃菜	eat dishes
0047	nyietc hnangc	ɲiet^{2} n̥aŋ^{21}	chī fàn 吃饭	eat rice
0048	nyietc orv	ɲiet^{2} ɔ^{53}	chī ròu 吃肉	eat meat
0049	zaih	tsaiː^{31}	chí 迟	late
0050	nzac sin	dza^{21} sin^{33}	chōng liáng 冲凉	take a shower
0051	gaeng	kæŋ^{33}	chóng 虫	bug
0052	herpv yien	həp^{5} jien^{33}	chōu yān 抽烟	smoking
0053	canh	tsʰan^{31}	chǒu 丑	ugly
0054	zuic	tsuiː^{21}	chòu 臭	smelly
0055	saeng berqv	sæŋ^{33} pəʔ^{5}	chū bā 初八	8th day of a lunar month
0056	saeng nyiqc	sæŋ^{33} ɲiʔ^{2}	chū èr 初二	2nd day of a lunar month
0057	saeng juqv	sæŋ^{33} cuʔ^{5}	chū jiǔ 初九	9th day of a lunar month
0058	saeng luqh	sæŋ^{33} luʔ^{3}	chū liù 初六	6th day of a lunar month
0059	saeng cieqv	sæŋ^{33} tsʰieʔ^{5}	chū qī 初七	7th day of a lunar month
0060	saeng fam	sæŋ^{33} fam^{33}	chū sān 初三	3rd day of a lunar month
0061	saeng ziepc	sæŋ^{33} tsiep^{2}	chū shí 初十	10th day of a lunar month

（续表）

编号	乳源勉文	国际音标	汉语	英语
0062	saeng feic	sæŋ^{33} fei^{21}	chū sì 初四	4th day of a lunar month
0063	saeng hmx	sæŋ^{33} m̥^{35}	chū wǔ 初五	5th day of a lunar month
0064	saeng yietv	sæŋ^{33} jiet^{5}	chū yī 初一	1st day of a lunar month
0065	zouv nyieqc bungh	tsəu^{53} ɲieʔ^{2} puŋ^{31}	chú fáng 厨房	kitchen
0066	laic	lai^{21}	chuān shān jiǎ 穿山甲	pangolin
0067	zuqv lui houc	tsuʔ^{5} lui^{33} həu^{21}	chuān yī fu 穿衣服	dress oneself
0068	cangv	ts^{h}aŋ^{53}	chuán 船	boat
0069	gaeng cerng	kæŋ^{33} ts^{h}əŋ^{33}	chuāng 窗	window
0070	couc	ts^{h}əu^{21}	chuáng 床	bed
0071	biemv	piem^{53}	chuī 吹	blow
D				
0072	mborqv nzux	bɔʔ^{5} dzu^{35}	dǎ gǔ 打鼓	beat a drum
0073	borngx mbux	pɔŋ^{35} bu^{35}	dǎ léi 打雷	thunder
0074	mborqv mienh	bɔʔ^{5} mien^{31}	dǎ rén 打人	beat others
0075	borng zei baih	pɔŋ^{33} tsei^{33} pai^{31}	dǎ zhǐ pái 打纸牌	play cards
0076	hlu	ɬu^{33}	dà 大	big
0077	bung nder kuaix	puŋ^{33} də^{33} k^{h}uai^{35}	dà fang 大方	generous
0078	dau dauh	tau^{33} tau^{31}	dà jiā 大家	everyone
0079	bu ndu nyei	pu^{33} du^{33} ɲei^{33}	dà mǔ zhǐ 大拇指	thumb
0080	Derm Jiouh	təm^{33} ciəu^{31}	dà qiáo 大桥	Da Qiao (Proper Name)
0081	zau zuih	tsau^{33} tsui^{31}	dà tuǐ 大腿	thigh
0082	jauc	cau^{21}	dàn 蛋	egg
0083	jau mang	cau^{33} maŋ^{33}	dàn huáng 蛋黄	yolk

（续表）

编号	乳源勉文	国际音标	汉语	英语
0084	jau korqv	cau^{33} k^{h}ɔʔ^{5}	dàn ké 蛋壳	eggshell
0085	duc werm	tu^{21} wəm^{33}	dào shuǐ 倒水	pour water
0086	duqv duv	tuʔ^{5} tu^{53}	dé dào 得到	get
0087	zuqv	tsuʔ^{5}	děng dài 等待	wait
0088	dangc	taŋ^{21}	dèng zi 凳子	stool
0089	aiv	ai^{53}	dī 低	low
0090	ndaux	dau^{35}	dì 地	earth
0091	dei berqv	tei^{33} pəʔ^{5}	dì bā 第八	the eighth
0092	you faic	jəu^{33} fai^{21}	dì di 弟弟	younger brother
0093	ndau kuotv	dau^{33} k^{h}uɔt^{5}	dì dòng 地洞	burrow
0094	dei nyiqc	tei^{33} ɲiʔ^{2}	dì èr 第二	the second
0095	dei juv	tei^{33} cu^{53}	dì jiǔ 第九	the ninth
0096	dei luqh	tei^{33} luʔ^{3}	dì liù 第六	the sixth
0097	dei cieqv	tei^{33} ts^{h}ieʔ^{5}	dì qī 第七	the seventh
0098	dei fam	tei^{33} fam^{33}	dì sān 第三	the third
0099	dei ziepc	tei^{33} tsiep^{2}	dì shí 第十	the tenth
0100	dei feic	tei^{33} fei^{21}	dì sì 第四	the fourth
0101	dei hmx	tei^{33} m^{35}	dì wǔ 第五	the fifth
0102	dei nzix	tei^{33} dzi^{35}	dì xí 弟媳	younger brother's wife
0103	dei yietv	tei^{33} jiet^{5}	dì yī 第一	the first
0104	tienh derng	t^{h}ien^{31} təŋ^{33}	diàn dēng 电灯	electric lamp
0105	caengc ndonc	ts^{h}æŋ^{21} dɔn^{21}	dǐng gàng 顶杠	a kind of Yao sports
0106	ndiuc guaeh	diu^{21} kuæ^{31}	diū diào 丢掉	throw away

（续表）

编号	乳源勉文	国际音标	汉语	英语
0107	derng	təŋ^{33}	dōng 东	east
0108	finv	fin^{53}	dǒng 懂	understand
0109	kuotv	k^{h}uɔt^{5}	dòng 洞	hole
0110	du	tu^{33}	dōu 都	all
0111	lapc	lap^{2}	dǒu lì 斗笠	bamboo hat
0112	derpc	təp^{2}	dòu zi 豆子	bean
0113	duqh sou	tuʔ^{3} səu^{33}	dú shū 读书	attend school
0114	nqai si	gai^{33} si^{33}	dù zi 肚子	belly
0115	nanv	nan^{53}	duǎn 短	short
0116	ngamv	ŋam^{53}	dūn 蹲	squat on the heels
0117	mv laic	m^{53} lai^{21}	dùn 钝	blunt
0118	camv	ts^{h}am^{53}	duō 多	many
E				
0119	nyih	ɲi^{31}	é 鹅	goose
0120	duan	tuan^{33}	ér zi 儿子	son
0121	muei norngh	muei^{33} nɔŋ^{31}	ěr duo 耳朵	ear
0122	nyi zueic	ɲi^{33} tsuei^{21}	ěr huán 耳环	ear ring
0123	i	i^{33}	èr 二	two
0124	nyiqc ziepc berqv	ɲiʔ^{2} tsiep^{2} pəʔ^{5}	èr shí bā rì 二十八日	the twenty eighth day
0125	nyiqc ziepc nyiqc	ɲiʔ^{2} tsiep^{2} ɲiʔ^{2}	èr shí èr 二十二	twenty two
0126	nyiqc ziepc nyiqc	ɲiʔ^{2} tsiep^{2} ɲiʔ^{2}	èr shí èr rì 二十二日	the twenty second day
0127	nyiqc ziepc juqv	ɲiʔ^{2} tsiep^{2} cuʔ^{5}	èr shí jiǔ rì 二十九日	the twenty ninth day
0128	nyiqc ziepc luqh	ɲiʔ^{2} tsiep^{2} luʔ^{3}	èr shí liù rì 二十六日	the twenty sixth day

（续表）

编号	乳源勉文	国际音标	汉语	英语
0129	nyiqc ziepc cieqv	ɲiʔ^{2} tsiep^{2} ts^{h}ieʔ^{5}	èr shí qī rì 二十七日	the twenty seventh day
0130	nyiqc ziepc	ɲiʔ^{2} tsiep^{2}	èr shí rì 二十日	the twentieth day
0131	nyiqc ziepc fam	ɲiʔ^{2} tsiep^{2} fam^{33}	èr shí sān rì 二十三日	the twenty third day
0132	nyiqc ziepc feic	ɲiʔ^{2} tsiep^{2} fei^{21}	èr shí sì rì 二十四日	the twenty fourth day
0133	nyiqc ziepc hmx	ɲiʔ^{2} tsiep^{2} m̥^{35}	èr shí wǔ rì 二十五日	the twenty fifth day
0134	nyiqc ziepc yietv	ɲiʔ^{2} tsiep^{2} jiet^{5}	èr shí yī rì 二十一日	the twenty first day
0135	nyiqc hlac	ɲiʔ^{2} ɬa^{21}	èr yuè 二月	February
F				
0136	cotv luqc	ts^{h}ɔt^{5} luʔ^{2}	fā hóng shuǐ 发洪水	flooding
0137	fan nduaih	fan^{33} duai^{31}	fān shǔ 番薯	sweet potato
0138	bungh	puŋ^{31}	fáng jiān 房间	room
0139	biauv	piau^{53}	fáng wū 房屋	house
0140	taic	t^{h}ai^{21}	fēi 飞	fly
0141	or jorqc	ɔ^{33} cɔʔ^{2}	féi ròu 肥肉	fat meat
0142	piem	p^{h}iem^{33}	fèi 肺	lung
0143	zouv	tsəu^{53}	fén mù 坟墓	tomb
0144	nziac	dzia^{21}	fēng 风	wind
0145	bu muqh ndiangc	pu^{33} muʔ^{3} diaŋ^{21}	fēng shù 枫树	maple tree
0146	lai nziem nziemv	lai^{33} dziem^{33} dziem^{53}	fēng lì 锋利	sharp
0147	lorngh	lɔŋ^{31}	féng yī fu 缝（衣服）	sewing clothes
0148	bav	pa^{53}	fú 扶	hold up

（续表）

编号	乳源勉文	国际音标	汉语	英语
0149	youx	jəu^{35}	fù qīn 父亲	father
G				
0150	hlan	ɬan^{33}	gān 肝	liver
0151	nzertc	dzət^{2}	gān jìng 干净	clean
0152	kaix	k^{h}ai^{35}	gān zào 干燥	dry
0153	hanh dangh	han^{31} taŋ^{31}	gāng cái 刚才	right now
0154	hlang	ɬaŋ^{33}	gāo 高	high
0155	mbuc bei	bu^{21} pei^{33}	gào sù 告诉	tell
0156	nzorngx	dzɔŋ^{35}	gē 歌	song
0157	gorc	kɔ^{21}	gē ge 哥哥	elder brother
0158	baeqh gerpv	pæʔ^{3} kəp^{5}	gē zi 鸽子	pigeon
0159	dauh	tau^{31}	gè 个	general classifier
0160	norng	nɔŋ^{33}	gè píng zi 个（瓶子）	a classifier for bottles
0161	dauh	tau^{31}	gè rén 个（人）	a classifier for people
0162	zuih	tsui^{31}	gēn 跟	follow
0163	ju gouv	cu^{33} kəu^{53}	gōng gǒu 公狗	male dog
0164	jai gorngc	cai^{33} kɔŋ^{21}	gōng jī 公鸡	rooster
0165	Gorng Haeng	kɔŋ^{33} hæŋ^{33}	gōng kēng 公坑	Gong Keng（Proper Name）
0166	ngerng gouv	ŋəŋ^{33} kəu^{53}	gōng niú 公牛	bull
0167	dung gern	tuŋ^{33} kən^{33}	gōng zhū 公猪	boar
0168	juv	cu^{53}	gǒu 狗	dog
0169	mbungv	buŋ^{53}	gǔ tou 骨头	bone
0170	huotv nziac	huɔt^{5} dzia^{21}	guā fēng 刮风	wind blowing

（续表）

编号	乳源勉文	国际音标	汉语	英语
0171	guern gaengh	kuən^{33} kæŋ^{31}	guān mén 关门	shut the door
0172	juaic	cuai^{21}	guì de 贵的	expensive
0173	Kuei Dauh	kʰuei^{33} tau^{31}	guì tóu 桂头	Gui Tou
0174	caeng	tsʰæŋ^{33}	guō 锅	pot
0175	biou	piəu^{33}	guǒ zi 果子	fruit
0176	jiqc zetv	ciʔ^{2} tset^{5}	guò jié 过节	celebrate a festival
0177	jiqc hnyiangc	ciʔ^{2} ɲ̥iaŋ^{21}	guò nián 过年	celebrate the Spring Festival
H				
0178	zorng	tsɔŋ^{33}	hái 还	still
0179	ndaih	dai^{31}	hǎi 海	ocean
0180	nqam qic	gam^{33} cʰi^{21}	hài pà 害怕	fear
0181	mv maih hmien beih	m^{53} mai^{31} m̥ien^{33} pei^{31}	hài xiū 害羞	shy
0182	kaqv	kʰaʔ^{5}	hǎn 喊	shout
0183	jienc	cien^{21}	hàn zú 汉族	Han ethnic group
0184	haqc	haʔ^{2}	hàn 汗	sweat
0185	ling hanx	liŋ^{33} han^{35}	hàn tián 旱田	upland field
0186	herpv zah	həp^{5} tsa^{31}	hē chá 喝茶	drink tea
0187	herpv div	həp^{5} ti^{53}	hē jiǔ 喝酒	drink wine
0188	herpv torng	həp^{5} tʰɔŋ^{33}	hē tāng 喝汤	drink soup
0189	lu	lu^{33}	hé 和	and
0190	suerng	suəŋ^{33}	hé liú 河流	stream
0191	suerng werm	suəŋ^{33} wəm^{33}	hé shuǐ 河水	river
0192	horqh	hɔʔ^{3}	hěn 很	very

（续表）

编号	乳源勉文	国际音标	汉语	英语
0193	qietv	c^{h}iet^{5}	hèn 恨	hate
0194	tou muqh ndiangc	thəu^{33} muʔ^{3} diaŋ^{21}	hóng dòu shān 红豆杉	Chinese yew
0195	luqc werm	luʔ^{2} wəm^{33}	hóng shuǐ 洪水	flood
0196	jang huh	caŋ^{33} hu^{31}	hóu lóng 喉咙	throat
0197	mbingx	biŋ^{35}	hóu zi 猴子	monkey
0198	hux	hu^{35}	hòu 厚	thick
0199	nqua hav	gua^{33} ha^{53}	hòu miàn 后面	back
0200	fan nqua hax hnyiangc	fan^{33} gua^{33} ha^{35} ɲ̥iaŋ^{21}	hòu nián 后年	the year after next
0201	hnau hnuai	n̥au^{33} n̥uai^{33}	hòu tiān 后天	the day after tomorrow
0202	ndi mauh	di^{33} mau^{31}	hú li 狐狸	fox
0203	sorng	sɔŋ^{33}	hú xū 胡须	beard
0204	sa ban	sa^{33} pan^{33}	hú dié 蝴蝶	butterfly
0205	biangh	piaŋ^{31}	huā 花	flower
0206	fa saengv	fa^{33} sæŋ^{53}	huā shēng 花生	peanut
0207	waqc	waʔ^{2}	huà 话	words
0208	gerng huan	kəŋ^{33} huan^{33}	huāng shān 荒山	barren hill
0209	jiepv	ciep^{5}	huáng chóng 蝗虫	grasshopper
0210	yang derpc	jaŋ^{33} təp^{2}	huáng dòu 黄豆	soya bean
0211	gua	kua^{33}	huáng guā 黄瓜	cucumber
0212	yang ngerngh	jaŋ^{33} ŋəŋ^{31}	huáng niú 黄牛	ox
0213	yang naih	jaŋ^{33} nai^{31}	huáng tǔ 黄土	loess
0214	doux	təu^{35}	huǒ 火	fire
0215	dou mbieth	təu^{33} biet^{3}	huǒ miáo 火苗	flame

（续表）

编号	乳源勉文	国际音标	汉语	英语
0216	dou tanc	tәu^{33} t^{h}an^{21}	huǒ tàn 火炭	charcoal
J				
0217	jai	cai^{33}	jī 鸡	chicken
0218	jai nyeiv	cai^{33} ɲei^{53}	jī zhǎo 鸡爪	chicken feet
0219	zic hlac nyiqh	tsi^{21} ɬa^{21} ɲiʔ^{3}	jǐ gè yuè 几个月	several months
0220	jiangc duqv	ciaŋ^{21} tuʔ^{5}	jì zhù 记住	remember
0221	jia zingh	cia^{33} tsiŋ^{31}	jià qián 价钱	price
0222	mba dauh	ba^{33} tau^{31}	jiān bǎng 肩膀	shoulder
0223	njiv	ɟi^{53}	jiǎn zi 剪子	scissors
0224	qienh	c^{h}ien^{31}	jiàn shì qing 件（事情）	the classifier for affairs
0225	deic	tei^{21}	jiàn yī fu 件（衣服）	the classifier for clothes
0226	sung	suŋ^{33}	jiāng 姜	ginger
0227	pieqv werm	p^{h}ieʔ^{5} wәm^{33}	jiāo shuǐ 浇水	water
0228	zau bernv	tsau^{33} pәn^{53}	jiǎo bǎn 脚板	sole of the foot
0229	zau yangc	tsau^{33} jaŋ^{21}	jiǎo yìn 脚印	footprint
0230	zau nduqv	tsau^{33} duʔ^{5}	jiǎo zhǐ 脚趾	toe
0231	mbuc	bu^{21}	jiāo 教	teach
0232	jitv mbuonc	cit^{5} buɔn^{21}	jié bīng 结冰	icing
0233	dorqc	tɔʔ^{2}	jiě jie 姐姐	elder sister
0234	gav	ka^{53}	jiè 借	borrow
0235	lai maeng njingv	lai^{33} mæŋ^{33} ɟiŋ^{53}	jiè cài 芥菜	leaf mustard
0236	juan	cuan^{33}	jīn 斤	a unit of weight
0237	jerm	cәm^{33}	jīn 金	gold

（续表）

编号	乳源勉文	国际音标	汉语	英语
0238	li hnyiangc	li^{33} ȵ̥iaŋ^{21}	jīn nián 今年	this year
0239	li hnuai	li^{33} n̥uai^{33}	jīn tiān 今天	today
0240	hlau duqh	ɬau^{33} tuʔ^{3}	jīn zhú 金竹	golden bamboo
0241	fav	fa^{53}	jìn 近	near
0242	div	ti^{53}	jiǔ 酒	wine
0243	nduh	du^{31}	jiǔ 九	nine
0244	juv	cu^{53}	jiǔ 九	nine
0245	juv ziepc juv	cu^{53} tsiep^{2} cu^{53}	jiǔ shí jiǔ 九十九	ninety-nine
0246	juqv hlac	cuʔ^{5} ɬa^{21}	jiǔ yuè 九月	September
0247	lai nyormh	lai^{33} ɲɔm^{31}	jiǔ cài 韭菜	leek
0248	lux	lu^{35}	jiù 旧	old
0249	quqc	c^{h}uʔ^{2}	jiù 就	then
0250	njiouc mienh	ɟiəu^{21} mien^{31}	jiù rén 救人	save people
K				
0251	kuai gaengh	k^{h}uai^{33} kæŋ^{31}	kāi mén 开门	open the door
0252	werm mbueic	wəm^{33} buei^{21}	kāi shuǐ 开水	hot water
0253	muangc bor zeiv	muaŋ^{21} pɔ^{33} tsei^{53}	kàn bào zhǐ 看报纸	read newspapers
0254	zorngh	tsɔŋ^{31}	kē shù 棵（树）	the classifier for trees
0255	hnerph	n̥əp^{3}	ké sou 咳嗽	cough
0256	nyiermv	ɲiəm^{53}	kū 哭	cry
0257	yang div	jaŋ^{33} ti^{53}	kǔ shuǎng jiǔ 苦爽酒	bitter wine
0258	hlau in	ɬau^{33} in^{33}	kǔ zhú 苦竹	bitter bamboo
0259	hou hlang	həu^{33} ɬaŋ^{33}	kù dài 裤带	belt

（续表）

编号	乳源勉文	国际音标	汉语	英语
0260	houc	həu^{21}	kù zi 裤子	pants
0261	siepv	siep^{5}	kuài 快	quick
0262	zerpc	tsəp^{2}	kuài zi 筷子	chopsticks
0263	jiangv	ciaŋ^{53}	kuān 宽	wide
0264	kuernh nanc	k^{h}uən^{33} nan^{21}	kùn nan 困难	difficult
L				
0265	bungc nqai si	puŋ^{21} gai^{33} si^{33}	lā dù zi 拉肚子	diarrhea
0266	mbiath	biat^{3}	là 辣	spicy
0267	la zi	la^{33} tsi^{33}	là jiāo 辣椒	pepper
0268	or laph	ɔ^{33} lap^{3}	là ròu 腊肉	bacon
0269	lueic	luei^{21}	lǎn duò de 懒惰的	lazy
0270	guc	ku^{21}	lǎo 老	old
0271	derm sienh	təm^{33} sien^{31}	lǎo hǔ 老虎	tiger
0272	nax	na^{35}	lǎo shǔ 老鼠	mouse
0273	la souv kuotv	la^{33} səu^{53} k^{h}uɔt^{5}	lǎo shǔ dòng 老鼠洞	mouse hole
0274	derm jiangv	təm^{33} ciaŋ^{53}	lǎo yīng 老鹰	eagle
0275	Lu Ciang	lu^{33} ts^{h}iaŋ^{33}	lè chāng 乐昌	Le Chang (Proper Name)
0276	junv	cun^{53}	lěng 冷	cold
0277	biou hliangv	piəu^{33} ɬiaŋ^{53}	lǐ zi 李子	plum
0278	uv nyux maengc	u^{53} ɲu^{35} mæŋ^{21}	lǐ miàn 里面	inside
0279	hmien	m̥ien^{33}	liǎn 脸	face
0280	hmien beih	m̥ien^{33} pei^{31}	liǎn pí 脸皮	face
0281	luanh	luan^{31}	liáng kuài 凉快	cool

（续表）

编号	乳源勉文	国际音标	汉语	英语
0282	suqv	suʔ^{5}	liáng xié 凉鞋	sandal
0283	lorngx	lɔŋ^{35}	liǎng 两	a unit of weight
0284	lih	li^{31}	liáo 寮	house
0285	satv	sat^{5}	lìn sè 吝啬	miserly
0286	juqv	cuʔ^{5}	liù 六	six
0287	luqh	luʔ^{3}	liù 六	six
0288	luqh ziepc luqh	luʔ^{3} tsiep^{2} luʔ^{3}	liù shí liù 六十六	sixty-six
0289	luqh hlac	luʔ^{3} ɬa^{21}	liù yuè 六月	June
0290	lerngh	ləŋ^{31}	lóng 龙	dragon
0291	jau	cau^{33}	lù 路	road
0292	jiauv njiorqh	ciau^{53} ɟiɔʔ^{3}	lù huá de 路滑的	slippery
0293	mbiorng suiv	biɔŋ^{33} sui^{53}	lù shui 露水	dew
0294	lai baqc	lai^{33} paʔ^{2}	luó bo 萝卜	radish
0295	juei	cuei^{33}	luó 螺	conch
0296	der maeng	tə^{33} mæŋ^{33}	lǜ dòu 绿豆	mung bean
M				
0297	sutv dih	sut^{5} ti^{31}	mā zhuō zi 抹桌子	wipe the table
0298	norqh meic	nɔʔ^{3} mei^{21}	má què 麻雀	sparrow
0299	max	ma^{35}	mǎ 马	horse
0300	ma ling nduaih	ma^{33} liŋ^{33} duai^{31}	mǎ líng shǔ 马铃薯	potato
0301	ma deih	ma^{33} tei^{31}	mǎ tí 马蹄	horse's hoof
0302	mbiax	bia^{35}	mǎ huáng 蚂蟥	leech
0303	ciouv	ts^{h}iəu^{53}	mǎ yǐ 蚂蚁	ant

（续表）

编号	乳源勉文	国际音标	汉语	英语
0304	biepv	piep^{5}	mái 埋	bury
0305	maix	mai^{35}	mǎi 买	buy
0306	maic	mai^{21}	mài 卖	sell
0307	buonv	puɔn^{53}	mǎn 满	full
0308	mv duqv korngc	m^{53} tuʔ^{5} k^{h}ɔŋ^{21}	máng 忙	busy
0309	ma lamh	ma^{33} lam^{31}	māo 猫	cat
0310	norqh gerng kuotv	nɔʔ^{3} kəŋ^{33} k^{h}uɔt^{5}	māo tóu yīng 猫头鹰	owl
0311	nzac hmien pac	dza^{21} m̥ien^{33} p^{h}a^{21}	máo jīn 毛巾	towel
0312	derm hlauv	təm^{33} ɬau^{53}	máo zhú 毛竹	moso bamboo
0313	nqanx	gan^{35}	máo cǎo 茅草	thatch
0314	morqc	mɔʔ^{2}	mào zi 帽子	hat
0315	muaic	muai^{21}	méi 煤	coal
0316	muei biei	muei^{33} piei^{33}	méi mao 眉毛	eyebrow
0317	mui hnuai	mui^{33} n̥uai^{33}	měi tiān 每天	everyday
0318	muqc	muʔ^{2}	mèi mei 妹妹	younger sister
0319	gaengh	kæŋ^{31}	mén 门	door
0320	mbeic	bei^{21}	mèng 梦	dream
0321	hmeiv	m̥ei^{53}	mǐ 米	a unit of length
0322	hnangc	n̥aŋ^{21}	mǐ fàn 米饭	rice
0323	siang	siaŋ^{33}	mǐ shāi 米筛	rice sieve
0324	muei ndam dorngh	muei^{33} dam^{33} tɔŋ^{31}	mì fēng 蜜蜂	bee
0325	mbuc	bu^{21}	míng zì 名字	name
0326	nqua hax hnyiangc	gua^{33} ha^{35} ɲ̊iaŋ^{21}	míng nián 明年	next year

（续表）

编号	乳源勉文	国际音标	汉语	英语
0327	njiang hnuai	ɟiaŋ^{33} n̥uai^{33}	míng tiān 明天	tomorrow
0328	morqc der bouc	mɔʔ^{2} tə^{33} pəu^{21}	mò dòu fǔ 磨豆腐	grind tofu
0329	nzix	dzi^{35}	mǔ 母	mother
0330	moux	məu^{35}	mǔ 亩	a unit of area
0331	ju nyieix	cu^{33} ɲiei^{35}	mǔ gǒu 母狗	female dog
0332	jai nyieix	cai^{33} ɲiei^{35}	mǔ jī 母鸡	hen
0333	ngerng nyieix	ŋəŋ^{33} ɲiei^{35}	mǔ niú 母牛	cow
0334	dung nyieix	tuŋ^{33} ɲiei^{35}	mǔ zhū 母猪	sow
0335	jou muei norngh nyienc	cəu^{33} muei^{33} nɔŋ^{31} ɲien^{21}	mù ěr 木耳	agaric
0336	ndiang nduaih	diaŋ^{33} duai^{31}	mù shǔ 木薯	cassava
N				
0337	haix norng	hai^{35} nɔŋ^{33}	nǎ ge 哪个	which
0338	uv	u^{53}	nà lǐ 那里	there
0339	ma guc	ma^{33} ku^{21}	nǎi nai 奶奶	grandma
0340	namh	nam^{31}	nán 南	south
0341	jiorng gua	ciɔŋ^{33} kua^{33}	nán guā 南瓜	pumpkin
0342	lorngc	lɔŋ^{21}	nèn 嫩	tender
0343	ni	ni^{33}	ní tǔ 泥土	soil
0344	mueih	muei^{31}	nǐ 你	2nd person singular
0345	hnyiangc	ɲ̊iaŋ^{21}	nián 年	year
0346	hnyiang jaev	ɲ̊iaŋ^{33} cæ^{53}	nián jì 年纪	age
0347	natc div	nat^{2} ti^{53}	niàng jiǔ 酿酒	make wine
0348	norqh	nɔʔ^{3}	niǎo 鸟	bird

（续表）

编号	乳源勉文	国际音标	汉语	英语
0349	hix	hi^{35}	niào 尿	urine
0350	ngerngh	ŋəŋ^{31}	niú 牛	cattle
0351	ngerng jorng	ŋəŋ^{33} cɔŋ^{33}	niú jiǎo 牛 角	ox horn
0352	ngerng jorng hlauv	ŋəŋ^{33} cɔŋ^{33} ɬau^{53}	niú jiǎo zhú 牛 角 竹	ox horn bamboo
0353	mbiau mbiorqh hmeiv	biau^{33} biɔʔ^{3} m̥ei^{53}	nuò mǐ 糯 米	sticky rice
0354	mbiau mbiorqh hnangc	biau^{33} biɔʔ^{3} n̥aŋ^{21}	nuò mǐ fàn 糯 米 饭	steamed sticky rice
0355	siqv	siʔ^{5}	nǚ ér 女 儿	daughter
O				
0356	luv	lu^{53}	ǒu tù 呕 吐	vomit
P				
0357	heic	hei^{21}	pài jiào 派 （叫）	send
0358	njing nquaix	ɟiŋ^{33} guai^{35}	páng xiè 螃 蟹	crab
0359	jiorqc	ciɔʔ^{2}	pàng 胖	fat
0360	tic	t^{h}i^{21}	pǎo 跑	run
0361	peic zah	p^{h}ei^{21} tsa^{31}	pào chá 泡 茶	make tea
0362	buih	pui^{31}	péi 陪	accompany
0363	piqv	p^{h}iʔ^{5}	pī 劈	split
0364	nderpv	dəp^{5}	pí fū 皮 肤	skin
0365	nqai kuotv	gai^{33} k^{h}uɔt^{5}	pì gu 屁 股	hip
0366	pien nyieih	p^{h}ien^{33} ɲiei^{31}	pián yi de 便 宜 的	cheap
0367	nzueic	dzuei^{21}	piào liang 漂 亮	beautiful
0368	pingc gorh	p^{h}iŋ^{21} kɔ^{31}	píng guǒ 苹 果	apple
0369	morng maeqv	mɔŋ^{33} mæʔ^{5}	pú táo 葡 萄	grape

（续表）

编号	乳源勉文	国际音标	汉语	英语
Q				
0370	siqc	siʔ^{2}	qī 七	seven
0371	cieqv	ts^{h}ieʔ^{5}	qī 七	seven
0372	cieqv ziepc cieqv	ts^{h}ieʔ^{5} tsiep^{2} ts^{h}ieʔ^{5}	qī shí qī 七十七	seventy-seven
0373	cieqv hlac	ts^{h}ieʔ^{5} ɬa^{21}	qī yuè 七月	July
0374	gaic	kai^{21}	qī piàn 欺骗	cheat
0375	qaeh max	c^{h}æ^{31} ma^{35}	qí mǎ 骑马	ride a horse
0376	ji sin	ci^{33} sin^{33}	qǐ chuáng 起床	get up
0377	cin	ts^{h}in^{33}	qiān 千	thousand
0378	hmien ndanc	m̥ien^{33} dan^{21}	qián mian 前面	front
0379	njiangh hnyiangc	ɟiaɲ^{31} ɲ̥iaŋ^{21}	qián nián 前年	the year before last
0380	nyi hnuai	ɲi^{33} n̥uai^{33}	qián tiān 前天	the day before yesterday
0381	jiouh	ciəu^{31}	qiáo 桥	bridge
0382	jih	ci^{31}	qié zi 茄子	eggplant
0383	jienh	cien^{31}	qín láo de 勤劳的	diligent
0384	herngx	həŋ^{35}	qīng 轻	softly
0385	lai maeng	lai^{33} mæŋ^{33}	qīng cài 青菜	vegetables
0386	nang maeng	naŋ^{33} mæŋ^{33}	qīng shé 青蛇	green snake
0387	njing nqorngv	ɟiŋ^{33} gɔŋ^{53}	qīng tíng 蜻蜓	dragonfly
0388	jaeng laih	cæŋ^{33} lai^{31}	qīng wā 青蛙	frog
0389	lorngh lerngc	lɔŋ^{31} ləŋ^{21}	qíng tiān 晴天	sunny
0390	nzorngx	dzɔŋ^{35}	qiū yǐn 蚯蚓	earthworm
0391	zuerng dauh	tsuəŋ^{33} tau^{31}	qú tóu 渠头	stream

（续表）

编号	乳源勉文	国际音标	汉语	英语
0392	mingh	miŋ^{31}	qù 去	go
0393	bu hnyiangc	pu^{33} ɲ̥iaŋ^{21}	qù nián 去年	last year
0394	bu juenh	pu^{33} cuen^{31}	quán tóu 拳头	fist
R				
0395	jorng	cɔŋ^{33}	rè 热	hot
0396	mienh	mien^{31}	rén 人	person
0397	mba hnuai cuotv	ba^{33} n̥uai^{33} ts^{h}uɔt^{5}	rì chū 日出	sunrise
0398	mba hnuai njiqc gernh	ba^{33} n̥uai^{33} ɟiʔ^{2} kən^{31}	rì luò 日落	sunset
0399	yorngc yih	jɔŋ^{21} ji^{31}	róng yì 容易	easy
0400	orv	ɔ^{53}	ròu 肉	meat
0401	I Nyuonh	i^{33} ɲuɔn^{31}	rǔ yuán 乳源	Ru Yuan (Proper Name)
0402	mau	mau^{33}	ruǎn 软	soft
S				
0403	bu	pu^{33}	sān 三	three
0404	fam	fam^{33}	sān 三	three
0405	fa ziepc	fa^{33} tsiep^{2}	sān shí rì 三十日	the thirtieth day
0406	fa ziepc fam	fa^{33} tsiep^{2} fam^{33}	sān shí sān 三十三	thirty-three
0407	fah hlac	fa^{31} ɬa^{21}	sān yuè 三月	March
0408	fanc	fan^{21}	sǎn 伞	umbrella
0409	puotv ndaux	p^{h}uət^{5} dau^{35}	sǎo dì 扫地	sweep the floor
0410	nyam	ɲam^{33}	sǎo zi 嫂子	elder brother's wife
0411	ndiang gernh	diaŋ^{33} kən^{31}	sēn lín 森林	forest
0412	fai	fai^{33}	shā 沙	sand

（续表）

编号	乳源勉文	国际音标	汉语	英语
0413	daic jai	tai^{21} cai^{33}	shā jī 杀鸡	kill chickens
0414	daic dungx	tai^{21} tuŋ^{35}	shā zhū 杀猪	kill pigs
0415	pui lui houc	p^{h}ui^{33} lui^{33} həu^{21}	shài yī fu 晒衣服	dry the washing
0416	gerngh	kəŋ^{31}	shān 山	hill
0417	ji dauh hnic	ci^{33} tau^{31} n̥i^{21}	shān ào 山坳	cove
0418	ji dauh ningv	ci^{33} tau^{31} niŋ^{53}	shān dǐng 山顶	mountain top
0419	ji dauh juqv	ci^{33} tau^{31} cuʔ^{5}	shān jiǎo 山脚	foot of a hill
0420	ji dauh zorng	ci^{33} tau^{31} tsɔŋ^{33}	shān pō 山坡	slope
0421	ji dauh	ci^{33} tau^{31}	shān tóu 山头	mountain top
0422	biou nzinh	piəu^{33} dzin^{31}	shān zhā 山楂	hawthorn
0423	mbu letc	bu^{33} let^{2}	shǎn diàn 闪电	lightning
0424	mbiapc	biap^{2}	shàn zi 扇子	fan
0425	huqh	huʔ^{3}	shāng 伤	wound
0426	ba	pa^{33}	shāng bā 伤疤	scar
0427	uv nder luaic maengc	u^{53} də^{33} luai^{21} mæŋ^{21}	shàng miàn 上面	up
0428	gor fin anc	kɔ^{33} fin^{33} an^{21}	shàng wǔ 上午	forenoon
0429	gor fin hlac	kɔ^{33} fin^{33} ɬa^{21}	shàng yuè 上月	last month
0430	zouv werm mbueic	tsəu^{53} wəm^{33} buei^{21}	shāo kāi shuǐ 烧开水	boil the water
0431	Si Ziou	si^{33} tsiəu^{33}	sháo guān 韶关	Shao Guan (Proper Name)
0432	zuh	tsu^{31}	shǎo 少	few
0433	mbietc	biet^{2}	shé tou 舌头	tongue
0434	nang	naŋ^{33}	shé 蛇	snake
0435	sin	sin^{33}	shēn tǐ 身体	body

（续表）

编号	乳源勉文	国际音标	汉语	英语
0436	njac fai	ɟa^{21} fai^{33}	shén me 什么	what
0437	nzi nzix	dzi^{33} dzi^{35}	shěn shen 婶婶	aunt
0438	saeng nyieth	sæŋ^{33} ɲiet^{3}	shēng rì 生日	birthday
0439	qic	c^{h}i^{21}	shēng yīn 声音	voice
0440	damv	tam^{53}	shī zi 虱子	loose
0441	ziepc	tsiep^{2}	shí 十	ten
0442	ziepc berqv	tsiep^{2} pəʔ^{5}	shí bā rì 十八日	the eighteenth day
0443	ziepc nyiqc	tsiep^{2} ɲiʔ^{2}	shí èr rì 十二日	the twelfth day
0444	ziepc nyiqc hlac	tsiep^{2} ɲiʔ^{2} ɬa^{21}	shí èr yuè 十二月	December
0445	ziepc juqv	tsiep^{2} cuʔ^{5}	shí jiǔ rì 十九日	the nineteenth day
0446	ziepc luqh	tsiep^{2} luʔ^{3}	shí liù rì 十六日	the sixteenth day
0447	ziepc cieqv	tsiep^{2} ts^{h}ieʔ^{5}	shí qī rì 十七日	the seventeenth day
0448	ziepc fam	tsiep^{2} fam^{33}	shí sān rì 十三日	the thirteenth day
0449	ziepc feic	tsiep^{2} fei^{21}	shí sì rì 十四日	the fourteenth day
0450	ziepc hmx	tsiep^{2} m̥^{35}	shí wǔ rì 十五日	the fifteenth day
0451	ziepc yietv	tsiep^{2} jiet^{5}	shí yī 十一	eleven
0452	ziepc yietv	tsiep^{2} jiet^{5}	shí yī rì 十一日	the eleventh day
0453	ziepc yietv hlac	tsiep^{2} jiet^{5} ɬa^{21}	shí yī yuè 十一月	November
0454	ziepc hlac	tsiep^{2} ɬa^{21}	shí yuè 十月	October
0455	mbiau njaix	biau^{33} ɬai^{35}	shí bān yú 石斑鱼	rudd
0456	huix	hui^{35}	shí huī 石灰	lime
0457	lau bieiv	lau^{33} piei^{53}	shí tou 石头	stone
0458	nqai	gai^{33}	shǐ 屎	shit

（续表）

编号	乳源勉文	国际音标	汉语	英语
0459	biou zai mbuonc	piəu^{33} tsai^{33} buɔn^{21}	shì zi 柿子	persimmon
0460	bux	pu^{35}	shǒu 手	hand
0461	bu buic	pu^{33} pui^{21}	shǒu bèi 手背	the back of the hand
0462	bu sei	pu^{33} sei^{33}	shǒu bì 手臂	arm
0463	bu jang	pu^{33} caŋ^{33}	shǒu wàn 手腕	wrist
0464	bu zuangv	pu^{33} tsuaŋ^{53}	shǒu zhǎng 手掌	palm
0465	bu nduqv	pu^{33} duʔ^{5}	shǒu zhǐ 手指	finger
0466	bu sei quotv	pu^{33} sei^{33} c^{h}uɔt^{5}	shǒu zhǒu 手肘	elbow
0467	jiemh	ciem^{31}	shǒu zhuó 手镯	bracelet
0468	jaeqc	cæʔ^{2}	shòu 瘦	thin
0469	or jaeqc	ɔ^{33} cæʔ^{2}	shòu ròu 瘦肉	lean meat
0470	you youx	jəu^{33} jəu^{35}	shū shu 叔叔	uncle
0471	zaqv	tsaʔ^{5}	shū zi 梳子	comb
0472	ndiangc	diaŋ^{21}	shù 树	tree
0473	ndiang duon	diaŋ^{33} tuɔn^{33}	shù dūn 树墩	tree stump
0474	ndiang nzungh	diaŋ^{33} dzuŋ^{31}	shù gēn 树根	tree root
0475	ndiang gernh	diaŋ^{33} kən^{31}	shù lín 树林	woods
0476	ndiang norngh	diaŋ^{33} nɔŋ^{31}	shù yè 树叶	leaf
0477	souc	səu^{21}	shù mù 数目	number
0478	catv nyah	ts^{h}at^{5} ɲa^{31}	shuā yá 刷牙	brush one's teeth
0479	sun gaengh	sun^{33} kæŋ^{31}	shuān mén 闩门	lock the door
0480	sorng	sɔŋ^{33}	shuāng 霜	frost
0481	haix dauc	hai^{35} tau^{21}	shuí 谁	who

（续表）

编号	乳源勉文	国际音标	汉语	英语
0482	werm	wəm33	shuǐ 水	water
0483	zuerng bui	tsuəŋ33 pui33	shuǐ bà 水坝	dam
0484	werm gau	wəm33 kau33	shuǐ gōu 水沟	ditch
0485	werm zingv	wəm33 tsiŋ53	shuǐ jǐng 水井	well
0486	si ngerngh	si33 ŋəŋ31	shuǐ niú 水牛	buffalo
0487	werm bunh	wəm33 pun31	shuǐ pén 水盆	basin
0488	nang werm	naŋ33 wəm33	shuǐ shé 水蛇	water snake
0489	werm njiangh	wəm33 ɟiaŋ31	shuǐ táng 水塘	pond
0490	werm ling	wəm33 liŋ33	shuǐ tián 水田	paddy field
0491	werm apv	wəm33 ap5	shuǐ yā 水鸭	teal
0492	werm nyungh	wəm33 ɲuŋ31	shuǐ yuán 水源	water source
0493	bueic mueic njormh	puei21 muei21 ɟɔm31	shuì jiào 睡觉	sleep
0494	lai cei lorngh	lai33 tsʰei33 lɔŋ31	sī guā 丝瓜	towel gourd
0495	maeqv	mæʔ5	sī 撕	tear
0496	daic	tai21	sǐ 死	die
0497	biei	piei33	sì 四	four
0498	feic	fei21	sì 四	four
0499	feic gueic derpc	fei21 kuei21 təp2	sì jì dòu 四季豆	green bean
0500	feic ziepc feic	fei21 tsiep2 fei21	sì shí sì 四十四	forty-four
0501	feic hlac	fei21 ɬa21	sì yuè 四月	April
0502	nziv	dzi53	sōng shǔ 松鼠	squirrel
0503	forngc	fɔŋ21	sòng 送	give as a present
0504	sui	sui33	suān 酸	sour

（续表）

编号	乳源勉文	国际音标	汉语	英语
0505	lai sui	lai^{33} sui^{33}	suān cài 酸菜	sauerkraut
0506	mbiai sui	biai^{33} sui^{33}	suān sǔn 酸笋	sauerkraut bamboo shoot
0507	biou nax	piəu^{33} na^{35}	suān zǎo 酸枣	wild jujube
0508	fungc	fuŋ^{21}	suàn 算	calculate
0509	hnyiangc	ɲ̥iaŋ^{21}	suì 岁	year
0510	siqv fun	siʔ^{5} fun^{33}	sūn nǚ 孙女	granddaughter
0511	fun	fun^{33}	sūn zi 孙子	grandson
0512	fei ei	fei^{33} ei^{33}	suō yī 蓑衣	coir raincoat
0513	fanh diqh	fan^{31} tiʔ^{3}	suǒ nà 唢呐	suona horn
0514	forv	fɔ^{53}	suǒ 锁	lock
0515	forv gaengh	fɔ^{53} kæŋ^{31}	suǒ mén 锁门	lock the door
T				
0516	nin	nin^{33}	tā 他	3rd person singular
0517	mba hnuai	ba^{33} n̥uai^{33}	tài yáng 太阳	sun
0518	hax	ha^{35}	tán 痰	phlegm
0519	biauc	piau^{21}	táo pǎo 逃跑	escape
0520	biou jiah	piəu^{33} cia^{31}	táo zi 桃子	peach
0521	ling tei	liŋ^{33} t^{h}ei^{33}	tī tián 梯田	terrace
0522	tiqh zuqh quqc	thiʔ^{3} tsuʔ^{3} c^{h}uʔ^{2}	tī zú qiú 踢足球	play football
0523	lorngh	lɔŋ^{31}	tiān 天	sky
0524	hnuai	n̥uai^{33}	tiān 天	day
0525	ling	liŋ^{33}	tián 田	field
0526	gam	kam^{33}	tián 甜	sweet

（续表）

编号	乳源勉文	国际音标	汉语	英语
0527	di gam	ti^{33} kam^{33}	tián jiǔ 甜酒	sweet wine
0528	ndamx werm	dam^{35} wəm^{33}	tiāo shuǐ 挑水	carry water on shoulders
0529	jingv	ciŋ^{53}	tiāo xuǎn 挑选	choose
0530	dih	ti^{31}	tiáo shé 条（蛇）	a classifier for snakes
0531	bi hlang	pi^{33}（ɬaŋ^{33}）	tiào gāo 跳（高）	jump
0532	tic wuqc	tʰi^{21} wuʔ^{2}	tiào wǔ 跳舞	dance
0533	mu	mu^{33}	tiào zao 跳蚤	flea
0534	hliqv	ɬiʔ^{5}	tiě 铁	iron
0535	muerngc	muəŋ^{21}	tīng 听	listen
0536	muerngc haix	muəŋ^{21} hai^{35}	tīng jiàn 听见	hear
0537	derngh	təŋ^{31}	tóng 铜	bronze
0538	terngv	tʰəŋ^{53}	tǒng 桶	bucket
0539	mung	muŋ^{33}	tòng 痛	ache
0540	netc	net^{2}	tōu 偷	steal
0541	mui nqorngv	mui^{33} gɔŋ^{53}	tóu 头	head
0542	dauh	tau^{31}	tóu niú 头（牛）	the classifier for cattle
0543	bu biei	pu^{33} piei^{33}	tóu fa 头发	hair
0544	mui nqorng pac	mui^{33} gɔŋ^{33} pʰa^{21}	tóu pà 头帕	head cloth
0545	muonh	muɔn^{31}	tóu yūn 头晕	dizzy
0546	luv	lu^{53}	tǔ 吐	spit
0547	touc	tʰəu^{21}	tù 兔	rabbit
0548	naqv	naʔ^{5}	tūn 吞	swallow
0549	su hlatv	su^{33} ɬat^{5}	tuō xié 拖鞋	slipper

（续表）

编号	乳源勉文	国际音标	汉语	英语
0550	jaev morqc	cæ^{53} mɔʔ^{2}	tuō mào zi 脱帽子	hat off
0551	jaev heih	cæ^{53} hei^{31}	tuō xié 脱鞋	shoes off
0552	jaev lui houc	cæ^{53} lui^{33} həu^{21}	tuō yī fu 脱衣服	undress
0553	werm nzuih	wəm^{33} dzui^{31}	tuò yè 唾液	saliva
0554	muqv	muʔ^{5}	wā 挖	dig
W				
0555	uv nguaic maengc	u^{53} ŋuai^{21} mæŋ^{21}	wài miàn 外面	outside
0556	anc	an^{21}	wǎn 晚	evening
0557	lorng hmuerngx	lɔŋ^{33} m̥uəŋ^{35}	wǎn cān 晚餐	supper
0558	yienv	jien^{53}	wǎn 碗	bowl
0559	wanc	wan^{21}	wàn 万	ten thousand
0560	la kuqv	la^{33} kʰuʔ^{5}	wàng jì 忘记	forget
0561	muaqc	muaʔ^{2}	wàng 望	look far
0562	dueiv	tuei^{53}	wěi ba 尾巴	tail
0563	mbuqc	buʔ^{2}	wèi 胃	stomach
0564	uic fu juiv	ui^{21} fu^{33} cui^{53}	wèi xiǎo hái 喂小孩	feed children
0565	hnermx	n̥əm^{35}	wén 闻	smell
0566	morng nyaeh	mɔŋ^{33} ɲæ^{31}	wén zi 蚊子	mosquito
0567	naic	nai^{21}	wèn 问	ask
0568	gueiv	kuei^{53}	wō niú 蜗牛	snail
0569	i	i^{33}	wǒ 我	1st person singular
0570	i mbu	i^{33} bu^{33}	wǒ men 我们	1st person plural
0571	u guei	u^{33} kuei^{33}	wū guī 乌龟	tortoise

（续表）

编号	乳源勉文	国际音标	汉语	英语
0572	norqh a	nɔʔ^{3}a^{33}	wū yā 乌鸦	crow
0573	saqv	saʔ^{5}	wú gōng 蜈蚣	centipede
0574	bia	pia^{33}	wǔ 五	five
0575	hmx	m̥^{35}	wǔ 五	five
0576	hmx ziepc hmx	m̥^{35}tsiep^{2} m̥^{35}	wǔ shí wǔ 五十五	fifty-five
0577	hmx hlac	m̥^{35}ɬa^{21}	wǔ yuè 五月	May
0578	mouc	məu^{21}	wù 雾	fog
X				
0579	fai	fai^{33}	xī 西	west
0580	zau nyaeng mborqc	tsau^{33} ɲæŋ^{33} bɔʔ^{2}	xī gài 膝盖	knee
0581	nzac suerngc	dza^{21} suəŋ^{21}	xǐ bèi zi 洗被子	wash the quilt
0582	nzac hmien	dza^{21} m̥ien^{33}	xǐ liǎn 洗脸	wash face
0583	nzac hmien bunh	dza^{21} m̥ien^{33} pun^{31}	xǐ liǎn pén 洗脸盆	washbasin
0584	nzac yienv	dza^{21} jien^{53}	xǐ wǎn 洗碗	wash bowls
0585	norqh a meih	nɔʔ^{3} a^{33} mei^{31}	xǐ què 喜鹊	magpie
0586	qia gorqc	cʰia^{33} kɔʔ^{2}	xiā 虾	shrimp
0587	uv ndiv maengc	u^{53} di^{53} mæŋ^{21}	xià miàn 下面	down
0588	zorqv jieih	tsɔʔ^{5} ciei^{31}	xià qí 下棋	play chess
0589	nqua hax anc	gua^{33} ha^{35} an^{21}	xià wǔ 下午	afternoon
0590	njic mbuonc	ɟi^{21} buɔn^{21}	xià xuě 下雪	snowy
0591	duih mbiuqc	tui^{31} biuʔ^{2}	xià yǔ 下雨	rain
0592	nqua hax hlac	gua^{33} ha^{35} ɬa^{21}	xià yuè 下月	next month
0593	jou gerpv	cəu^{33} kəp^{5}	xiāng gū 香菇	mushrooms

（续表）

编号	乳源勉文	国际音标	汉语	英语
0594	mba hnuai yangc	ba^{33} n̥uai^{33} jaŋ^{21}	xiàng rì kuí 向日葵	sunflower
0595	faic	fai^{21}	xiǎo 小	small
0596	fuh jueiv	fu^{31} cuei^{53}	xiǎo hái 小孩	children
0597	jai duan	cai^{33} tuan^{33}	xiǎo jī 小鸡	chicks
0598	zau nyaengc	tsau^{33} ɲæŋ^{21}	xiǎo tuǐ 小腿	leg
0599	suerng duan	suəŋ^{33} tuan^{33}	xiǎo xī 小溪	brook
0600	bu ndu duan	pu^{33} du^{33} tuan^{33}	xiǎo zhǐ 小指	little finger
0601	jieqv	cieʔ^{5}	xiào 笑	laugh
0602	heih	hei^{31}	xié zi 鞋子	shoes
0603	fiv nzatc	fi^{53} dzat^{2}	xiě zì 写字	write words
0604	fin	fin^{33}	xīn zàng 心脏	heart
0605	siang	siaŋ^{33}	xīn 新	new
0606	siang hnyiangc	siaŋ^{33} ɲ̥iaŋ^{21}	xīn nián 新年	new year
0607	hleic	ɬei^{21}	xīng xing 星星	star
0608	cerngc biangh	ts^{h}əŋ^{21} piaŋ^{31}	xiù huā 绣花	embroidery
0609	mbuonc	buɔn^{21}	xuě 雪	snow
0610	ciamv	ts^{h}iam^{53}	xuè 血	blood
Y				
0611	apv	ap^{5}	yā 鸭	duck
0612	li dorpc	li^{33} tɔp^{2}	yā lí 鸭梨	pear
0613	nyah	ɲia^{31}	yá chǐ 牙齿	tooth
0614	nya ji	ɲa^{33} ci^{33}	yá gāo 牙膏	toothpaste
0615	nya catv	ɲa^{33} ts^{h}at^{5}	yá shuā 牙刷	toothbrush

(续表)

编号	乳源勉文	国际音标	汉语	英语
0616	siouc	siəu^{21}	yān 烟	smoke
0617	nzauv	dzau^{53}	yán 盐	salt
0618	muei zing	muei^{33} tsiŋ^{33}	yǎn jing 眼睛	eye
0619	werm mueic	wəm^{33} muei^{21}	yǎn lèi 眼泪	tears
0620	mbu hinc	bu^{33} hin^{21}	yàn zi 燕子	swallow
0621	yorngh	jɔŋ^{31}	yáng 羊	goat
0622	yorng nderpv	jɔŋ^{33} dəp^{5}	yáng pí 羊皮	sheepskin
0623	sietv	siet^{5}	yǎng 痒	itchy
0624	jaiv	cai^{53}	yāo 腰	waist
0625	mienh	mien^{31}	yáo zú 瑶族	Yao ethnic group
0626	for zeih	fɔ^{33} tsei^{31}	yào shi 钥匙	key
0627	herng	həŋ^{33}	yé ye 爷爷	grandpa
0628	hi lai	hi^{33} lai^{33}	yě cài 野菜	wild vegetables
0629	hi dungx	hi^{33} tuŋ^{35}	yě zhū 野猪	wild boar
0630	lorng munx	lɔŋ^{33} mun^{35}	yè wǎn 夜晚	evening
0631	yieth	jiet^{3}	yī 一	one
0632	lui	lui^{33}	yī fu 衣服	clothes
0633	lui gueic	lui^{33} kuei^{21}	yī guì 衣柜	wardrobe
0634	lorngh amh	lɔŋ^{31} am^{31}	yīn tiān 阴天	cloudy
0635	nyuangh	ɲuaŋ^{31}	yín 银	silver
0636	dung ningh	tuŋ^{33} niŋ^{31}	yǐng zi 影子	shadow
0637	nyaeqc	ɲæʔ^{2}	yìng 硬	hard
0638	lertc	lət^{2}	yòng 用	use

（续表）

编号	乳源勉文	国际音标	汉语	英语
0639	youh	jəu^{31}	yóu 油	oil
0640	lai youh	lai^{33} jəu^{31}	yóu cài 油菜	canola
0641	you zah	jəu^{33} tsa^{31}	yóu chá 油茶	camellia
0642	ziouh werm	tsiəu^{31} wəm^{33}	yóu shuǐ 游水	swim
0643	You Kai	jəu^{33} k^{h}ai^{33}	yóu xī 游溪	You Xi（Proper Name）
0644	maih	mai^{31}	yǒu 有	have
0645	yuqc	juʔ^{2}	yòu 又	again
0646	mbietc horngc	biet^{2} hɔŋ^{21}	yòu bian 右边	right
0647	mbiaux	biau^{35}	yú 鱼	fish
0648	mbiuqc	biuʔ^{2}	yǔ 雨	rain
0649	mbiuqc werm	biuʔ^{2} wəm^{33}	yǔ shuǐ 雨水	rain
0650	fan zai	fan^{33} tsai^{33}	yù mǐ 玉米	corn
0651	houc	həu^{21}	yù tou 芋头	taro
0652	gu	ku^{33}	yuǎn 远	far
0653	hlac	ɬa^{21}	yuè 月	month
0654	hla dauh	ɬa^{33} tau^{31}	yuè chū 月初	start of a month
0655	hla duiv	ɬa^{33} tui^{53}	yuè dǐ 月底	end of a month
0656	hlac	ɬa^{21}	yuè liang 月亮	moon
0657	hla mber nderng	ɬa^{33} bə^{33} dəŋ^{33}	yuè zhōng 月中	middle of a month
0658	mouc	məu^{21}	yún 云	cloud
Z				
0659	fan	fan^{33}	zài 再	again
0660	lai hlerpv	lai^{33} ɬəp^{5}	zāng 脏	dirty

（续表）

编号	乳源勉文	国际音标	汉语	英语
0661	nziouv	dziəu^{53}	zǎo 早	early
0662	lorng ndormx	lɔŋ^{33} dɔm^{35}	zǎo cān 早餐	breakfast
0663	lorng ndorngx	lɔŋ^{33} dɔŋ^{35}	zǎo chén 早晨	morning
0664	herqh	həʔ^{3}	zhǎi 窄	narrow
0665	kuaiv	k^{h}uai^{53}	zhāng zhǐ 张（纸）	the classifier for paper
0666	zorngc	tsɔŋ^{21}	zhāng zhuō zi 张（桌子）	the classifier for tables
0667	ndav	da^{53}	cháng 长	long
0668	naiv	nai^{53}	zhè lǐ 这里	here
0669	zingh ceic	tsiŋ^{31} ts^{h}ei^{21}	zhěng qí 整齐	tidy
0670	zih hlac	tsi^{31} ɬa^{21}	zhēng yuè 正月	lunar January
0671	dauh	tau^{31}	zhī yáng 只（羊）	the classifier for sheep
0672	saqv	saʔ^{5}	zhī ma 芝麻	sesame
0673	gaeng nyorqc	kæŋ^{33} ɲɔʔ^{2}	zhī zhū 蜘蛛	spider
0674	gaeng nyorqc mbiorngx	kæŋ^{33} ɲɔʔ^{2} biɔŋ^{35}	zhī zhū wǎng 蜘蛛网	spider web
0675	zaqh	tsaʔ^{3}	zhí 直	straight
0676	siqv fun	siʔ^{5} fun^{33}	zhí nǚ 侄女	niece
0677	fun	fun^{33}	zhí zi 侄子	nephew
0678	bu ndu guaic	pu^{33} du^{33} kuai^{21}	zhǐ jia 指甲	nail
0679	zeic	tsei^{21}	zhì 痣	mole
0680	lorng anc	lɔŋ^{33} an^{21}	wǔ cān 午餐	lunch
0681	mba nderngc	ba^{33} dəŋ^{21}	zhōng jiān 中间	middle
0682	lorng anc	lɔŋ^{33} an^{21}	zhōng wǔ 中午	noon
0683	amc	am^{21}	zhǒng 肿	swell

（续表）

编号	乳源勉文	国际音标	汉语	英语
0684	nying	ɲiŋ^{33}	zhǒng zi 种子	seed
0685	hniv	n̥i^{53}	zhòng 重	heavy
0686	zuqv	tsuʔ^{5}	zhōu 粥	congee
0687	dungx	tuŋ^{35}	zhū 猪	pig
0688	dung deih	tuŋ^{33} tei^{31}	zhū tí 猪蹄	pig's feet
0689	mbiaic	biai^{21}	zhú sǔn 竹笋	bamboo shoots
0690	hlauv	ɬau^{53}	zhú zi 竹子	bamboo
0691	zouv hnangc	tsəu^{53} n̥aŋ^{21}	zhǔ fàn 煮饭	cook the meal
0692	zorqc	tsɔʔ^{2}	zhuī 追	chase
0693	zorngv	tsɔŋ^{53}	zhǔn xǔ 准许	allow
0694	norqh nzorqh ndiangc	nɔʔ^{3} dzɔʔ^{3} diaŋ^{21}	zhuó mù niǎo 啄木鸟	woodpecker
0695	dan ci	tan^{33} ts^{h}i^{33}	zì xíng chē 自行车	bike
0696	biauc	piau^{21}	zǒu 走	walk
0697	nzuih	dzui^{31}	zuǐ ba 嘴巴	mouth
0698	nzui meic	dzui^{33} mei^{21}	zuǐ chún 嘴唇	lip
0699	zueih	tsuei^{31}	zuì 最	most
0700	ha hnuai	ha^{33} n̥uai^{33}	zuó tiān 昨天	yesterday
0701	zaic horngc	tsai^{21} hɔŋ^{21}	zuǒ bian 左边	left
0702	zuix	tsui^{35}	zuò 坐	sit
0703	zouc	tsəu^{21}	zuò 做	do
0704	zouc njuv	tsəu^{21} ɟu^{53}	zuò cí bā 做糍粑	make glutinous rice cake

附录四 乳源勉语篇章转写

本附录共收了两篇篇章转写。我们采用的调查方法是，请发音人用乳源勉语讲述相关内容。我们先把音录好，再和发音人一起听录音，并用国际音标对语料进行转写。在下面的转写中，每一句前面都有序号。第一行是瑶文，第二行是国际音标转写，第三行是逐字解释，每个句子的最后一行为整句的汉语解释。在篇章的后面附有普通话翻译。

一、北风和太阳［pæʔ^{5} dzia^{21} lu^{33} ba^{33} n̥uai^{33}］

发音人：赵少平女士

录音时间：2012 年 7 月 9 日

录音地点：乳源白云天园林宾馆

［1］Mai yieth lungh, baeqv nziac lu mba hnuai zingh dorngv

mai^{33} jiet^{3} luŋ^{31}, pæʔ^{5} dzia^{21} lu^{33} ba^{33} n̥uai^{33} tsiŋ^{31} tɔŋ^{53}

有 一 次 北风 和 太阳 正在

nzaengx haic dauh gor maih bunh sih.

dzæŋ^{35} hai^{21} tau^{31} kɔ^{33} mai^{31} pun^{31} si^{31}.

争论 哪 个 更 有 本事

有一次，北风和太阳在争论他们俩谁比较有本事。

［2］Nin mbu ngang sienv muaqc buerqh maih dauh mienh njic.

nin^{33} bu^{33} ŋaŋ^{33} sien^{53} muaʔ^{2} puəʔ^{3} mai^{31} tau^{31} mien^{31} ɟi^{21}.

他 们 正好 看见 有 个 人 经过

他们正好看见有个人经过。

［3］Uv dauh mienh buic njie yieth deic feiei.

u^{53} tau^{31} mien^{31} pui^{21} ɟie^{33} jiet^{3} tei^{21} fei^{33} ei^{33}.

那　个　人　披　着　一　件　蓑衣
那个人披着一件蓑衣。

[4] Nin mbu　quqc　gorng,　“haic　dauh　sangv　uv　dauh　mienh
nin^{33}bu^{33}　c^{h}uʔ^{2}　kɔŋ^{33},　“hai^{21}　tau^{31}　saŋ^{53}　u^{53}　tau^{31}　mien^{31}
他们　就　说　哪　个　让　那　个　人
jaeqv hietv　uv　deic　feiei　quqc　fongc　haic　dauc
cæʔ^{5}hiet^{5}　u^{53}　tei^{21}　fei^{33}ei^{33}　c^{h}uʔ^{2}　fɔŋ^{21}　hai^{21}　tau^{21}
脱掉　那　件　蓑衣　就　算　哪　个
gor　maih　bunh sih.”
kɔ^{33}　mai^{31}　pun^{31}si^{31}.”
更　有　本事
他们就说：“谁让那个人脱掉那件蓑衣，就算谁有本事。”

[5] Nqua hax,　baeqv nziac　quqc　borqv　maengc　nyei　huotv.　Uv
gua^{33}ha^{35},　pæʔ^{5}dzia^{21}　c^{h}uʔ^{2}　pɔʔ^{5}　mæŋ^{21}　ɲei^{33}　huɔt^{5}.　u^{53}
于是　北风　就　拼　命　地　吹　那
bei duqv　nin　huotv　nder　yietv　lihuaih,　uv　dauh　mienh
pei^{33}tuʔ^{5}　nin^{33}　huɔt^{5}　də^{33}　jiet^{5}　li^{33}huai^{31},　u^{53}　tau^{31}　mien^{31}
知　他　吹　得　越　厉害　那　个　人
yietv　zeix　lertc　fei ei　bung　nder　gangh　jien jienv nyei.
jiet^{5}　tsei^{35}　lət^{2}　fei^{33}ei^{33}　puŋ^{33}　də^{33}　kaŋ^{31}　cien^{33}cien^{53}ɲei^{33}.
越　是　用　蓑衣　包　得　自己　紧紧的
于是，北风就拼命地吹，怎知他吹得越厉害，那个人越是用蓑衣将自己包得紧紧的。

[6] baeqv nziac　mv maih　berngc.　Zih　nerngc　bungc njiqc.
pæʔ^{5}dzia^{21}　m^{53}mai^{31}　pəŋ^{21}.　tsi^{31}　nəŋ^{21}　puŋ^{21}ɟiʔ^{2}.
北风　没有　办法　只　能　放弃
北风就没有办法了，只能放弃。

[7]

zetv njie,	mba hnuai	cuotv	daih	a.	Pui	a	yietv
tset^{5}ɟie^{33},	ba^{33}n̥uaiː^{33}	ts^{h}uɔt^{5}	taiː^{31}	a^{33}.	p^{h}uiː^{33}	a^{33}	jiet^{5}
接着	太阳	出	来	了	晒	了	一

dangc.	Uv	dauh	mienh	quqc	borngc siepv	zorqv	fei ei
taŋ^{21}.	u^{53}	tau^{31}	mien^{31}	c^{h}uʔ^{2}	pɔŋ^{21}siep^{5}	tsɔʔ^{5}	feiː^{33}eiː^{33}
下	那	个	人	就	立刻	把	蓑衣

jaeqv	njiqc	daih.
cæʔ^{5}	ɟiʔ^{2}	taiː^{31}.
脱	下	来

接着，太阳出来了，晒了一下，那个人就立刻把蓑衣脱下来。

[8]

Zuih houh,	baeqv nziac	zih	nerngc	nyerpc	sui	a.
tsuiː^{31}həu^{31},	pæʔ^{5}dzia^{21}	tsiː^{31}	nəŋ^{21}	ɲəp^{2}	suiː^{33}	a^{33}.
最后	北风	只	能	认	输	了

最后，北风只好认输了。

普通话翻译：

[1] 有一次，北风和太阳在争论他们俩谁比较有本事。

[2] 他们正好看见有个人经过。

[3] 那个人披着一件蓑衣。

[4] 他们就说："谁让那个人脱掉那件蓑衣，就算谁有本事。"

[5] 于是，北风就拼命地吹，怎知他吹得越厉害，那个人越是用蓑衣将自己包得紧紧的。

[6] 北风就没有办法了，只能放弃了。

[7] 接着，太阳出来了，晒了一下，那个人就立刻把蓑衣脱下来。

[8] 最后，北风只好认输了。

二、我的经历

发音人：赵书养先生

录音时间：2012 年 7 月 20 日

录音地点：乳财招待所

[1] I heic Zei Sou Yorngh. Yieth juv cieqv hmx
i^{33} hei^{21} tsei^{33} səu^{33} jɔŋ^{31}. jiet^{3} cu^{53} tsʰieʔ^{5} m̥^{35}
我 叫 赵 书 养 1 9 7 5
hnyiang yiem Jiang Derng Saengh I Nyuonh You Mienh
ŋ̊iaŋ^{33} jiem^{33} ciaŋ^{33} təŋ^{33} sæŋ^{31} i^{33} ɲuɔn^{31} jəu^{33} mien^{31}
年 在 广 东 省 乳 源 瑶 族
Zei Zeic Nquetc Derng Baeng Zingh cuotvseic.
tsei^{33} tsei^{21} guet^{2} təŋ^{33} pæŋ^{33} tsiŋ^{31} tsʰuɔt^{5} sei^{21}.
自 治 县 东 坪 镇 出生
我叫赵书养，1975 年出生在广东省乳源瑶族自治县东坪镇。

[2] I biauv maih siqc nzuih mienh. I zeix duan hlu.
i^{33} piau^{53} mai^{31} siʔ^{2} dzui^{31} mien^{31}. i^{33}tsei^{35} tuan^{33} ɬu^{33}.
我 家 有 七 口 人 我是 老 大
我家里有 7 口人，我是老大。

[3] I faic nyie si huqc quqc mbuer haix gorngv mienh waqc.
i^{33} fai^{21} ɲie^{33} si^{33}huʔ^{2} cʰuʔ^{2}buə^{33} hai^{35} kɔŋ^{53} mien^{31} waʔ^{2}.
我 小 的 时候 只 会 说 瑶 语
小时候，我只会说瑶语。

[4] Fac fiv horqh nyie si huqc, I zingc huqh puterng waqc.
fa^{21} fi^{53}hɔʔ^{3} ɲie^{33} si^{33}huʔ^{2}, i^{33} tsiŋ^{21} huʔ^{3} pʰu^{33}tʰəŋ^{33}waʔ^{2}.
上 小学 的 时候 我 才 学 普通话
上小学时，我才学普通话。

[5] Nquar hax yiec huqh haix a katv jiau waqc.
gua^{33}ha^{35} jie^{21} huʔ^{3} hai^{35} a^{33} kʰat^{5}ciau^{33}waʔ^{2}.
后来 也 学 会 了 客家话
后来也学会了客家话。

[6] I yieth juqv juqv hmx hnyiang kuaicuh gerngzorv.
i^{33} jiet^{3}cuʔ^{5}cuʔ^{5}m̥^{35} ŋ̥iaŋ^{33} k^{h}uai^{33}ts^{h}u^{31} kəŋ^{33}tsɔ^{53}.
我 1995 年 开始 工作
我 1995 年开始工作。

[7] Fin yiem mbaeng ndiv fiv horqh dorngh njiac sou, njiac
fin^{33} jiem^{33} bæŋ^{33} di^{53} fi^{53}hɔʔ^{3}tɔŋ^{31} ɟia^{21} səu^{33} ɟia^{21}
先 在 下 寨 小 学 教 书 教
hnyi worngc korqh.
ɲ̥i^{33} wɔŋ^{21} k^{h}ɔʔ^{3}.
语 文 课
先在下寨小学教书，教语文课。

[8] Nyic lerngh yietv lerngh hnyiangc, I zingc tiauc tauc
ɲi^{21} ləŋ^{31} jiet^{5} ləŋ^{31} ŋ̥iaŋ^{21} i^{33} tsiŋ^{21} t^{h}iau^{21} t^{h}au^{21}
2 0 1 0 年 我 才 调 到
nquetv minc cuotv sietv nyienh horqv gauh njiac sou.
guet^{5} min^{21} ts^{h}uɔt^{5} siet^{5} ɲien^{31} hɔʔ^{5} kau^{31} ɟia^{21} səu^{33}.
县 民 族 实 验 学 校 教 书
我 2010 年被调到县民族实验学校教书。

[9] Li jiac dau dauh duaic mienh waqc yietv daih yietv
li^{33}cia^{21} tau^{33} tau^{31} tuai^{21} mien^{31} waʔ^{2} jiet^{5} tai^{31} jiet^{5}
现在 个 个 对 瑶 语 越 来 越
muaqc nder horqh hniv.
muaʔ^{2} də^{33} hɔʔ^{31} n̥i^{53}.
看 得 很 重
现在，大家对瑶语越来越重视。

[10] You Mienh heiv dang hnangv hangc gor muaqc nder
jəu^{33} mien^{31} hei^{53} taŋ^{33} n̥aŋ^{53} haŋ^{21} kɔ^{33} muaʔ^{2} də^{33}

瑶 族 比 以 前 更 加 看 得

hniv ganh nyei dang hnangv cuanc njiqc nyei werngc fah.

n̥i^{53} kan^{31} ɲei^{33} taŋ^{33} n̥aŋ^{53} ts^{h}uan^{21} ɟiʔ^{2} ɲei^{33} wəŋ^{21}fa^{31}.

重 自己 的 以 前 传 下 的 文化

瑶族人也比以前更重视自己的文化了。

[11] Hnangnaiv, I li jiac njiac mienh waqc a.

n̥aŋ^{33}nai^{53}, i^{33} li^{33} cia^{21} ɟia^{21} mien^{31} waʔ^{2} a^{33}.

因此 我 现 在 教 瑶 语 了

因此，我现在开始教瑶语了。

普通话翻译：

[1] 我叫赵书养，1975 年出生在广东省乳源瑶族自治县东坪镇。

[2] 我家里有 7 口人，我是老大。

[3] 小时候，我只会说瑶语。

[4] 上小学时，我才学普通话。

[5] 后来也学会了客家话。

[6] 我 1995 年开始工作，

[7] 先在下寨小学教书，教语文课。

[8] 我 2010 年被调到县民族实验学校教书。

[9] 现在，大家对瑶语越来越重视。

[10] 瑶族人也比以前更重视自己的文化了。

[11] 因此，我现在开始教瑶语了。

后　记

我对中国少数民族语言研究产生浓厚的兴趣始于在香港中文大学读博期间。那时候，我有幸接触到了四川凉山彝语和云南景颇语的一些语料。在顾阳老师的鼓励和影响下，我尝试着从生成语法的视角去分析这些语料。在读博期间，我花了相当一部分时间来学习凉山彝语，这也促使我在语言学理论学习的过程中，总会不自觉地想到如何用所学的语言学理论知识来解释民族语言材料中的语言事实。这样的一个过程，就好像一个旅行者拿着一个新买的指南针走进了一片陌生的天地。当指南针并没有把我带到预想的目的地的时候，自己总会抱怨这新买的指南针失灵了，不可靠了。抱怨归抱怨，但如果没有这指南针在手，我是断然没有迈开步伐走进这陌生天地的勇气的。

现在能有这样的机会，完成一部瑶族勉语的语法研究，我心怀感激，庆幸自己能得到众多师友的帮助，正是他们无私的帮助才让我得以顺利完成这项科研任务。其中我最需要感谢的是我的导师顾阳教授，是她领我走进了民族语言调查的天地，对我的研究工作给予了莫大的鼓励和支持，让我如醉如痴地迷上了这片天地，对语言学的前途充满信心。顾老师严谨执着的学术态度、对学生的关爱、对后辈的提携，是我今后学习的榜样。

我接触的第一个乳源过山瑶人是赵霞，当时她还是民族大学的学生，耐心地教我瑶语，在假期陪我一起去乳源瑶寨，她们一家让我一下子就感受到了瑶族人的热情好客。我更要感谢我的发音合作人赵书养先生。在 2012 年炎热的夏天，他冒着酷暑来帮我录音，陪我一起转写材料。没有他的帮助，我是没有办法完成这部书稿的写作任务的。我还要感谢乳源民族学校的赵少萍老师、赵晓芳老师以及赵天金老师。谢谢你们给我的帮助，让我能顺利完成这项研究。我要感谢我工作过的华南师范大学外国语言文化学院。感谢周榕院长对我工作的肯定和支持，感谢尚劝余教授一直以来对我的关心和鼓励，感谢成镇权博士对我的信任。我还要感谢北京语言文化大学的刘慧娟博士一家对我的帮助，吴兄专门为我设计了瑶文国际音标转写软件，替我节省了大量的语料转写时间。徐杰教授、张庆文教授、黄瓒辉博士、李旭平博士、彭国珍博士、李晓博士、郭洁博士的关心和鼓励给了我坚持研究的力量。这一切对于我来说，都是人生中最美好的东西，是上天的赏赐，谢谢你们！

本书是我承担的广东高校优秀青年创新人才培养计划（育苗工程）2010 年度项目课题（WYM10072）以及广州市哲学社会科学发展“十一五”规划 2010 年度课题的最终成果。本研究亦得到我主持的教育部人文社会科学研究青年基金项目“汉藏语名词性结构的对比研究”（13YJC740054）的资助，特此致谢。感谢左鹏军教授提供的大力帮助，使得本书能入选《岭南文化丛书》并最终得以顺利出版。

2015 年 4 月 30 日记于

澳门大学人文学院

中国语言文学系